미술매체를 활용한

마인드 커넥트
비대면 놀이치료

Mind Connect Untact Play Therapy

한유진 · 강민수 · 원용희 · 최희진 · 하서인 · 강소희 · 김루아 공저

학지사

머리말

2019년 말부터 시작된 코로나19로 인한 팬데믹 상황은 지금까지 한 번도 상상해 본 적이 없는 혼란스러운 경험이었다. 임상 현장은 사회적 거리두기로 인해 내담자를 만날 수 없었고, 집단상담도 불가능하게 되었다. 이러한 상황 속에서 국가에서 시행하는 치유사업으로 원거리 지역의 아동 · 청소년 · 성인을 대상으로 비대면 집단심리치료라는 새로운 도전을 하게 되었다.

처음 시도되는 비대면 심리치료는 무척 생소했으며, 특히 비대면 놀이치료는 선행연구가 없어 새롭게 이론을 정리하고 비대면 상황에 맞는 프로그램을 개발하였다. 비대면으로도 놀이치료가 가능하도록 국내외 논문을 탐색하고, 시뮬레이션을 하면서 효과적이고 실현 가능한 재료와 기법을 하나하나 찾아 나갔다. 이 과정은 명지대학교 지역사회아동문화연구소의 연구원들이 머리를 맞대고 오랫동안 수고하는 인내의 시간이었다.

비대면 놀이치료의 실제 임상은 치료자 자신의 불안감과 싸우는 과정이었다. 온라인으로 들어간 치료 현장은 너무 낯설었으며, 프로그램을 다운받고 실행하는 것, 앱을 사용하는 것 등 익숙하지 않은 기술을 익혀 효과적인 환경을 만들어 내는 것은 결코 쉬운 일이 아니었다.

그러나 사람은 적응의 동물이라더니 비대면 놀이치료가 조금씩 익숙해지고 나니 새로운 가치를 발견하게 되었다. 비대면 놀이치료를 통해 기존에 대면으로 치료하기 어려웠던 원거리 지역 내담자, 해외 거주자, 타인의 시선 때문에 상담실 방문을 힘들어하는 내담자, 학업이나 업무로 인해 시간을 내기 어려운 내담자 등을 새롭게 만나는 계기가 되었다. 이렇듯 비대면 놀이치료가 잘 활용되면 편리하고 경제적이며, 치료의 효과도 대면 심리치료에 뒤지지 않는다는 것을 경험할 수 있었다. 이러한 경험을 함께 나누고 싶은 마음에 이 책의 집필을 시작하게 되었다.

현장에서 열심히 일하는 놀이치료자들이 혼란스러워하거나 당황하지 않고 비대면 놀이치료를 쉽게 할 수 있도록 돕고자 이 책을 만들었지만, 우리의 열망과는 달리 미흡하고 부족한 점이 많이 보인다. 그러나 이 책을 발판으로 삼아 더 많은 연구와 좋은 프로그램이 개발될 것을 기대하며 부끄럽지만 세상에 내놓는다.

이 책에서는 지면상 대면 치료 시 알아야 하는 기본적인 사항은 제외하고, 비대면 놀이치료 상황에서 꼭 필요한 이론과 실제 적용 방법을 자세히 설명하였다. 이 책의 구성을 살펴보면, 제1부는 미술매체를 활용한 비대면 놀이치료 이론, 제2부는 미술매체를 활용한 비대면 놀이치료 실제에 관한 내용이다. 특히 제1부에서는 미술매체를 활용한 비대면 놀이치료 접근, 비대면 놀이치료 ZOOM 인터페이스를 제시하여 이론을 정리하였으며, 제2부에서는 비대면 놀이치료에서의 들어가기 및 나가기와 발달단계별 아동, 청소년, 성인을 위한 비대면 놀이치료 프로그램을 제안하였다.

이 책이 완성되기까지 학업과 임상으로 바쁜 중에도 주말을 통째로 희생하며 휴식을 포기했던 명지대학교 지역문화아동연구소의 연구원들에게 깊은 감사와 수고의 박수를 보낸다.

명지대학교 지역사회아동문화연구소
소장 한유진

제4장 아동을 위한 자기조절 프로그램 • 141

제5장 **아동을 위한 또래관계 향상 프로그램 • 193**

1. 아동기의 또래관계 _ 193

2. 아동기 비대면 또래관계 향상 프로그램 _ 195

제1부

미술매체를 활용한
비대면 놀이치료 이론

비대면으로 놀이치료를 활용할 수 있는
이론적인 근거와 접근방법에 대해 알아보고,
효과적인 비대면 놀이치료의 특성을 살펴보고자 한다.

제**1**장

미술매체를 활용한
비대면 놀이치료 접근

1. 언택트 사회에서 비대면 놀이치료의 방향

이 장에서는 비대면 놀이치료의 시대적 요구와 특성을 살펴보고 특히 비대면에서 상
호작용과 치료의 효과성을 높이기 위한 매체 사용의 필요성 및 방법을 제시한다.

1) 비대면 놀이치료의 시대적 요구

2019년 코로나바이러스감염증−19(COVID-19)의 출현 이후 감염병 예방을 위한 사
회적 거리두기 여파로 우리 사회는 급격한 변화를 맞이하였다. 대면으로 만나는 상황
은 피해야 하는 일이 되었고, '접촉하지 않는다'라는 의미의 '언택트'가 새로운 문화가
되었다. 언택트(untact)란 '접촉하다'라는 의미의 콘택트(contact)와 부정사 'un−'을 합
성한 단어이다. COVID-19로 사회적 거리두기를 실시하면서 사람을 직접 만나지 않고
물건을 구매하거나 서비스를 받는 비대면 비접촉을 의미한다.

언택트 상황이 길어지면서 개인은 점점 사회적으로 고립되고 소외되며, 행동에 많은
제약을 받게 되었다. 사람들은 소외감, 고립감을 겪으며 점점 더 우울해지거나 무기력
해지는 경우가 늘어났다. 건강한 사람들도 심리적인 불편감을 호소하게 되었고, 이미
심리적으로 취약했던 사람들은 이전보다 더 많은 도움을 필요로 하게 되었다. 비대면

에 따른 스트레스, 불안감, 무기력, 우울감, 트라우마 등은 사회 구성원의 정신건강을 위협하는 수준이 되었다. 실제로 2021년 국민 정신건강 실태조사에 따르면 코로나19 이후 우울 평균 점수가 2018년 2.3점에서 2021년 5.7점으로 2배 이상 증가하였으며, 우울 위험군도 2018년 3.8%에서 2021년 22.8%로 6배 증가하였다. 이는 정신과 치료나 심리상담 등 정신건강 서비스에 대한 욕구가 대폭 증가했음을 의미한다.

반면, 우리나라의 경우 정신증 발병 후 치료를 받기까지의 기간인 DUP(duration of untreated psychosis)가 다른 나라에 비해 현저히 길다. 오스트레일리아 74주, 캐나다 56주, 미국 52주, 영국 30주에 비해 우리나라는 84주나 소요되는 것으로 알려져 있다. 이렇듯 우리나라의 DUP 기간이 긴 이유는 증상 노출에 대한 부끄러움, 정신건강에 대한 이해 부족, 전문적인 도움을 받는 것에 대한 불편감, 스스로 해결할 수 있다는 태도(Leong & Lau, 2001), 치료자를 찾는 정보 부족과 치료비용에 대한 심리적 부담 등 여러 가지가 있다(이동훈, 2015).

최근에는 코로나19의 확산세로 사회적 거리두기가 강화되면서 정신건강 관련 시설이 제한적으로 운영되거나 폐쇄되었다. 따라서 의료 및 상담 서비스의 접근성이 떨어지게 되었으며, 우리나라의 DUP 기간은 더 길어질 것으로 예측해 볼 수 있다. 실제로 정신건강 서비스 이용률은 2016년 16.5%에서 2021년 11.5%로 감소하였다. 이러한 정신건강 서비스의 한계와 이용자의 편의를 높이기 위해서는 온라인을 활용한 심리치료가 대안이 될 수 있다(Dowling & Rickwood, 2013).

온라인 심리치료란 서로 다른 물리적 공간에서 인터넷 등의 매체를 활용하여 내담자에게 치료적 개입을 제공하는 것을 말한다(Childress, 2000). 화상을 이용한 심리치료, 이메일 및 채팅상담, 인터넷 웹사이트 등을 통한 심리치료 서비스가 여기에 해당하며, 온라인 심리치료의 비중은 점차 확대되고 있다(Swartz et al., 2005). 화상을 이용한 비대면 심리치료는 언택트 시대의 정신건강 회복을 위한 대안이 될 수 있으며, 코로나19로 인한 비대면 상황과 그로 인한 정신건강을 위협받고 있는 환경에 가장 적절하게 사용할 수 있는 방법이다.

그렇다면 비대면 심리치료는 대면 치료만큼 효과가 있을까? 일반적인 우려와 달리 비대면 심리치료가 대면 심리치료보다 효과 면에서 뒤지지 않는다는 연구 결과가 있다(양미진 외, 2015). 비대면 상담에서는 대면 상담과 같은 관심과 이해 문제의 명료화, 알아차림과 접촉, 안심시킴 등의 요인이 제공된다(하문선, 2017). 이처럼 효과에 대한 우려를 불식시키는 연구들이 발표되고 있으며, 특별한 영역에서는 비대면 심리치료만이 가지는 장점이 있다.

비대면 심리치료의 장점을 살펴보면 기존의 대면 심리치료보다 편리성, 효율성, 경제성이 높다. 심리치료 서비스를 원하는 내담자가 언제든지 장소 이동 없이 손쉽게 정보를 얻을 수 있고 참여할 수 있다. 이는 심리서비스 기관에서 멀리 떨어진 곳에 거주하거나, 교통수단이 취약한 곳에 살거나, 시간적 여유가 없는 내담자들에게 간단한 터치 몇 번으로 심리치료자를 만날 수 있게 해 준다(임성진, 이정은, 한신, 2017). 또 외부 시선이나 노출이 부담스러운 내담자들이 안심하고 심리치료를 할 수 있도록 도와주며 상담센터에 오고 가는 시간을 절약할 수 있어 경제적이다. 더 나아가 그동안 대면으로는 만날 수 없었던 원거리나 해외에 거주 중인 내담자들도 심리치료 서비스를 쉽게 받을 수 있다. 이러한 장점에 비해 비대면 심리치료에 대한 구체적인 활용방안 연구는 아직 시작단계이다.

최근 비대면 심리치료의 효과에 관한 연구가 조금씩 발표되고 있으나 매체를 이용한 비대면 놀이치료 연구는 아직 미흡하다. 현재 비대면 심리치료 효과성 연구는 언어상담 분야에 국한되어 있으며, 매체를 사용하는 비대면 놀이치료와 관련된 연구들이 시작되고는 있으나 구체적으로 놀이치료자들이 어떤 과정과 절차를 거쳐야 하고 어떻게 운영되고 있는지 실제 연구는 부족하다. 비대면 놀이치료를 요구하는 급격한 사회적 합의가 생겨났으나 상담현장에서는 비대면 놀이치료에 대한 이론이나 발달단계에 따른 적용지침 없이 개인 놀이치료자와 센터가 자의적으로 알아서 하는 상황이다.

그렇다면 비대면 놀이치료의 연구와 적용이 부족한 이유는 무엇일까? 놀이치료는 대면으로 이루어져야 한다는 틀에 박힌 생각 때문이다. 놀이치료는 구조화된 놀이치료실이 있어야 하고, 놀이치료실에는 다양한 놀잇감이 영역별로 갖춰져야 하며, 놀이치료자와 내담자는 직접적인 상호작용을 해야 한다는 기준 때문에 비대면 놀이치료에 대한 접근이 부족했고, 비대면 놀이치료 연구가 늦어질 수밖에 없었다. 그러나 우리가 처한 거리두기 상황은 직접 내담자를 만날 수 없는 환경이며, 앞으로도 이러한 상황이 계속 발생할 수 있다. 이제 그에 따른 대안을 마련하는 것은 놀이치료자의 당면 과제이다.

특히 언어발달이 미흡한 내담자나 저항이 심한 청소년, 트라우마 상황의 성인은 비대면 심리치료에서도 매체를 사용하는 것이 효과적이다. 온라인상에서 매체를 이용한 비대면 놀이치료가 활성화되면 이들을 위한 본격적인 치료적 개입이 가능하게 되는 것이다. 비대면 놀이치료는 더 많은 내담자에게 정신건강을 회복할 수 있도록 도와줄 수 있는 수단이며, 나아가서는 사회적 요구이다.

비대면 심리치료는 COVID-19로 인해 본격적으로 시작되었지만, 앞으로는 다양한 영역으로 확장될 것으로 예상된다. 물론 약간의 크고 작은 문제점은 있지만 실제로 경험한 내담자들은 편리하고 경제적이라며 긍정적으로 인식하고 있다. 이 책은 비대면 심리치료의 문제점을 보완하고 좀 더 효과적인 치료를 하기 위해 고안되었다. 그 첫 출발점으로 비대면 놀이치료자를 위한 기술적인 정보전달, 치료과정, 윤리적 고려, 임상에서 검증된 다양한 프로그램 등을 제공하여 임상현장에서 항상 최선을 다하려는 놀이치료자의 고민을 덜어 주고자 한다.

2) 미술매체를 활용한 비대면 놀이치료의 특성

놀이는 인간의 본성이며, 자발적으로 참여하는 목적이 없는 행동으로 즐거움과 흥겨움을 동반하는 가장 자유롭고 해방된 활동이다. 신체적, 심리적 활동을 전제로 하며, 정서적 공감력과 정신적 만족감을 바탕으로 이루어진다. 또 인간으로서 삶의 재미를 적극적으로 추구하고 즐기고자 하는 전 생애에 걸친 자연스러운 활동이다.

이러한 놀이의 특성을 적용한 것이 놀이치료이다. 놀이치료는 심리치료의 한 분야로 훈련받은 놀이치료자가 심리적 문제를 지닌 내담자를 돕기 위해 '놀이의 치료적 힘'을 체계적으로 적용하는 대인관계 과정이며, 이 과정에서 내담자는 놀이치료자와 독특하고 유일한 관계를 형성하는 것으로 교정적인 경험을 하게 된다(O'Connor, 1991). 놀이는 치료적인 기능을 갖지만, 저절로 이루어지는 것은 아니며, 내담자와 놀이치료자 간의 치료적 관계가 잘 형성될 때 치료 효과가 높아진다.

내담자는 치료적 관계 속에서 자기 자신을 발견하고, 다른 사람과 상호작용하는 방법을 습득하며 다양한 감정과 욕구에 대해 자유롭게 표현할 수 있다. 특히 현실에서는 가능하지 않거나 할 수 없었던 일들을 놀이로 표현하기도 하며, 무의식적인 내면세계를 들여다보기도 한다. 놀이에서 놀이치료자와 함께 긍정적인 자기개념을 발견하고, 책임감과 자발성을 향상하며, 강점을 조절하도록 도와준다. 이러한 과정을 경험할 수 있도록 안전하며 자유로운 치유 공간을 만들어 주는 것은 매우 중요하다.

일반적인 대면 치료에서의 치유 공간은 다양한 놀잇감이 준비된 놀이치료실이다. 놀이치료실은 안전하고 매력적인 공간에서 놀이와 놀잇감을 매개로 놀이치료자와 관계를 맺고, 자신의 감정과 심리적 문제들을 자유롭게 표현할 수 있다. 이러한 안정감을 제공하는 장소로서 놀이치료실을 구성하는 것은 놀이치료과정에서 중요한 과제이다. 비대면 놀이치료에서도 놀이치료실을 구성하는 일은 매우 중요하다. 대면과 비대면의 환경 요인은 매우 유사하나 비대면 놀이치료 환경에서는 컴퓨터 활용능력과 대안적 방안들에 대한 섬세한 준비과정이 필요하다.

그렇다면 비대면 놀이치료의 치료적 환경 구성은 어떻게 해야 할까? 비대면 놀이치료에서는 대면 놀이치료실을 대신하여 온라인 놀이치료실을 만들어 물리적 환경을 조성하고, 놀이치료자의 역할과 태도로 심리적 환경을 조성한다. 물리적 환경이란 내담자와 놀이치료자가 서로 다른 물리적 공간에 존재하지만, 인터넷으로 서로 연결하고 있다는 의미로 치료적 관계의 시작을 뜻한다. 이러한 온라인상에서 이루어지는 만남이 치료적 관계가 되려면 심리적 환경이 필요한데 이것은 놀이치료자의 역할과 반응, 놀이 매체를 통해 가능하다. 치료적 관계를 발달시키기 위한 놀이치료자의 역할로는 안정성, 촉진성, 수용적인 태도이다(반신환, 2020). 놀이치료자의 태도 중 안정감을 주는 말이나 행동은 화면으로 만나야 하는 낯선 접촉에 대한 불안감을 감소시킨다. 또 놀이치료자는 내담자가 자기표출과 감정표현을 할 수 있도록 촉진해야 하며, 내담자가 표현하는 다양한 장면에서 충분히 수용적이어야 한다. 이는 내담자와 놀이치료자가 만나는 사이버 공간을 온라인 놀이치료실로 바꾸는 역할을 한다. 또 놀이매체는 내담자와 놀이치료자를 연결하는 도구 및 표현도구가 되므로 놀이치료에서 놀잇감은 매우 중요하다. 대면 상황에서는 내담자와 놀이치료자가 현존하는 공간이 놀이치료실이고 그곳에서 놀이와 놀잇감을 통해 치료적인 관계가 발달하지만 비대면 상황에서는 놀이키트가 그 역할을 대신할 수 있다.

놀이키트는 놀이치료자와 내담자가 물리적으로 서로 다른 공간에 분리되어 함께 존재하지 못하기 때문에 서로를 연결할 수 있는 적극적인 매개체 역할을 한다. 일반적으로 놀이치료에서 놀이와 놀잇감은 치료를 가능하게 하는 치료적 요인이라고 할 수 있다. 놀이는 언어이고 놀잇감은 언어를 표현하는 단어이기 때문에 중요한 치료의 수단이 된다. 놀잇감은 내담자를 놀이치료자와 연결하며 상호작용을 촉진하고 친밀감과 안정감을 느끼게 하여 치료적 관계를 만드는 도구이다. 따라서 비대면 놀이치료에서도 엄선된 놀이키트를 활용하여 놀이치료자와 내담자가 접촉할 수 있도록 도와주어야 한다.

비대면 놀이치료에서는 놀이치료실에 있는 모든 놀잇감을 제공할 수 없기 때문에 놀이키트는 구조화된 놀잇감으로 신중한 선택과정이 필요하다. 내담자가 다양하고 적극적인 방식으로 자기표출 및 정서표현이 이루어질 수 있도록 접근성과 유용성을 고려한

미술매체 놀이키트를 추천한다.

놀이키트는 친밀감과 안정감을 보장해야 하며, 자율성과 창조성을 표현할 수 있어야 한다. 미술매체인 드로잉, 페인팅, 모델링 재료 등은 내담자가 원하는 놀잇감으로 다양한 변형과 창조가 가능하다. 예를 들어, 동물을 만들고 싶으면 점토를 사용하여 만들 수 있고, 그림으로 표현할 수 있으며, 글씨를 쓰거나 사진을 사용하여 표현할 수도 있다. 내담자가 원하는 직접적인 표현과 은유적인 표현이 모두 가능한 것이다.

이러한 비대면 놀이치료에서의 놀이키트는 놀이치료자의 공감 능력 향상을 돕는 도구로 활용될 수 있다. 공감적 수용 능력은 훈련되고 자질이 높은 놀이치료자가 가질 수 있는 덕목으로 모든 놀이치료자는 수용과 공감 능력을 갖추어야 한다. 많은 놀이치료자가 수용과 공감 능력을 갖추려고 노력하지만 쉽게 얻어지지는 않는다. 놀이치료자와 내담자가 같은 놀이키트를 사용하므로 같은 것을 보고 같은 것을 만진다는 의미로 도구를 통한 공감적인 이해와 수용이 가능하게 된다. 이것은 놀이치료자의 역량을 높이는 효과가 있다.

또 놀이키트는 내담자의 집중력을 유지할 수 있도록 해 준다. 최근 비대면 심리치료 연구에서 일방적인 상호작용은 집중력에 한계가 있으며 특히 언어로 하는 상담의 경우 화면으로 보이는 치료자와 40~50분 동안 이야기하는 것은 쉽지 않다고 한다. 놀이키트는 내담자가 촉감이나 감각을 활용하여 만지고 느끼며, 상상하는 무엇인가를 만들고 몰입하게 되면서 집중력을 유지할 수 있게 도와준다. 따라서 언어 표현이 자유롭지 못한 내담자나 아동이 놀이키트를 사용하면 집중력을 유지하고 효과적으로 자신의 감정을 잘 드러낼 수 있게 도와준다.

놀이키트는 내담자에게 재료를 통한 통제감을 경험할 수 있도록 한다. 대면 놀이치료 시 놀이치료실의 일관된 환경 유지를 위해 내담자가 놀잇감을 훼손하거나 파괴하는 경우, 제한 설정을 하여 놀잇감과 환경을 보호한다. 그러나 비대면 놀이치료에서는 다른 아동의 치료를 위한 일관된 치료환경 유지가 필요 없으므로 놀이키트는 전적으로 내담자에 의해 보존과 파괴가 결정된다. 놀이치료자는 내담자의 안전에 도전이 되지 않고 회기에 작업이 가능하도록 재료와 안전에 대해 제한 설정을 하지만, 그것에 대한 수용 여부와 책임은 내담자의 몫이다. 내담자가 전적으로 자신의 환경을 통제하고 책임질 수 있도록 하여 통제감을 경험하게 한다.

또 놀이키트는 내담자를 더 잘 이해할 수 있도록 돕는다. 놀이치료자가 제공하는 구조화된 놀이키트를 사용하면서 내담자는 자율성과 표현력이 증진된다. 내담자는 창의

적인 생각에 따라 자신의 물건을 이용한다거나 애완동물, 장난감 등으로 표현이 확장
되면서 내담자의 세계로 자연스럽게 연결될 수 있다(양모란, 변혜진, 김서현, 2021). 대면
치료 시, 내담자가 말로 설명하지 않으면 알 수 없는 내담자의 생생한 현재의 모습을 비
대면 치료 시에는 직접 화면을 보고 이해할 수 있으며 그 공간으로 초대되는 일이 가능
하다. 이러한 놀이 공간의 확장은 대면 치료에서는 불가능한 일이다. 그러나 내담자가
자기개방을 불편하게 여기거나 사생활의 침범 여지가 있으므로 내담자에 따라 조심스
럽게 이루어져야 한다.

이렇듯 비대면 놀이치료는 언어만을 사용하는 비대면 심리치료나 디지털 콘텐츠만
을 사용하는 치료기법과 다르게 많은 특징이 있다. 비대면 놀이치료는 뉴노멀 시대의
새로운 도전이며, 이 도전을 수용하고 적응하는 것이 필요하다. 개인 치료에서 집단 치
료로 이동할 때처럼 대면 심리치료에서 비대면 심리치료로 이동하기 위해서는 이론적
지식과 훈련이 필요하다. 훈련은 온라인 작업에서의 기술을 증가시킬 뿐 아니라 놀이
치료자로서의 효능감을 향상하여 비대면 치료상황이 불안하거나 부담스럽지 않게 도
와준다.

이 책은 치료실에서 화면으로 이동해야 하는 새로운 도전의 과제가 주어진 놀이치료
자들을 위해 실제 기술과 치료적 역량 강화를 돕고자 쓰였다.

2. 비대면 놀이치료과정

내담자는 다양한 증상이나 심리적 문제로 인해 상담 기관에 내원하게 된다. 치료실
을 방문하는 첫걸음을 통해 내담자는 놀이치료자와 접촉하게 되고, 내담자의 주 호소
문제를 변화시키기 위한 체계적인 과정이 시작된다. 대면 놀이치료에서는 접수 면접부
터 치료종결까지 이루어지는 절차를 일반적인 놀이치료과정이라고 말한다. 이와 달리
비대면 상황에서는 서로 분리된 다른 공간에서 온라인 접속을 통해 이루어지는 만남으
로 시작된다. 이러한 특성을 고려하여 온라인상의 특별한 치료환경을 구성해야 하며,
놀이치료자가 섬세하게 관찰하고 좀 더 기술적으로 접근하는 준비과정과 대안적 방안
이 필요하다.

놀이치료자는 온라인상에서 내담자와 심리적 문제를 다루기 위한 안전한 공간을 어
떻게 만들어 줄 수 있을지, 온라인상의 화면에서 심리치료적 접근을 어떻게 시도할 수

있을지에 대한 전문성을 갖춰야 한다. 여기에서는 비대면 놀이치료과정의 구체적인 접근으로서 비대면 놀이치료 환경, 비대면 놀이치료의 사전 준비, 비대면 놀이치료 절차로 나누어 자세히 다루고자 한다.

1) 비대면 놀이치료 환경

놀이치료에서 내담자는 개인이 가지고 있는 심리적, 발달적, 행동적 문제를 안전한 방법으로 해소하며, 타인과 원활한 의사소통 기술을 습득하고 안정적인 애착의 재경험을 할 수 있는 기회가 제공된다. 이때 새로운 적응 기술과 심리적 문제를 스스로 극복할 수 있도록 돕는 장소가 놀이치료실이다. 놀이치료실은 내담자와 놀이치료자가 처음 접촉하여 관계를 맺는 만남의 장소이자, '내담자를 위한 특별한 공간'이다. 대면 놀이치료실 구성은 전적으로 놀이치료자가 구성하며, 놀이치료실의 바닥이나 벽면, 선반, 놀잇감 배치, 커튼이나 블라인드 등의 따뜻한 분위기와 치료를 촉진할 수 있는 놀잇감까지 대부분의 환경을 통제하고 조절할 수 있다. 이렇게 구성된 놀이치료실은 한번 구성하면 고정적으로 사용되며, 여러 내담자가 공용으로 사용하게 된다. 반면, 비대면에서는 고정적인 환경구성을 원칙으로 하나 내담자의 상황이나 환경에 따라 매 회기 변화할 수 있으며, 공간이 바뀌고 새롭게 구성될 수 있다. 그러므로 비대면 놀이치료실은 놀이치료자와 내담자 모두가 지속적으로 적응해야 하는 환경이며 상호 협력이 필요한 공간이다. 따라서 비대면 환경에 대한 안정감을 느끼며 웹 기능을 숙달할 때까지 서로 협의와 연습하는 과정을 거쳐야 한다.

이처럼 비대면 놀이치료실의 구성과 숙달을 위해 필요한 요소를 물리적 환경과 심리적 환경으로 나누어 자세히 살펴보고자 한다.

(1) 물리적 환경

비대면 상담은 사이버 상담 공간이 마련되면서 온라인상에서 다양한 심리치료의 유형이 나타나고 있다. 초반에는 이메일, 게시판, 쪽지, 채팅 등과 같은 방식을 이용한 비실시간 상담의 형태를 보이다가 정보통신기술(ICT)의 발전으로 기존 웹이나 모바일 기기를 활용한 온라인 심리치료가 나타나기 시작하였다. 다양한 온라인 상담의 가능성이 열리면서 실시간 상호작용이 가능한 온라인 상담뿐만 아니라, 그림분석, 사례관리를 위한 웹 시스템 등이 개발되기도 하였고, 효과적인 개입과 촉진을 보완한 전자기기 및 다양한 경로의 플랫폼 형태로 발전되고 있다. 이처럼 온라인 심리치료의 발전은 놀이치료자와 내담자 간의 순환적인 소통을 통해 폭넓은 맞춤형 케어를 가능하게 하였으며, 누구나 참여 가능한 형태로의 다양성을 기대해 볼 수 있게 되었다.

최근 코로나바이러스감염증(COVID-19) 사태 이후 전 세계적으로 서로의 만남이 제한되면서 비대면 만남에 대한 접근 방식이 다양하게 활용되고 있다. 이러한 비대면 상담 연결을 위해 필요한 물리적 환경 구성 요소로서 물리적 장치인 하드웨어와 특수한 목적의 프로그램을 의미하는 소프트웨어 그리고 하드웨어에서 소프트웨어를 실행하기 위한 환경 플랫폼으로 나누어 제시하고자 한다.

① 하드웨어

하드웨어는 소프트웨어를 구동시키기 위한 기기로서 온라인상에서의 비대면 접촉을 위해 가장 먼저 필요하다. 하드웨어에 포함되는 내용은 컴퓨터나 노트북, 태블릿, 스마트폰, 카메라, 스피커, 마이크나 헤드셋 등과 같은 전자기기를 의미한다. 하드웨어는 컴퓨터기기와 장치를 통해 내담자와 놀이치료자를 만나게 하는 도구가 되며, '놀이치료센터나 상담센터 건물'에 해당한다. 내담자가 심리치료를 목적으로 센터나 전문기관을 방문하고자 그곳의 위치를 찾고 들어가는 첫걸음부터가 치료의 시작이라 할 수 있다.

하드웨어 기본 구성에 대한 특징 및 주의사항은 〈표 1-1〉에 제시되어 있다.

〈표 1-1〉 **하드웨어 기본 구성 및 특징**

구분	특징	주의사항
컴퓨터 & 노트북	– 연결 프로그램을 실행하기 위한 메인 기기 – 웹캠이나 노트북에 연결된 카메라의 기능을 사용하여 놀이치료자와 내담자가 송출되는 모습을 확인	– 컴퓨터와 노트북에 카메라가 내장되어 있지 않을 경우, 따로 웹캠을 설치해야 함
마이크 & 헤드셋	– 놀이치료자와 내담자가 원활하게 의사소통을 할 수 있도록 지원 – 헤드셋의 경우 마이크와 스피커가 같이 내장되어 있어 매우 편리	– 노트북의 경우에는 내장된 마이크의 설정을 통해 음성 품질을 높이거나 성능을 확인하는 과정이 필요 – 헤드셋의 경우 오랜 시간 착용할 경우 귀가 아프거나 주변 외부의 소리를 느끼기 어려울 수 있으므로 짧은 시간 사용을 권장

| 태블릿
&
스마트폰 | - pc나 노트북과 함께 태블릿이나 스마트폰은 비대면 놀이치료의 보조 역할로서 사용
- 우선 pc나 노트북은 놀이치료자를 비추도록 고정하고 태블릿이나 스마트폰은 작업과정을 비추도록 고정
- 두 개의 장치를 가지고 화면을 전환하면서 보다 입체적으로 비대면 상담을 진행할 수 있음 | - 비밀보장 및 상담의 안정성. 내담 보호를 위한 치료적 환경 구성을 위해 부적절한 공간(외부. 타인이 있는 곳)에서 태블릿과 스마트폰의 사용은 삼가야 함 |

② 소프트웨어

소프트웨어는 하드웨어를 작동하거나 이용하기 위한 프로그램으로 비대면 놀이치료에서의 소프트웨어는 다양한 대상별 특성을 고려한 놀이치료 프로그램을 의미한다. 놀이치료 프로그램은 대면 상황과 마찬가지로 내담자의 상태를 파악하고 의사소통을 활발하게 할 수 있도록 도와주는 기능을 한다. 비대면 놀이치료 프로그램의 가장 중요한 점은 기존에 대면 상황에서 해 왔던 치료 방법을 온라인에서도 가능하도록 하는 것이다. 비대면 놀이치료를 실시할 때 유의해야 할 프로그램의 특징을 살펴보면, 온라인에서는 대면과 다르게 청각과 시각을 이용하여 접촉하므로 흥미와 몰입감이 다소 떨어질 수 있다. 따라서 시각, 청각 이외에 오감을 모두 활용할 수 있는 미술매체를 활용한 놀이키트를 접목하는 방안을 마련하였다. 비대면 놀이치료라고 온라인상에서 모든 것을 해결하려고 하기보다 놀이키트를 매개체로 직접 만져 보고, 그리고, 만들고, 몸을 움직이면서 내담자의 몰입을 도와 집중력을 유지할 수 있도록 하는 것이 바람직하다.

③ 플랫폼

플랫폼은 소프트웨어를 구성하는 기초가 되는 틀 또는 골격을 지칭하는 용어이다. 비대면 놀이치료의 플랫폼은 온라인상에서 놀이치료자와 내담자가 물리적으로 떨어져 있는 상태에서 접촉이 이루어질 수 있게 만들어 주는 치료 공간이자 '놀이치료실의 방'과 같은 공간이다. 즉, 온라인상에서의 공간 형성은 지각공간이 되어 접촉과 관계의 장이 열리게 되는 것이다. 이곳에서 놀이치료자와 내담자의 치료적 관계가 이루어지면 안전하고 '내담자만의 특별한 공간'인 온라인 놀이치료실이 만들어진다. 플랫폼을 통해 온라인상의 같은 공간에서 만날 수 있으며, 실시간 영상을 보며 교류할 수 있는 화상 시스템 및 영상통화도 가능하다. 최근 널리 사용되는 플랫폼으로 줌(ZOOM), 스카이프(Skype), 웹엑스(Webex), 구글 듀오(Google Duo), 애플 페이스타임(Apple Face Time), 페이스북 메신저(Facebook Messenger), 왓츠앱(Whats App), 하우스 파티(House Party), 마이크로소프트 팀(Microsoft Teams), 구글 행아웃(Google hangout) 등이 있다. 현재 다양한 화상회의 플랫폼 중에서 실시간 온라인 방식의 쌍방향 접근에 매우 유용한 줌(ZOOM) 프로그램이 놀이치료자와 내담자 간의 활발한 상호작용을 도와주는 소프트웨어 접촉 도구로서 가장 널리 활용되고 있다. 이 책에서도 놀이치료자에게 ZOOM을 추천하고자 한다.

(2) 심리적 환경

놀이치료 환경에서는 물리적 환경뿐 아니라, 내담자가 자기 노출과 감정표현을 자유롭게 할 수 있도록 촉진하는 심리적 환경도 매우 중요하다. 비대면 환경은 실체가 없으며 서로 다른 공간에서 각각 접속하기 때문에, 물리적 환경만으로는 치료적으로 안전한 공간을 만들었다고 할 수 없다. 앞서 설명하였듯이 '내담자만의 특별한 공간'을 형성하기 위해 놀이치료실을 물리적으로 구성했다면, 그 온라인 놀이치료실에서 안전하게 자신의 문제를 표출하고 통합하는 과정을 경험할 수 있도록 안전한 심리적 환경을 구성해야 한다. 심리적 환경이란 지각하고 있는 모든 심리적 사실을 의미한다. 그렇다면 온라인 놀이치료실에서 내담자가 지각하는 안전한 심리적 사실이란 텅 빈 방 안에 온기를 불어넣어 마음의 안정감과 신뢰로움을 느끼며 성찰의 기회를 얻을 수 있도록 촉진하는 환경을 의미한다. 그 심리적 사실이 치료적이기 위해서는 놀이치료자의 역할이 매우 중요하다. 놀이치료과정에서 상호작용을 촉진하며 관계를 연결해 주는 촉진적 역할을 하는 것이 놀이치료자이다. 놀이치료가 가정이나 학교에서 하는 일반적인 놀이와 달리 치료적이며 교정적인 정서 경험을 할 수 있는 이유는 놀이치료자라는 특별한 존재가 있기 때문이다. 훈련된 전문적인 놀이치료자의 태도는 치료도구 자체로서 안내자, 촉진자, 중재자 등으로 활용된다. 이처럼 내담자가 놀이치료실에서 자신의 놀이를 편안하게 이어 갈 수 있기 위해서는 그만큼 놀이치료자의 역할이 중요하다는 것이다.

비대면에서 놀이치료자는 온라인이라는 낯선 환경과 치료 시 나타나는 돌발상황에 즉각적인 대처가 어려우면, 치료환경을 통제할 수 없다는 불안을 경험할 수 있다. 비대면의 심리적 환경은 놀이치료자와 내담자 모두에게 두려움과 긴장감을 줄 수 있으므로 치료적 효과를 위해 내담자와 라포 형성에 더욱 신경 써야 한다. 치료적 관계 형성을 위해서는 촉진적이며 대안적인 준비가 필요하다. 따라서 비대면이라는 새로운 환경을 구성하고 그 공간에 익숙해지며 치료적인 심리적 환경을 구성하기 위해서 놀이치료자가 할 수 있는 방안들에 대해 사전 준비를 확대하고 전문성을 갖춰야 한다. 비대면 놀이치료에서 심리적 환경을 조성하기 위한 놀이치료자의 역할에는 안정성, 촉진성, 수용성이 있으며 이를 구체적으로 설명하고자 한다.

첫째, 비대면 놀이치료 환경에서 놀이치료자는 안정성을 확보하도록 노력해야 한다. 놀이치료자와 내담자 모두 안전하며 다른 방해 없이 자신에게 집중할 수 있고, 비밀이 보장되며, 예측이 가능한 환경을 놀이치료자가 조성해야 한다. 온라인상에서 놀이치료가 가능한 시간이나 서로의 시공간(시차) 확인, 비밀보장의 안정성 등을 미리 확인해야 한다. 이것은 내담자가 앞서 설명한 내용과 같이 '내담자의 특별한 공간'을 구성하는 데 개인의 안정성, 편안함, 놀이치료자와의 신뢰 관계 형성이 중요한 요소로 적용된다. 디지털 모니터 너머로 들리는 목소리와 생활의 소리는 어떤 의미로 전달되는지, 내담자의 표정과 어투는 어떤 의미를 나타내는지 자세히 관찰해야 한다. 또한 방해받지 않는 안전한 환경을 위해 내담자 이외의 가족이나 동거인의 협조와 격려가 필요하기도 하다. 이처럼 치료적 환경에서 '안정성 확보'를 위해 놀이치료자가 깊이 고민해야 한다. 대면 상황에서 초기에 치료 구조화를 설정하는 것처럼 비대면 상담 진행 시에도 치료 구조화를 설정할 수 있다. 예를 들어, 비대면 상담 도중에 화면 밖으로 나가지 않기, 카메라 밝기, 위치, 스피커 음량, 음소거 및 비디오 끄기의 설정을 사용하는 규칙 등을 함께 만들며 신뢰로운 심리적 환경을 확보할 수 있다.

둘째, 비대면 놀이치료 환경에서 놀이치료자는 촉진적인 반응을 보여야 한다. 촉진성은 내담자가 보여 주는 놀이나 표현에 대해 감정을 반영하거나 경험을 인정할 때 그것을 좀 더 적극적으로 탐색하며 치료적으로 접근할 수 있도록 돕는 놀이치료자의 역할이다. 또 놀이치료자가 내담자의 자원, 공간, 놀이키트를 활용하여 다양한 심리적 통찰이 이루어질 수 있도록 촉진하는 것도 포함한다. 촉진성을 증가시키기 위해 놀이치료자는 내담자의 경험을 확장할 수 있는 놀이키트를 제공하거나 상호작용 도구, 즉 비대면에서 모니터 화면 공유를 할 수 있는 활동을 제시할 수 있다. 예를 들어, 비대면 놀이치료에서 초기에 긴장감을 이완시키며 참여를 촉진시키기 위해 다양한 들어가기 활동(제3장 p. 97 참조)을 할 수 있다. 촉진성 증가를 위해 놀이치료자가 주의해야 할 사항으로는 놀이치료자가 아닌 내담자가 놀이를 주도하게 하며, 내담자의 노력과 표현에 격려와 응원을 보내 줘야 한다. 내담자의 놀이를 따라가며 반영해 주고 그것을 언어적으로도 표현해야 한다는 것이다. 이때 놀이치료자가 스포츠 중계자처럼 어색한 말투로 반응한다면 진술한 대화를 한다는 느낌을 전할 수 없으며 오히려 방해받고 있다고 느낄 수 있다. 그러므로 놀이치료자는 반응의 횟수와 속도를 고려하고 진실한 대화로 반응하는 것이 필요하다. 놀이치료자의 목소리 톤은 내담자의 표현과 경험을 그대로 비추어 나타낼 필요가 있으며, 그것은 내담자에게 자신을 이해하며 공감받고 있다고 느끼게 할 수 있다. 비대면 환경에서는 내담자와 놀이치료자 모두 비언어적인 신체 표현 관찰이 어렵기 때문에 의성어, 의태어를 활용한 적절한 언어적 반응이 필요하며 비언어를 통한 촉진은 서로 화면을 보고 있을 때만 가능하다는 점을 명심해야 한다. 따라서 비대면 상황에서 자신의 목소리나 억양, 말하는 속도가 어떻게 들리는지 동료와 함께 직접 ZOOM 환경에서 점검해야 한다. 특별히 비대면에서만 가능한 촉진 반응도 있다. 말로 표현하기 힘든 내담자들이 채팅을 통한 글로 표현하거나 반응 이모티콘을 사용하여 즉각적으로 표현하는 경우, 또 추천화면을 사용하여 내담자를 화면에 크게 보이게 하는 방법들을 통해 내담자의 표현을 촉진할 수 있다.

셋째, 비대면 놀이치료 환경에서 놀이치료자는 내담자의 개별성을 수용하는 태도를 보여야 한다. 이는 놀이치료 회기에서 내담자의 매체 선택 및 표현의 자율성을 존중하며 활동을 주도하여 자신만의 내면세계에 몰입할 수 있도록 놀이치료자가 그들의 개별성을 수용해 주는 것이다. 내담자가 디지털 화면과 화면 밖을 이용하여 작업하거나 제공된 매체 이외에 다른 매체를 활용하는 등의 다양한 표현을 시도한다면 놀이치료자는 그러한 의도와 역동, 그리고 표현하고자 하는 의미와 내용을 있는 그대로 존중하며 수용해 주어야 한다. 예를 들어, 내담자가 자신의 물건이나 공간을 소개하는 경우, 애완동물이 화면에 출현하거나, 밖에서 가족들의 소음이 들린다면, 놀이치료자는 내담자를 수용하고 유연하게 반응하여 경청, 공감, 수용을 경험할 수 있도록 한다. 또한 반대로 자기 표현이나 자기 모습을 드러내기 어려워하는 내담자의 경우, 화면을 어둡게 하거나 화면으로 얼굴이 보이지 않게 할 때도 놀이치료자는 이를 수용할 수 있어야 하며, 말로 표현하기 어려운 내담자는 채팅을 통한 글로 표현할 수 있도록 수용적인 태도를 보여 주어야 한다. 다양한 문제와 특성 그리고 타인과의 관계에 대한 갈등과 좌절을 경험한 내담자의 경우, 놀이치료자가 있는 그대로 인정해 주며 수용해 주는 것만으로도 치료적 효과는 매우 클 수 있다. 내담자는 이러한 수용적인 환경을 통해 더욱 자유롭게 자신을 표현하며 무의식을 탐구하고 통찰하는 과정을 거치게 된다. 또한 놀이치료자의 수용적인 태도는 내담자 자신에게도 독특한 개별성에 대해 인정하고 수용하는 태도를 습득할 수 있게 한다. 그들의 개별성은 곧 내담자 자체의 정체성인 것이므로, 놀이치료자는 넓고 다양한 시각으로 어떠한 고정관념이나 편견 없이 내담자에게 접근하도록 노력해야 한다.

이처럼 비대면 놀이치료에서의 심리적 환경은 놀이치료자의 역할이 매우 중요하며,

이와 같은 내용들을 참고하여 안전한 심리적 환경을 구성해야 한다.

2) 비대면 놀이치료의 사전 준비

비대면 상담 시 준비해야 할 사항들을 미리 점검하고, 비대면 놀이치료에서 숙지해야 할 내용을 다루고자 한다. 여기서는 비대면 상담 시의 마음가짐과 몸가짐에 대한 내담자, 놀이치료자 준비사항, 프로그램 구성 및 놀이키트에 대해 자세히 살펴보고자 한다.

(1) 내담자를 위한 사전 준비

비대면 놀이치료를 시작하기 전에 내담자들에게 안내해야 하는 몇 가지 지침이 있다.

첫째, 내담자로서 최소한의 에티켓을 갖출 수 있도록 한다. 프로그램 시작 전에 마음가짐과 몸가짐을 갖추기 위해, 예를 들어 속옷, 잠옷, 깊이 파인 민소매 등은 지양하도록 안내한다. 비대면 상담 시 특히 아동, 청소년은 집에서 참여하다 보니 속옷이나 잠옷 차림으로 있다가 급하게 온라인 놀이치료실로 입장하는 때도 있다. 이러면 비대면 놀이치료 상황에서 ZOOM 프로그램의 비디오를 켜고 싶지 않을 수 있으며, 이는 상담에 적극적으로 참여하기 어렵게 한다.

둘째, 내담자에게 온라인 상담을 진행하기에 앞서 비밀보장과 안전이 확보된 공간에서 참여할 것을 안내한다. 주변 외부환경의 소음이나 개인 노출에 동의하지 않은 대상이 의도치 않게 오디오나 카메라를 통해 노출될 수 있으므로 오디오ㆍ카메라 중지 기능에 대해 적절한 상황적 규칙을 함께 설정해야 한다.

셋째, ZOOM 프로그램을 사용할 때의 주의사항을 안내한다. 놀이치료자 및 다른 내담자와의 적극적인 상호작용을 위해 사용하는 주석, 채팅 기능이 적시에 올바르게 사용될 수 있도록 내담자에게 제한 설정을 한다.

넷째, 안정된 인터넷 접속 환경을 유지할 수 있도록 한다. 주변의 장애 요인이나 접속이 끊기는 번거로움 없이 원활한 접속 환경을 조성할 수 있도록 안내하며, 혹시 접속이 끊기는 상황에 어떻게 대처해야 하는지에 대한 사전 안내도 필요하다.

다섯째, 초상권을 침범하는 일이 없도록 해 달라고 요청한다. 다른 내담자의 동의 없이 화면을 캡처하여 무단으로 전송하는 행위는 금지한다고 분명하게 전달하고 동의서를 작성한다.

(2) 놀이치료자를 위한 사전 준비

비대면 놀이치료 상황에서는 아무리 임상적 경험이 많은 전문적인 놀이치료자라 할지라도 예기치 못한 돌발상황이 발생할 때 즉각적인 대처가 어려울 수 있다. 특히 컴퓨터 활용능력과 같은 기술적인(technical) 상황의 부담감과 불안을 경험할 수 있다. 기존에 놀이치료자의 전문적 자질을 갖추기 위한 슈퍼비전 및 다양한 훈련은 이루어져 왔지만, 이제 시작된 새로운 비대면 환경에 대한 교육은 다소 다뤄지지 못하였기 때문에 비대면 상황에서 놀이치료자들이 준비해야 할 사항들에 대해 몇 가지 제안하고자 한다.

첫째, 비대면 상담에서 놀이치료자와 내담자 간의 라포 형성을 위해 놀이치료자는 따뜻한 인상과 분위기를 조성할 필요가 있다. 예를 들어, 너무 강해 보이거나 딱딱해 보이는 인상을 주지 않기 위해 부드러운 니트 소재나 화사한 색의 옷을 입는 것도 좋다. 또한 조명이나 화면상의 배경을 설정하여 따뜻한 느낌을 주는 것도 필요하다. 놀이치료자가 너무 지쳐 보이거나 힘들어 보이는 인상을 준다면 상담을 받으러 온 내담자가 오히려 놀이치료자를 신경 쓰느라 자신에게 집중하기 어려울 수 있으므로 좀 더 밝고 온화한 인상을 보여 주는 것이 필요하다.

둘째, 놀이치료자로서 온라인 상담을 진행하기에 앞서 전반적인 상담 내용에 대해 비밀보장과 안전한 환경을 구성하도록 준비한다. 비밀보장이 지켜지기 어려울 수 있는 돌발상황에 대해 미리 대책을 만들고 이를 내담자들에게 안내해야 한다. 예를 들어, 개인정보나 외부환경이 노출될 시 놀이치료자는 내담자를 선택하여 음소거 및 비디오 중지를 실시할 수 있다. 또 위험이 감지되거나 개인정보 노출 시에는 내담자에게 연락하여 이를 안내할 수 있음을 사전에 함께 협의할 수 있다.

셋째, 비대면 상황에서의 기술적인 전문성을 위해 교육 및 훈련이 필요하다. ZOOM 프로그램 사용 시, 호스트로서 내담자들과 화면을 공유하여 사용하는 부분뿐만 아니라 주석이나 채팅 기능을 사용할 때 내담자들에게 기능에 대한 안내와 활용 방법을 제시할 수 있어야 한다. 따라서 이를 미리 교육받고 익숙해질 때까지 보다 능숙한 전문가에게 적극적인 슈퍼비전 및 훈련을 받아야 한다. 교육만큼 좋은 준비는 없다.

넷째, 비대면 프로그램 접속 상태 및 절차를 확인하고 놀이키트 활용에 대해 사전에 시뮬레이션을 통해 문제점들을 발견하고 보완해야 한다. 비대면 상황에서 접속 상태와 절차를 꼼꼼히 체크하고 암호화한다. 진행되는 회기가 비대면 프로그램에서 적합한 활동인지, 놀이키트를 활용할 때 내담자들의 자율성을 확보하며 원활하게 작업이 이루어질 수 있을지 등에 대한 여러 시뮬레이션이 필요하다. 놀이치료자가 직접 시뮬레이션을 통해 프로그램을 실시해 본다면 그 안에서의 문제점들을 발견할 수 있고 이를 미리 보완하여 돌발상황을 예방할 수 있다.

다섯째, 비대면 상담에서 보조 진행 및 도움이 필요한 경우를 미리 확인해야 한다. 나이가 어린 경우에는 비대면 접촉을 위해 부모의 도움이 필요하게 되는데 이때 부모의 일정을 확인하여 비대면 만남의 약속 시간을 조율하는 것이 좋다. 또한 산간지역 및 특수지역과 같이 인터넷 사용이 어려운 장소의 경우에는 교육청, 행정복지센터, 마을회관 등을 통한 대여 및 지원 방안을 모색한다.

(3) 프로그램 구성 및 놀이키트 준비

본격적으로 비대면 놀이치료를 진행하기에 앞서 놀이치료자는 대상의 특성을 이해하며, 적극적인 치료적 개입으로서 내담자에게 맞는 프로그램을 구성해야 한다. 그러한 프로그램을 진행하는 데 필요한 매체 및 도구들을 준비하는 작업도 필요하다. 다음은 프로그램 구성을 위해 고려해야 하는 사항들과 비대면 놀이치료에서 치료도구로 활용되는 놀이키트와 관련된 준비사항이다.

① 프로그램 구성

상담 및 심리치료 프로그램은 개인의 심리적 발달 및 성장과 관련된 다양한 문제뿐만 아니라, 대인관계의 문제와 사회의 일원으로서 조화롭게 발전해 나가기 위한 심리·사회적 문제들을 해결하고 돕기 위한 목적이 있다. 이와 같은 목적을 이루기 위해 내담자에게 적합한 회기 수와 시간 등을 고려하여 프로그램을 구성하게 된다. 다음은 놀이치료자가 비대면 놀이치료 프로그램을 구성하는 데 중요한 사항들이다.

첫째, 내담자의 특성에 따라 적합한 프로그램 목적을 설정해야 한다. 내담자의 발달 과업에 대한 수행능력, 사회적 발달, 정서발달 등을 파악해야 한다. 이를 알기 위해 프로그램 전 심리검사를 통해 개인 특성을 이해하고 프로그램에 반영할 수 있다. 개인이 경험하고 있는 환경과 그들만의 개별성 및 특이성을 이해하고 있어야만 내담자에게 적합한 프로그램을 제공할 수 있다.

둘째, 개인상담과 집단상담 중 어떠한 방식으로 진행할 것인지에 대해 선택해야 한다. 개인의 발달적 및 심리적 변화를 추구할 것인지, 아니면 소집단이나 혹은 조직체 내에서의 대인관계나 집단 역동 등을 활용한 집단 성취를 추구할 것인지에 따라 결정

될 수 있다. 개인과 집단상담의 형태로 나눠 어떻게 접근할 것인지를 정하였다면 비대면 상황에서도 ZOOM 회의실과 소회의실로 나누어 상호작용을 촉진할 수 있다.

셋째, 놀이치료자는 프로그램 목적에 맞는 구체적인 활동을 구성해야 한다. 또한 어떠한 치료적 접근이 내담자에게 적용되었을 때 효과적일지에 대해 고민해야 한다. 내담자의 연령이나 특성에 맞춰 그들의 개별성과 독특성을 적용한 프로그램을 구성해야 한다. 예를 들어, 같은 자아개념에 대한 목적을 다루더라도 아동이냐 청소년이냐에 따라 활동 접근이 매우 달라질 수 있다. 또한 활동 안에서도 치료목표에 따라 개인 작업에 몰입할 것인지, 관계에 대한 연결성에 집중할 것인지 등의 구체적인 활동을 구성할 수 있다. 놀이치료자는 활동을 통해 내담자가 작업에 몰두하며 결과보다는 과정에 초점을 둘 수 있도록 촉진적 반영과 내담자의 노력에 격려하는 태도를 보여야 한다.

넷째, 내담자의 특성에 맞는 놀이키트를 구성하여 제공해야 한다. 프로그램 목적에 부합하며, 내담자의 특성에 적합한 매체를 제공하여야 한다. 예를 들어, 소근육 발달이 미흡한 경우에는 가위나 칼 사용은 위험할 수 있으므로 제외해야 하며, 내담자의 지적 및 기능 수준으로 미루어 볼 때, 너무 복잡한 조작 기능으로 많은 시간이 필요한 매체인지 등을 확인하여 놀이키트를 구성한다.

다섯째, 온라인상에서의 만남은 새롭고 어색하며 라포 형성을 하기 어렵다는 단점이 있다. 이를 보완하기 위해 프로그램 진행 전에 미리 만나고 간단한 초기면담을 진행하는 것이 좋다. 이때 내담자에게 얻을 수 있는 정보나 심리평가를 진행할 수도 있다. 초기면담에서 비대면 놀이치료에 대한 안내를 통해 긴장감을 이완시켜 주는 작업을 제시함으로써 앞으로 진행될 프로그램에 대한 부담감을 감소시킬 수 있다. 비대면 놀이치료이기 때문에 온라인상에서의 예비 만남도 가능하다. 놀이치료자를 소개하고, 프로그램을 안내하며 들어가기와 나가기 활동(제3장 p. 97 참조)을 활용하여 친밀감과 안정감을 유도한다. 이런 활동은 다음 회기에 대한 기대감을 증가시킬 수 있다. 특히 집단의 경우에는 1:1 예비 회기를 갖는 것을 적극적으로 추천한다.

이처럼 놀이치료자는 비대면 놀이치료 프로그램 구성에 대해 다양한 측면을 살펴보고, 내담자의 개인적 문제에 대한 가설과 목적을 잘 설정하여, 궁극적으로 그들의 문제가 변화될 수 있도록 접근해야 한다.

② 놀이키트 준비

놀잇감은 내담자가 자신의 세계를 표현하는 도구이자 내담자와 놀이치료자 간의 상호작용을 도우며 치료적 관계를 연결해 주는 매개체이다. 그러나 대면 놀이치료실에 있는 모든 놀잇감을 제공할 수 없기에 비대면 놀이치료 환경에서 내담자가 다양한 방식으로 자기표출 및 표현이 이루어질 수 있도록 접근의 유용성을 가진 미술매체를 활용한 놀이키트를 제공한다. 미술매체를 활용한 놀잇감은 내담자의 저항감을 감소시키며, 새로운 것을 창조하고 유연하게 변화시킬 수 있다. 무의식적 정신세계를 용이하게 표현할 수 있으며, 스스로 놀잇감을 만들 수 있다는 것도 장점이다.

따라서 내담자의 자율성과 창조성을 보장하기 위해 미술매체를 활용한 놀이키트를 제공하는 것이 좋다. 놀이키트는 회기별로 상자나 비닐에 포장·제작하여 택배로 제공한다. 내담자가 놀이치료자와의 라포 형성을 위해 미리 치료실을 방문하여 받아 갈 수도 있다. 놀이키트를 구성하는 미술매체는 놀이의 즐거움과 표현을 유도하며 미술매체의 특성을 통해 자유로운 창조를 유발할 수 있도록 한다. 미술매체는 주변에서 쉽게 구할 수 있는 자연물이나 재활용품 등을 활용할 수 있으며, 문구점이나 생활용품 할인매장 등에서 구입할 수도 있다. 놀이키트를 구성할 때 주의해야 할 점은 다음과 같다.

▶ 내담자의 연령, 발달수준, 작업시간, 참여 인원, 상호작용 방법 등을 고려하여 준비해야 한다.

▶ 놀이키트를 받기 위한 방법으로 방문 수령 또는 택배가 있다. 해외의 경우에는 충분한 배송 기간과 배송 중 파손되지 않도록 포장에 특히 유의해야 한다. 택배로 배송할 경우, 내담자가 받을 수 있는 날짜나 택배 보관 장소에 대해서도 미리 협의한다.

▶ 놀이키트 수령을 위한 주소 및 연락처를 공유하고 배송 실수가 있을 수 있으므로, 넉넉한 수령 기간을 생각하여 미리 발송한다.

▶ 놀이키트의 재료가 뒤섞이거나 중복되어 사용되는 매체의 경우 어떻게 다뤄야 할지를 기록한 안내서를 동봉하여 보내 주며, 놀이치료자가 다시 한번 설명해 주어야 한다. 예를 들어, 기본 채색도구 및 가위나 풀과 같은 자주 사용되는 도구의 경우에는 필요한 회기를 표시해 두어 따로 보관할 수 있도록 안내한다.

▶ 놀이키트를 만들 때, 놀이치료자가 준비해야 하는 품목과 내담자가 준비해야 할 품목을 구분하고 이를 미리 체크해야 한다.

▶ 놀이키트 수령 확인도 꼭 이루어져야 한다. 분실 및 빠진 놀잇감이 없는지 확인할

수 있도록 놀이키트 전제 사진을 함께 동봉하여 보내 주거나 매체 목록을 함께 보내 준다. 이를 통해 내담자가 놀이키트를 택배로 받았을 때 놀이치료자와 함께 모든 재료가 잘 도착하였는지를 확인할 수 있다.

▶ 프로그램 진행에 대한 세부계획서(설명서) 및 워크시트지 등 내담자가 진행에 활용할 수 있는 내용을 동봉하여 보내 줌으로써 미리 준비물을 확인하고 활동에 대한 기대감을 불러일으킬 수 있다.

3) 비대면 놀이치료 절차: 신청과 프로세스

비대면 놀이치료는 대면과는 달리 놀이치료자와 내담자가 협력하여 치료적 환경을 구성하기 때문에 대면 놀이치료보다 더 체계적인 준비과정이 필요하다. 이 책에서의 비대면 놀이치료과정은 현재 현장에서 가장 많이 사용되고 있는 ZOOM 프로그램을 위주로 설명하고자 한다.

(1) 비대면 놀이치료 신청 및 접속하기

내담자가 비대면 놀이치료를 신청한 후 온라인 놀이치료실 입장까지의 순서는 [그림 1-1]과 같다.

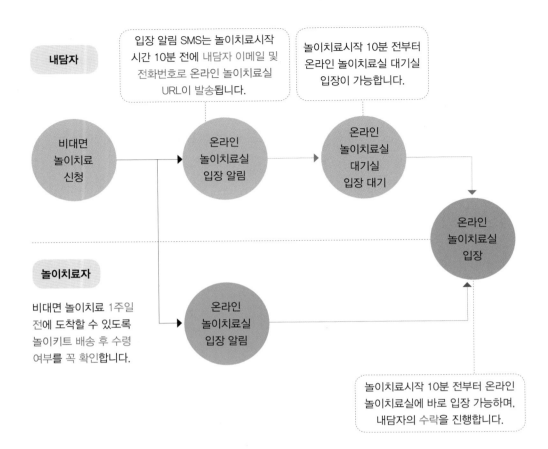

[그림 1-1] **비대면 놀이치료 신청 및 접속 과정**

① 비대면 놀이치료 신청

■ 내담자

비대면 놀이치료 신청 방법은 대면 상담 예약과 같으며, 예약 시 비대면 놀이치료로 선택하여 신청한다. 신청 후 원하는 요일과 시간을 놀이치료자와 협의한다. 놀이치료가 확정되면 비대면 놀이치료에 필요한 놀이키트, 프로그램 설치 및 안내가 신청 시 작성된 정보를 통해 개별적으로 안내된다.

비대면 놀이치료는 다음과 같은 내담자에게 추천한다.

▶ 감염병 및 안전 문제로 대면하여 상담을 진행하는 것이 불안하신 분
▶ 출장이 잦아서 많은 지역을 돌아다니거나, 특수지역에 근무하고 있어 상담센터

방문이 어려우신 분

▶ 전화, 문자 상담보다는 온라인 상담을 선호하는 분

▶ 자녀가 어려서 외출이 불가능하거나, 거동이 불편한 분, 또 개인적인 이유로 상담센터 방문이 어려운 분

▶ 직접 만남보다는 온라인이 안전하다고 생각하여 마음을 더 잘 표현할 수 있을 것 같은 분

▶ 대면 상담을 진행하고 있는 중, 이사나 이민, 유학 등으로 대면이 힘든 분

▶ 원거리 지역이나 교통편의 불편으로 상담센터를 방문하기 어려운 분

▶ 수감, 유배 등 폐쇄 공간에 있는 분

■ 놀이치료자

놀이치료자는 비대면 놀이치료 신청이 접수되면 치료목표에 맞는 놀이키트를 준비한다. 놀이키트는 치료적 환경에 중요한 부분을 차지하기 때문에 놀이치료자는 빠진 것이 없는지 여러 번 점검해야 한다. 특히 놀이치료자는 회기별로 작업 순서를 처음부터 끝까지 모두 경험한 후에 재료를 세팅할 것을 추천한다. 실제 환경에서는 대상과 상황에 따라 다양한 변수가 있는데 이때 놀이치료자가 작업 경험이 없으면 해결하기 어려운 경우가 많고 당황하거나 불안하게 될 가능성이 있으므로 놀이치료자의 안정감을 위해서도 워크시트지 작업, 본 작업은 꼭 해 보고 치료에 임할 것을 당부한다. 놀이치료자의 작업 경험은 다른 놀이치료자들의 도움을 받아 실제 ZOOM 환경에서 해 보면 더욱더 효과적이다. 놀이키트는 실제 정해진 수업 일주일 전에 도착할 수 있도록 배송한다. 배송 후 수령 여부를 꼭 확인한다.

받은 놀이키트는 회기가 끝날 때까지 택배 상자째 보관하거나 다른 상자나 가방에 별도로 보관하여 개인 물건과 섞이지 않도록 안내한다. 특히 아동의 경우 설렘과 기대감, 호기심으로 키트를 꺼내 보고 정리하지 않거나 물건을 잃어버리는 경우가 있으니 보호자에게 잘 보관해 달라고 부탁한다. 놀이치료자 또한 키트의 중요성에 대해 첫 회기에 설명하고 보관 방법에 대해 여러 번 강조하여 키트가 없어서 수업에 어려움을 겪는 일이 없도록 미리 방지한다.

② 비대면 놀이치료 접속

■ 내담자

신청 시 등록한 E-mail과 전화번호로 놀이치료 전날 안내된 [온라인 놀이치료실 URL]을 클릭한다. 온라인 놀이치료실 입장은 10분 전부터 가능하다. [온라인 놀이치료실 URL]을 클릭하면 대기실에서 대기하게 된다. 대기실에서 대기 중인 내담자는 놀이치료자가 입장을 수락해 주어야 온라인 놀이치료실에 입장이 가능하다.

■ 놀이치료자

놀이치료자는 예약현황 확인 후 온라인 놀이치료실 입장 안내 문자를 발송한다. 전날 미리 안내 문자를 보내 놀이치료 날짜를 상기시켜 주고, 이때 필요한 넘버링된 놀이키트의 번호를 함께 공지하여, 미리 준비할 수 있도록 한다. 당일 1시간 전에 [온라인 놀이치료실 URL]과 함께 한 번 더 안내 문자를 발송하여 내담자가 늦지 않게 온라인 놀이치료실로 입장할 수 있도록 한다.

놀이치료자는 내담자들이 반복되는 치료 시간에 익숙해질 때까지는 지속해서 한 회기에 2번 이상 문자로 공지할 것을 추천하며, 청소년이나 성인은 5회기 이상 문자 관리를 해 주면 좋고, 특히 보호자의 도움을 받아야 할 아동의 경우에는 종결 시까지 관리해 주는 것이 좋다.

놀이치료자는 대기실에 대기 중인 내담자의 입장 허용을 통해 온라인 놀이치료실로 입장하도록 한 후, [서약서 동의 URL]을 전송하거나 화면 공유를 통해 내담자의 동의를 받을 수 있다. 서약서는 비대면 놀이치료 동의서와 개인정보 수집·이용 동의서를 제공한다. 동의서는 구글, 네이버 폼 등을 활용할 수 있다.

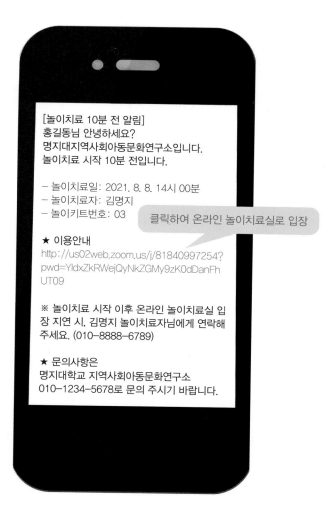

[놀이치료 10분 전 알림]
홍길동님 안녕하세요?
명지대지역사회아동문화연구소입니다.
놀이치료 시작 10분 전입니다.

− 놀이치료일: 2021. 8. 8. 14시 00분
− 놀이치료자: 김명지
− 놀이키트번호: 03

클릭하여 온라인 놀이치료실로 입장

★ 이용안내
http://us02web.zoom.us/j/81840997254?
pwd=YldxZkRWejQyNkZGMy9zK0dDanFh
UT09

※ 놀이치료 시작 이후 온라인 놀이치료실 입
장 지연 시, 김명지 놀이치료자님에게 연락해
주세요. (010−8888−6789)

★ 문의사항은
명지대학교 지역사회아동문화연구소
010−1234−5678로 문의 주시기 바랍니다.

[그림 1-2] 온라인 놀이치료실 입장 안내 문자

(2) 비대면 놀이치료 프로세스

비대면 놀이치료의 프로세스는, 첫째, 내담자가 온라인 놀이치료실로 들어가기 전에 온라인 대기실에서 놀이치료자가 입장을 수락하기까지 기다린다. 둘째, 놀이치료자는 내담자의 온라인 놀이치료실 입장을 수락하고, 내담자가 입장하면 시스템을 점검한 후 들어가기 작업을 함께한다. 그 후 본활동을 하고 마무리가 되면 나가기 작업을 한다.

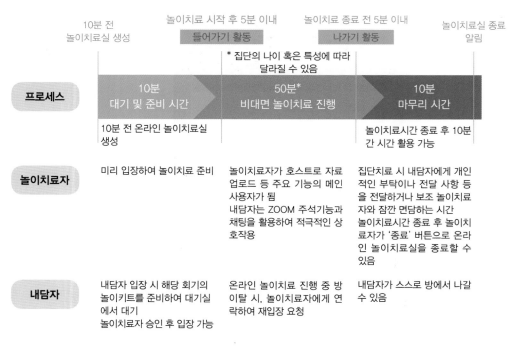

[그림 1-3] **비대면 놀이치료 프로세스**

프로세스 작업시간은 대상에 따라 각기 다르나, 놀이치료자는 회기 시작 10분 전에 ZOOM을 열어 내담자가 대기실에 대기할 수 있도록 한다. 본 상담 진행은 아동의 경우 40~50분, 청소년과 성인의 경우 60~70분 정도 진행하며, 구성인원에 따라 구조화를 하는 것이 좋다. 마무리는 10분 정도 시간을 사용하여 전체 회기가 60~120분 정도 되도록 한다.

① 내담자 프로세스

내담자는 적어도 치료 시작 5분 전에는 ZOOM 대기실에 입장하여 놀이치료자가 온라인 놀이치료실에 입장할 수 있도록 수락하기를 기다린다. 입장 후 고개 끄덕임이나 손 흔들기 등으로 가벼운 인사를 하고, 음소거 상태인지, 비디오는 활성화되었는지 확인한다. 내담자가 보조 카메라를 사용하는 경우에는 카메라 방향이 자신의 손을 비추는지, 메인 카메라가 자신을 정확히 화면에 담고 있는지 확인한다. 또 놀이치료자의 지시에 따라 음향을 점검하고 자신이 듣기에 가장 좋은 음량의 크기로 설정하여 세팅한다.

회기 도중 인터넷 불안정으로 ZOOM에서 이탈하는 경우에 URL을 다시 클릭하여 연결하거나 회의번호를 다시 입력하여 재입장할 수 있도록 휴대전화를 준비한다.

내담자는 해당 회기에 사용하는 놀이키트를 전날 놀이치료자가 보낸 안내 문자를 기준으로 점검하여 준비하고, 놀이키트 이외에 개인 준비물도 빠짐없이 준비한다. 또한 컴퓨터와 주변기기, 놀이키트, 개인준비물 등을 치료 중 사용하는 동선을 생각하여 효과적으로 책상 위에 배치한다.

② 놀이치료자 프로세스

놀이치료자는 대기 및 준비 시간에는 실제 상담 시간 10분 전에 ZOOM을 열어 내담자들이 들어와 준비할 수 있는 대기실을 확인하고 준비한다. 집단상담 초기의 경우 대기실에 모두 입장하면 한번에 수락하여 집단원이 모두 같은 시간에 들어올 수 있도록 하는 것이 좋다. 이는 초기에는 친밀감 형성이 되지 않아 온라인 놀이치료실에 혼자 들어와 있는 것이 부담스러울 수 있으며, 일부 내담자의 경우 화면에 자신의 얼굴이 비치는 것에 대해 부정적으로 생각할 수 있기 때문이다. 그러나 중기 이후에 친밀감이 형성되면 자유롭게 입장할 수 있도록 놀이치료자가 순차적으로 수락해도 무방하다.

내담자가 치료 시작 2~3분 전에도 대기실에 입장하지 않으면 놀이치료자는 문자를 보내 확인한다. 보호자나 부모의 도움으로 ZOOM을 사용해야 하는 아동의 경우에는 반드시 사전에 부모와 연락을 해야 하며 아동이 제시간에 입장하여 상담을 할 수 있도록 긴밀한 관계를 유지해야 한다. 아동치료 회기 후 부모 상담을 ZOOM으로 하는 경우가 많으므로 집단의 경우 부모회기에 대해 구조화를 해야 한다.

본 상담 진행 시간에는 ZOOM 기능을 적극적으로 활용하여 서로의 상호작용이 원활하게 일어나도록 준비해야 하며, 집단일 경우 소회의실을 자주 이용하여 내담자들이 친밀해질 수 있도록 적극적으로 도와야 한다. 소회의실을 사용할 경우 초기에는 어렵지 않고 간단하지만 흥미로운 작업을 할 수 있도록 하며, 같은 내담자들끼리 계속 묶이지 않도록 임의로 지정하는 것을 추천한다.

소극적이거나 위축된 내담자들의 경우 놀이치료자가 표현할 수 있도록 적극적으로 돕지 않으면 방관자처럼 구경만 하다가 흥미를 잃을 수 있으므로 채팅이나 이모티콘 등을 적극적으로 활용하여 표현할 수 있도록 도와주며, 적은 금액의 모바일 상품권 등을 사용하여 참여를 촉진하는 것도 좋은 방법이다.

내담자가 인터넷 접속 문제로 온라인 놀이치료실에서 이탈될 때 놀이치료자는 이탈된 개인의 연락처로 다시 입장할 것을 문자로 부탁하고 기다린다. 집단일 경우에는 집단과정을 수행하면서 이탈한 내담자가 재입장할 때 다시 수락하여야 하므로 화면 상단을 집중해서 보아야 한다. ZOOM에서 이탈하는 경우 다시 입장하지 못할 수 있으므로 내담자가 자의적으로 방을 나갈 수 있는 경우는 회기가 끝난 후라는 것을 사전에 반드시 안내한다.

마무리 시간에는 남아 있는 시간을 알려 내담자들이 구조화된 시간제한을 지킬 수 있도록 한다. 초기에 집단의 응집력이 발달하지 않은 상황에서는 작업시간이 빨리 끝날 수 있으나, 치료 시간을 지키는 것을 원칙으로 한다. 계획보다 일찍 끝나게 되는 애매한 상황에 대처할 수 있도록 놀이치료자는 다양한 준비를 하고 있어야 한다. 반대로 중기 이후에는 내담자들의 표현이 많아지고 활동 시간이 길어질 수 있으나 이때도 정확하게 치료 시간을 지키는 것을 원칙으로 하며, 놀이치료자의 재량에 따라 과정을 생략할 수 있도록 한다.

(3) 비대면 놀이치료 첫 회기 구조화

놀이치료를 받기 위해 센터를 찾는 내담자는 대부분 매우 불안하고 걱정에 쌓여 있으며, 절망감과 패배감, 놀이치료와 놀이치료자에 대한 의심 등을 지니고 있다. 이 부정적 정서는 내담자가 놀이치료에 합리적인 태도와 적극적인 자세로 참여하지 못하게 하여 놀이치료의 진행과 치료적 효과를 방해하는 경우가 있다. 이러한 부정적인 정서를 감소시키기 위해 놀이치료자는 첫 회기 구조화를 진행한다. 내담자가 자신이 처하게 되는 놀이치료라는 낯선 상황에 대해 미리 알게 함으로써 불안과 의심, 두려움에서 벗어나게 한다. 이것을 통해 놀이치료와 놀이치료자에 대한 신뢰가 높아져서 놀이치료를 적극적으로 하고자 하는 동기가 생길 수 있다.

놀이치료 첫 회기 구조화란 크게 세 가지 영역으로 구분할 수 있다. 첫째, 놀이치료 환경의 구조화로, 놀이치료 시간과 요일, 횟수, 장소, 놀이치료 시간에 늦거나 약속을 지키지 못할 일이 발생했을 때 연락하는 방법 등에 대한 구조화이다. 둘째, 놀이치료자와 내담자의 관계 구조화이다. 놀이치료 관계의 구조화는 놀이치료과정이 어떻게 진행되며, 놀이치료자와 내담자가 어떤 역할을 하는가를 알려 주는 구조화이다. 셋째, 비밀보장의 구조화이다. 놀이치료자는 내담자에 대한 비밀보장을 유지하고 지켜 주어야 할 의무가 있으나 특수한 경우에는 한계가 있음을 알려 줄 필요가 있다. 놀이치료 초기의 구조화는 놀이치료 시작 전 내담자의 참여동기를 높이고, 놀이치료 진행 과정에서 내담자가 해야 할 행동을 안내하므로, 안정감을 높여 치료의 성과를 높일 수 있다.

비대면 놀이치료의 경우 내담자에게도 생소한 영역으로 불안감은 더욱 높을 것이다.

비대면 놀이치료가 대면 놀이치료보다 효과가 있을지, 개인정보가 유출되지는 않을지, ZOOM을 사용하는 게 어렵지 않을지 등 불안하고 걱정될 수 있다. 불안감을 낮추고 안전하게 하기 위해 첫 회기의 구조화가 다른 여타 심리치료보다 더 중요하게 다뤄져야 한다. 이에 비대면 놀이치료 첫 회기 구조화에서 다루어야 할 내용을 살펴보고자 한다.

▶ 비대면 놀이치료 여건에 관해서 이야기 나눈다.
  • 비대면 놀이치료를 경험해 보았는가?
  • 비대면 놀이치료를 신청한 이유가 있는가?
  • 놀이치료에 집중할 수 있는 안전하고, 독립되고, 조용한 공간에서 진행 가능한가?
  • 비대면 놀이치료 시간은 언제이고, 놀이치료 횟수는 어느 정도인가?
  • 비대면 놀이치료 진행 시, 놀이치료 시간에 늦거나 약속을 지키지 못할 일이 발생했을 때 연락하는 방법은 무엇인가?

▶ 비대면 놀이치료의 장단점과 기술적인 문제 대응에 대해 반드시 언급한다.
  • 비대면 놀이치료 프로세스를 설명한다.
  • 놀이키트의 보관 및 사용에 대해 안내한다.
  • 비대면 놀이치료 시 네트워크, 프로그램 등의 문제로 중단될 경우 조치사항에 대해서 논의한다.
  • 비대면 놀이치료 중간에 배터리, 데이터 소모가 있을 수 있다는 점을 안내하고 중간에 중단되지 않게 조처를 하도록 안내한다.
  • PC나 노트북을 이용하여 비대면 놀이치료를 진행하도록 안내한다.
  • 비대면 놀이치료와 대면 놀이치료의 차이점과 장단점에 대해 솔직하게 이야기를 나눈다.
  • ZOOM의 기능을 궁금해할 경우, 간단히 툴에 대해서 설명한다.

▶ 비대면 놀이치료 동의서 및 개인정보 동의서를 작성한다.
  • 비대면 놀이치료 동의서를 대면 놀이치료와 동일하게 작성한다(비밀보장, 상담 이용, 상담 취소 및 변경 등).
  • 정보보호의 중요성을 안내하고, 놀이치료자의 동의 없이 상담 내용을 기록하거나 SNS 등으로 전파할 수 없음을 설명한다.

- ZOOM [화면 공유] 후 주석기능을 이용하거나 [온라인 동의서 URL]을 통해 동의서를 작성하여 반드시 문서화한다.
- 그 이외의 내용은 대면 놀이치료에 준하여 적용한다.

▶ 첫 회기 진행 후, 비대면 놀이치료에 대한 소감을 묻고 기술적인 부분의 문제점을 파악하여 남은 회기에 적용한다.

〈표 1-2〉 놀이치료자 역할 구조화를 위한 체크리스트 예시

구분	체크리스트(놀이치료자용)	Yes	No
화상시스템 환경	인터넷이 안정적으로 비대면 놀이치료를 진행할 만한 환경인지 확인하였다.		
	배터리 용량이 충분한지 확인하였다.		
	Chrome이나 Whale, Edge브라우저 중 하나를 사용하고 있다.		
	마이크, 듀얼모니터가 준비되었다.		
	비대면 놀이치료에서 활용되는 보조자료(동의서, 심리검사 결과지 등)를 바탕화면에 준비하였다.		
상담 준비	내담자 정보(주호소문제, 가능 회기, 가능 기간 등)를 확인하였다.		
	상담 10분 전 [온라인 놀이치료실]에 입장하여 내담자가 대기실에 입장하기를 기다린다.		
	회기에 사용될 재료와 워크시트지, 예시작품이 준비되었다.		
첫 회기 사전고지	내담자에게 비대면 놀이치료의 제한점을 충분히 설명하였다.		
	비대면 놀이치료 동의서 및 개인정보 동의 내용을 설명하고 동의서를 작성하였다.		
	기술적인 문제로 중단되었을 경우 대처방식에 대해 협의하였다.		
	비대면 놀이치료 후 소감을 묻고, 이후 계속 진행 가능한지 논의하였다.		

(4) 비대면 놀이치료 시 발생하는 돌발상황 준비

앞에서 다루었던 돌발상황은 사전에 충분히 준비한다면 예방할 수 있는 것이 많다. 따라서 돌발상황에 대비하는 놀이치료자의 대처 요령이 필요하다. 우선, 많이 발생하는 돌발상황을 제시하고자 한다.

온라인 상담 시 많이 발생하는 돌발상황

• 갑작스러운 주변 사람의 등장으로 인한 주의 분산
• 놀이키트 분실
• 마이크 소리 안 들림
• 생활소음
• 주석기능을 사용한 낙서
• 채팅을 사용한 욕설
• 온라인 놀이치료실에서 튕김
• 인터넷 연결 끊김

온라인 놀이치료 전에 내담자에게 이와 같은 상황이 발생할 수 있다는 것을 안내한다. 예상되는 문제 상황이 있다면 상담 전에 미리 대비하고 준비하도록 한다.

집에서 ZOOM을 할 경우 다른 식구들이 빈번하게 사용하는 거실이나, 내 방이 아닌 다른 가족의 방, 내 컴퓨터가 아닌 타인의 컴퓨터를 사용할 때 나타나는 문제에 대해 미리 가족들이나 타인의 양해를 구하고 보호받을 수 있도록 조치한다. '지금은 상담시간입니다. 12:00~13:00까지'와 같은 안내문을 방문 앞에 붙이고 다른 가족들이 인식하고 내담자를 보호할 수 있도록 하는 것도 좋은 방법이다.

놀이키트 분실에 대비하여 키트 발송 시 놀이키트를 보관할 수 있는 상자나 바구니를 함께 보내고 상자나 바구니에 종결 시까지 보관해 달라고 부탁하는 것이 좋다.

놀이치료자가 온라인 놀이치료에 사용할 프로그램을 철저히 익혀야 온라인 놀이치료실을 안전하게 지킬 수 있다. 놀이치료자와 내담자 모두 음성이 잘 들리는지 서로 마이크 상태와 품질은 괜찮은지 확인한다. 내담자에게서 갑자기 소음이 발생한다면 놀이치료자가 직접 내담자를 음소거시킬 수 있다. 소리가 울리는 하울링이 생긴다면 전체 내담자를 대상으로 음소거 지정을 할 수 있다.

채팅 사용에서 문제가 발생한다면 [보안]에서 채팅 기능을 사용하지 못하게 막는다. 주석기능으로 화면에 낙서하는 문제가 생긴다면 [화면 공유-더 보기]에서 [참가자 주석 사용 안 함]을 클릭해서 내담자의 행동을 제지할 수 있다.

온라인 놀이치료 진행 시 네트워크 문제로 PC가 튕겨 끊어지는 경우가 발생할 수 있다. 따라서 내담자와 연락할 수 있는 연락처와 비상연락처를 받아 놓는 것이 필요하다.

더 좋은 것은 PC와 함께 휴대전화도 하나 더 접속해 두는 것이다. PC에 접속한 계정이 튕겨 끊어지는 경우 휴대전화가 접속되어 있으면 PC 계정으로 다시 입장하는 동안 시간을 벌 수 있다. 각 지역 및 인터넷 품질 상태에 따라 연결 속도나 상태가 달라질 수 있으므로 이 점을 유의해야 한다. 무선(WiFi)보다 독립된 유선으로 접속하는 것이 매끄러운 연결을 돕는다. 만약 비대면 놀이치료 진행 도중에 인터넷 연결이 끊기거나 온라인 놀이치료실에서 갑자기 나가졌다면, 내담자는 놀이치료자에게 연락하여 이를 알리도록 안내한다. 놀이치료자는 천천히 재실행을 할 수 있도록 도우며 다른 집단원에게도 양해를 구해야 한다.

3. 비대면 놀이치료의 윤리적·법적 문제

이 절에서는 비대면 온라인 심리치료와 관련된 윤리적·법적 문제에 대해 알아보고자 한다. 기존의 대면 치료에서의 윤리적·법적 문제 이외에 온라인이기 때문에 일어날 수 있는 윤리적·법적 문제에 대해 알아보고, 그 해결책과 더불어 이 분야의 더 깊은 연구를 위한 문제 제기를 하려 한다.

1) 온라인 심리치료에서의 윤리적 문제

먼저, 온라인과 관련된 기술적인 부분과 치료 시스템 전반에 걸친 놀이치료자의 윤리적인 문제에 대해 알아보고자 한다.

(1) 개인정보, 기밀성 및 보안 문제

비대면 심리치료의 경우 보안이 되지 않는 웹 사이트나 상용 소프트웨어와 같은 암호화되지 않은 통신 도구로 인해 쉽게 해킹당할 수 있는 취약성이 있다. 이러한 기술의 실패는 데이터 보안에 취약할 수 있으며 놀이치료자의 통제를 넘어 넓은 의미의 기밀성 침해와 안전에 대한 우려를 낳을 수 있다. 따라서 놀이치료자는 이용 중인 소프트웨어, 웹 사이트가 얼마나 안전한지 확인해야 하며, 해킹에 대한 개인정보 상실에 대해 내담자에게 설명하여야 한다.

개인정보와 관련하여 저장이나 기록은 놀이치료자 개인의 자료들과 분리하여 저장해야 하며 백업을 받는 것도 따로 분리해야 한다. 접근 제한, 보안 프로그램 사용, 암호화, 자동 로그오프 등을 설정하여 타인의 열람이 불가능하도록 하며, 작품이나 치료과정을 유튜브나 페이스북 등에 공개하지 않도록 동의서를 받아야 한다.

소셜 네트워킹 사이트의 사용은 개인정보 기밀성과 관련하여 새로운 윤리적 문제를 일으킨다. 내담자의 SNS 친구 맺기 요청, 유튜브나 인스타그램, 페이스북 열람, 블로그 등으로 공개되는 놀이치료자나 내담자의 사생활과 관련하여 비윤리적이고 지속적인 상호작용이 가능하다. 특히 집단치료를 할 때 집단원끼리 SNS를 통한 개인정보 공개가 치료 중이나 종결 후에 원치 않는 관계로 발전하거나 범죄에 연루될 수도 있다. 따라서 가능한 한 놀이치료자나 내담자들은 개인 휴대전화 번호와 상황에 따라서는 실명이 공개되지 않는 것이 좋으며 오픈 채팅방도 대안이 될 수 있다. 집단원끼리 카톡방이 공유될 때에는 놀이치료자가 집단원들이 서로 침해받는 일이 없도록 교육하며, 동의서를 받도록 한다.

(2) 놀이치료자 및 내담자의 역량 및 훈련

놀이치료자와 내담자 모두 컴퓨터 사용능력이나 인터넷 연결, 웹 사용과 같은 인터넷 활용기술에 대한 불편함이나 두려움은 당연하다. 놀이치료자와 내담자의 인터넷 활용기술이 얼마만큼 숙달되어 있는지 점검하는 것은 중요한 문제이다. 따라서 내담자가 기술에 숙달될 때까지 놀이치료자는 인내심을 가지고 기술지도를 해야 한다. 놀이치료자 또한 다양한 기기와 웹, 소프트웨어 등 더 나은 기술 구동을 위해 지속적으로 연습해야 하며, 내담자와 비슷한 조건, 즉 내담자가 사용하는 기기나 환경 등에서의 시뮬레이션이 필요하다.

비대면 심리치료에서 인터넷 활용기술의 어려움과 실패는 중요한 문제이며, 이러한 부분이 해결되지 않으면 치료적 효과를 기대하기 어렵고, 오히려 좌절과 분노로 더 큰 심리적 어려움에 부딪치게 할 수도 있다. 따라서 비대면 심리치료를 시작하기 전에 내담자의 인터넷 활용기술과 관련된 능력을 점검하는 과정이 필요하며, 아동의 경우 이러한 문제를 해결해 줄 부모나 교사 등의 보호자가 있는지에 대한 여부도 알아야 한다.

비대면 심리치료를 제공하려면 적절한 기술훈련과 교육이 필요하다. 놀이치료자는 온라인 환경에 대한 기술적인 임상 및 치료적 역량을 향상하기 위한 특별한 훈련이 필요하다. 비대면 심리치료는 대면 치료의 치료적 역량과 기술이 동일하지 않고, 비대면

이 가지는 특수한 상황 때문에 반드시 인터넷 활용 훈련과 놀이치료자 반응에 대한 교육이 필요한데 현재는 표준화된 비대면 심리치료를 위한 훈련 또는 교육프로그램이 거의 없다. 특히 기술에 대한 숙달, 상황에 맞는 놀이치료자의 반응과 대처에 관한 연구와 교육은 앞으로 좀 더 개발되어야 할 분야이다.

(3) 긴급이나 돌발상황과 관련된 문제

내담자와 놀이치료자가 거리상 멀리 떨어져 있거나 해외에 거주하는 경우 비대면 심리치료에서는 치료 도중 돌발상황이 생길 수 있다. 예를 들어, 내담자가 치료를 거부하고 무단으로 온라인 상담실을 나가 버리거나, 놀이키트를 파괴하고 던지거나, 자해를 하는 경우가 발생할 수 있다. 대면 상황에서는 대처가 가능하나 비대면 상황에서는 물리적으로 떨어져 있기 때문에 대처가 어려울 수 있다. 내담자 자신이나 타인에 대한 위협과 관련된 위기 상황에서 내담자를 도와줄 수 있는 인력 자원을 확보해야 한다. 비상 또는 위기 상황과 관련하여 내담자의 신원, 위치 확인 및 보호자의 연락처, 병원, 사회복지사, 교사 등과 같이 내담자 주변의 자원을 적극적으로 탐색하여 긴급상황에 대처할 수 있도록 하며, 이는 내담자의 개인정보 보호와 관련하여 예외상황으로 인정된다. 또 무단으로 온라인 상담실을 이탈하거나 격한 감정표현을 하는 경우를 대비하여 놀이치료자는 치료적 반응에 대해 고민해야 한다.

(4) 해외의 내담자를 상담하는 문제

해외에 거주하는 내담자를 대상으로 비대면 심리치료를 진행할 때 따르는 문제들이 있다. 시차 문제에 대해 상담시간을 조율하는 것, 원거리이기 때문에 긴급이나 위기상황에 대처하는 문제, 익명을 원하는 내담자의 경우 비상시 대처하는 문제, 내담자와 놀이치료자 사이의 문화적 차이나 문화적 행동, 언어 사용 문제로 인해 의사소통이 어려운 경우, 치료비용의 문제 등을 들 수 있다. 따라서 놀이치료자와 내담자 사이에 상담목적, 회기 수, 상담시간, 비용, 비용 지급 방법, 키트를 사용할 경우 재료와 배송비용 등의 자세한 합의가 있어야 하며, 합의에 따른 동의서가 필요하다.

(5) 비대면 상담에서 내담자의 범위

비대면 심리치료가 모든 내담자에게 적합하지는 않다. 특히 심각한 정신증이거나 고도의 기능 장애가 있거나 자신이나 타인에게 위협이나 해를 가하는 내담자의 경우 적합하지 않다. 또 내담자의 무능력, 능력 저하, 또는 컴퓨터나 인터넷 등 기술 사용 시 불편함도 장벽이 될 수 있으므로 사전면담이나 심리검사를 통해 적합 여부에 대한 검토가 필요하다.

비대면 심리치료로 부적합한 내담자라 하더라도 부모나 교사 등 보호자가 적극적으로 내담자를 도울 수 있는 경우에는 보호자의 동의가 필요할 수 있다.

(6) 경계 문제

비대면 심리치료는 내담자와 놀이치료자의 경계 유지를 어렵게 하여 놀이치료자와 내담자 모두를 힘들게 할 수 있다. 비대면 심리치료는 언제 어디서나 인터넷과 기기만 있으면 가능하므로 놀이치료자가 휴일, 휴가, 여행 또는 아프거나 이동 중이거나 하여 치료할 수 있는 여건이 되지 않을 때도 연결하려는 유혹을 받을 수 있다. 또 지극히 개인적인 공간이나 부적절한 상황에 있거나 너무 이르거나 너무 늦은 불편한 시간에 연결을 시도할 수도 있다.

또 개인적인 공간이 너무 개방되는 것에 대해 불편감을 가질 수도 있다. 이때에는 놀이치료자와 내담자가 협의하여 가상 배경을 사용할 수 있으나, 내담자의 배경은 내담자를 이해하는 정보가 되므로 가급적 가상 배경을 사용하지 않도록 유도하는 것이 좋다. 놀이치료자도 상담이 불가능한 공개적인 장소에서 가상 배경을 악용하여 상담하지 않도록 한다.

이러한 경계에 대한 또 다른 위협으로는 놀이치료자와 내담자가 검색 엔진을 활용하여 원하는 개인정보를 알아낼 수 있다는 점이다. 쌍방 간에 동의되지 않은 개인정보는 내담자나 놀이치료자 개인의 이득이나 욕구 때문에 악용될 가능성도 있다. 따라서 「개인정보 보호법」에 대해 놀이치료자와 내담자가 모두 숙지하고, 위반했을 경우 어떤 법적 조치가 있는지 교육하며, 사전 동의를 받는 것이 필요하다.

(7) 기술 사용의 부정적인 영향

비대면 심리치료가 일부 내담자들에게 인터넷 남용과 인터넷 중독, 더 나아가서는 사회적 고립을 증가시킬 우려가 있으며, 내담자의 현실 적응을 방해할 수 있다. 비대면 심리치료를 선호하는 내담자 중에는 사회공포증이나 대인기피 증상을 보이는 내담자가 있을 수 있다. 이러한 내담자를 위해 놀이치료자는 내담자를 위한 구조화와 과제 내기, 현실에서 실험하기, 비대면 집단치료작업 등을 적극적으로 활용하여 내담자의 적응 능력을 키워 내는 일에 노력을 기울여야 한다.

(8) 자율성 문제와 비인간화

비대면 심리치료는 내담자의 자율성 침해 및 비인간화로 이어질 수 있다. 예를 들어, 내담자가 집에서 온라인으로 심리치료를 받을 때 자신의 공간을 침범당하는 경험을 할 수 있으며, 심리치료의 동기가 적은 내담자의 경우 자신을 이미 취약한 사람으로 인식하여 비인격적인 대우를 받는다고 생각할 수 있다. 이는 치료 효과에도 악영향을 미칠 수 있으므로, 놀이치료자의 세심한 주의 기울이기가 필요하며, 내담자의 사생활보호 수준을 파악하기 위한 구체적인 질문과 행동지침을 이야기해 줘야 한다. 예를 들어, 내담자가 얼굴 공개를 꺼릴 때 이마만 보여 주는 것을 용인하거나 가상 배경을 허용할 수 있어야 한다. 그래야 내담자가 존중받고 수용받고 있다는 느낌이 들게 할 수 있다.

2) 온라인 심리치료에서의 법적 문제

온라인과 비대면 심리치료 상황에서의 법적인 문제는 어떠한 것이 있으며, 어떻게 대처할 수 있는지 알아보고자 한다.

(1) 놀이치료자의 자격 문제

자격증이 없는 놀이치료자가 심리치료를 하는 경우, 기술적인 훈련 및 교육을 받지 않은 놀이치료자가 비대면 심리치료를 하는 경우 등 이를 규정하는 특수한 법률이 거의 없으므로 놀이치료자의 윤리적 양심에 맡길 수밖에 없는 현실이다. 훈련되지 않은 놀이치료자가 무자격으로 치료하거나 비대면 심리치료 시 기술적인 훈련 없이 치료를 수행하는 것은 자격과 실력을 얻기 위해 많은 시간과 돈을 투자한 양심적인 놀이치료자들을 비웃는 비윤리적인 행위라 볼 수 있다. 따라서 자격과 조건을 갖춘 놀이치료자들이 앞으로 상담 현장에서 무자격 놀이치료자가 발붙일 수 없도록 적극적인 정화와 함께 제도적인 법제화를 추진해야 한다.

(2) 저작권의 문제

「저작권법」은 저작자의 권리와 이에 인접하는 권리를 보호하고 저작물의 공정한 이용을 위한 목적으로 2006년 제정되었다. 「저작권법」 제136조 제1항에 따라 저작재산

권 등 재산적 권리의 복제, 전송, 배포 등을 위반할 경우 범죄 사실에 따라 3~5년의 징역 또는 3~5천만 원의 벌금을 물리거나 이를 병과할 수 있다(법제처 국가법령정보센터).

따라서 치료 중 인용되는 사진, 문서, 영상물 등의 결과물을 주인의 허락을 받지 않고 함부로 사용하는 경우는 저작권 침해에 해당한다. 「저작권법」에 저촉되지 않으려면 사용 승인을 받거나, 무료 다운로드 자료를 사용할 수 있으며, 가장 안전한 방법은 내담자나 놀이치료자가 직접 찍은 사진이나 자료를 사용하는 것이다.

〈표 1-3〉은 비대면 상담을 위한 공유저작물 제공 사이트이다.

〈표 1-3〉 비대면 상담을 위한 공유저작물 제공 사이트

한국저작권위원회 공유마당	gongu.copyright.or.kr
문화체육관광부 공공누리	www.kogl.or.kr
플래티콘	www.flaticon.com
픽사베이	pixabay.com
셀바이뮤직	www.sellbuymusic.com
자멘도	www.jamendo.com
프리뮤직아카이브	freemusicarchive.org/static
프리사운드	freesound.org
씨씨믹스터	ccmixter.org
언스플래시	www.unsplash.com
스플릿샤이어	www.splitshire.com
제이멘트리	www.jaymantri.com
인컴피티치	incompetech.com/wordpress

(3) 초상권의 문제

초상권은 사람이 자신의 얼굴이나 사회 통념상 특정인임을 판별할 수 있는 신체적 특징에 대해 함부로 촬영 또는 그림으로 묘사되거나 공표되지 않으며 영리적으로 이용되지 않을 권리를 말한다. 식별 가능성, 상업적 목적, 영리상의 목적으로 저촉 시 3년의 소멸시효, 30만 원 정도의 벌금형에 처한다.

비대면 심리치료에서는 주로 ZOOM을 사용하는데 ZOOM 기능 중에는 기록 기능이 있다. 기록 기능은 상담을 진행하는 전 회기를 녹화할 수 있는 기능으로 이 기능은 호

스트만 사용하도록 하며 내담자가 동의 없이 다운로드, 촬영, 캡처할 수 없음을 알려야 한다. 단, 개인기기에서 화면을 캡처하거나 녹화하는 경우에는 제제할 방법이 없으므로 책임 소재에 대해 명확히 하여 동의서를 받는다.

제**2**장

비대면 놀이치료
ZOOM 인터페이스

사물과 사물 사이 혹은 사물과 인간 사이의 경계 속에서 상호 간의 소통을 위하여 만들어지게 된 물리적인 매개체가 인터페이스이다. 이러한 인터페이스는 그 안에서 또 다양한 인터페이스로 나뉘며 그 안에는 하드웨어, 소프트웨어, 사용자 등으로 나뉘게 된다. 이 모든 것이 조화롭게 어우러져야 하며 사용자가 사용하기 편리해야 비로소 좋은 인터페이스라 할 수 있다. 그러면 비대면 놀이치료 인터페이스는 무엇을 고려해야 할까? 비대면 놀이치료 인터페이스는 놀이치료자가 ZOOM 서비스로 접속하는 내담자에게 어떻게 하면 더 좋을 경험을 할 수 있을지 고민하는 부분이다. 그러기 위해 놀이치료자는 온라인 상황에 대처할 수 있는 도구와 그 도구를 자유롭게 다룰 수 있는 기술을 가지고 있어야 한다. 이 장에서는 ZOOM의 기능을 활용한 상호작용 방법을 제안하고 치료적으로 어떻게 적용해야 할지 하나하나 짚어 보면서 소개하고자 한다.

1. ZOOM 메인화면 아이콘 기능과 치료적 활용

비대면 놀이치료를 ZOOM으로 진행하기로 했다면 먼저 화면은 어떻게 구성되어 있는지, 그 기능은 어떻게 사용해야 하는지 알아야 한다. 다음은 초기 화면으로, ①~⑫까지 순서대로 아이콘의 기능과 치료적 활용을 설명할 것이다.

❶ [음소거]라고 나타난 마이크 모양의 아이콘을 눌러 주기만 하면, 음소거(🎤)가 되고, 다시 한번 누르면 음소거가 해제된다.

비대면 놀이치료를 진행하다 보면 하울링처럼 치료를 진행할 수 없을 정도의 소음이 생기기도 하는데, 간단하게 단축키를 사용하여 통제할 수 있다. 소음이 놀이치료자로 인한 경우 키보드의 스페이스바(spacebar)를 사용하여 내 마이크를 일시적으로 끄고 켤 수 있다. 내담자로 인한 소음의 경우 단축키 Alt+m을 사용하면 강제로 음소거를 할 수 있다. 다만, 치료 도중에는 내담자의 생활소음도 내담자를 이해하는 데 도움이 될 수 있으므로 가능하면 음소거 기능을 사용하지 않는 것을 추천한다.

❷ [비디오 시작] 버튼을 누르면 비디오가 켜지고, 다시 한번 누르면 비디오가 중지(▧)된다.

❸ [보안] 기능은 놀이치료자에게 너무 유용한 기능이다. 먼저, '호스트' 혹은 '공동호스트' 권한을 가진 상태에서만 [보안] 아이콘이 화면에 뜬다. [보안] 버튼을 클릭하면 다음과 같은 하위메뉴 창이 뜨게 된다. 모든 기능은 클릭하면 바로 활성화 혹은 비활성화가 되는 편리한 기능이다. 활성화가 된 기능은 다음과 같이 ✓표시가 뜬다. ㉠~㉽까지 차근차근 설명하고자 한다.

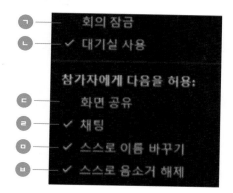

ㄱ **회의 잠금**: '회의를 잠근다'라는 표현인데 이 기능을 활성화시키면 'ZOOM 링크'를 가지고 있든 '비밀번호'를 가지고 있든 상관없이 내담자가 온라인 놀이치료실로 직접 접속할 수 없도록 만들어 준다. 이 기능을 사용하면 놀이치료자가 놀이치료 시작 전에 일찍 놀이치료실을 개설하고 치료를 준비하는 시간에 내담자가 미리 들어오는 것을 방지할 수 있다.

ㄴ **대기실 사용**: 대기실은 온라인 놀이치료실에 입장했을 때 잠시 대기를 하는 곳이다. 호스트인 놀이치료자가 수락해 줘야만 입장이 가능하다. 집단 인원이 많은 경우 보조 놀이치료자를 '공동 호스트'로 둬서 최대한 빠르게 수락할 수 있도록 하는 것이 좋다. 아동·청소년의 경우 너무 많이 대기하다 보면 짜증이 날 수도 있다.

ㄷ **화면 공유**: 모든 내담자가 화면을 공유할 수 있게 해 준다. 내담자의 결과물이나 치료자의 자료 등을 모두 함께 보려면 이 기능을 활성화하는 것이 좋다.

ㄹ **채팅**: 채팅 기능을 활성화시켜 놀이치료 중 채팅을 사용할 수 있게 한다. 이 기능을 사용하면 놀이치료 중 치료자와 내담자 간 또는 내담자와 다른 내담자 간의 상호작용을 촉진할 수 있다. 그러나 비대면 놀이치료를 진행하다 보면 아동·청소년의 경우 채팅을 사용한 욕설 등의 문제 상황을 일으킬 수 있다. 이때는 우선 치료자가 욕설을 사용한 내담자에게 비밀채팅으로 주의해 달라고 당부한다. 그래도 욕설을 사용하면 채팅 기능을 비활성화시켜 채팅을 못하도록 막을 수 있다.

ㅁ **스스로 이름 바꾸기**: 내담자들이 자신의 이름을 스스로 바꿀 수 있게 해 준다. 이 기능을 켜 두고 놀이치료자는 프로그램에 따라 별칭 정하기를 하고 이름 바꾸기를 하여 내담자들에게 서로의 별칭을 알 수 있게 할 수 있으며, 이것은 내담자들이 자신이 불리고 싶은 별칭으로 존재할 수 있다는 안정감을 느끼게 한다.

ㅂ **스스로 음소거 해제**: '스스로 음소거 해제' 기능을 꺼 버리면 호스트인 놀이치료자를 제외한 나머지 내담자들은 음소거 해제를 못하도록 하는 기능이다.

❹ 버튼을 클릭하면 화면 오른편에 온라인 놀이치료실에 입장한 내담자의 목록을 볼 수 있다.

❺ [채팅] 버튼을 누르면 화면의 오른쪽에 채팅창이 만들어진다. 채팅창에 파일을 올려 공유할 수 있으며 채팅 내용을 저장할 수 있는 기능도 제공한다. 또한 비공개 채팅도 가능하다. 비공개 채팅 기능은 내담자가 놀이치료자에게 질문이나 다른 내담자에게 공개하기 불편한 사항 등을 주고받을 때도 유용하지만 놀이치료자가 위축돼 있거나 불안한 내담자에게 격려의 쪽지를 보내는 용도로도 사용할 수 있다.

❻ [화면 공유]는 내 컴퓨터의 화면을 다른 내담자들의 화면에 보이게 하는 것으로 실제 비대면 놀이치료 상황에서 많이 사용하게 될 기능이다. 파워포인트나 동영상, 그림, 사진 등을 공유하여 함께 보기도 하고 주석기능을 이용해 여러 사람이 그림을 그리거나 글을 쓸 수도 있다.

이 사진에서 보이는 바와 같이 [화면 공유] 옆 작은 화살표(⌃)를 눌러 보면 기본적으로 한번에 한 참가자만 공유가 가능하다. 여러 내담자가 동시에 화면을 공유

할 수 있게 하려면 [여러 참가자가 동시에 공유할 수 있습니다]를 선택한다. 그 외에 다양한 화면 공유 옵션을 변경하기 위해서는 맨 아래 [고급 공유 옵션]을 선택한다. 고급 공유 옵션에서는 한번에 여러 내담자가 화면을 공유할 수 있게 변경할 수 있다. 또한 호스트인 놀이치료자 외에 내담자 누구나 화면 공유를 할 수 있게 허용할 수도 있다.

❼ [기록] 버튼을 누르면 비대면 놀이치료과정을 녹화할 수 있다. 단, 호스트로 선정된 사람만 기록이 가능하며, 내담자들은 기록할 수 없도록 원칙을 정한다. 내담자들에게도 비밀보장과 사생활 침해에 관해 설명하고, 개인적으로 녹화프로그램을 사용하여 녹화하지 않도록 설명한다.

❽ [소회의실]은 회의실을 다시 새로운 작은 방으로 나누어 주는 기능이다. 이 기능은 대면 집단 놀이치료에서 개별 작업과 소그룹 작업을 병행하여 진행하던 것을 비대면에서도 가능하게 해 준다. 그룹 배정은 무작위로 배정할 수도 있고 놀이치료자가 원하는 대로 지정할 수도 있다. 그룹의 수도 놀이치료자가 마음대로 설정할 수 있다. 배정 방법은 다음과 같이 세 가지가 있는데, 놀이치료과정에서 목표와 활동에 맞게 놀이치료자가 선택할 수 있다.

● [자동으로 할당]: 내담자를 랜덤으로 소회의실에 배정
● [수동으로 할당]: 정해진 인원을 놀이치료자가 직접 배정
● [참가자가 소회의실을 선택하도록 허용]: 내담자가 본인의 조를 선택하도록 함

❾ [반응] 버튼을 클릭하면 여러 가지 아이콘이 나타난다. 원하는 것을 클릭하여 다양한 표현을 할 수 있다. 또한 [반응] 아이콘 '손들기'를 통해서 손들기를 할 수 있다. 비대면 놀이치료 중 집단원이 '손들기'를 하면 손든 집단원의 화면이 자동으로 화면 상단으로 이동하여 놀이치료자가 바로 확인할 수 있다. '손 내리기'는 손들기를 한 내담자가 직접 내릴 수도 있지만, 놀이치료자가 개별로 손 내리기를 할 수 있고, 모든 손 내리기도 가능하다.

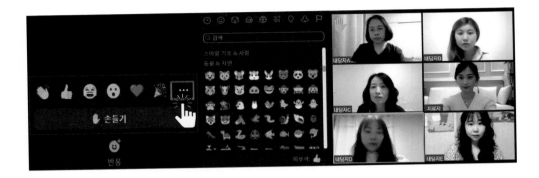

⑩ [종료] 버튼을 클릭하면 회의를 종료할 수 있다. [모두에 대해 회의 종료]는 온라인 놀이치료실을 개설한 놀이치료자에게만 보이는 메뉴로 온라인 놀이치료실 자체를 없애는 것이다. [회의 나가기]를 클릭하면 온라인 놀이치료실은 없어지지 않고 자신만 빠져나가게 된다.

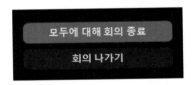

⑪ [화면 보기]를 클릭하면 다음과 같은 하위 메뉴를 볼 수 있다.

ㄱ [발표자 보기]: 말하는 사람이 화면에 크게 표시되고 다른 참여자는 작게 보여지는 기능이다. 이 기능은 그림이나 작품을 공유할 때 [모두에게 추천] 기능과 함께 사용하면 유용하다. [모두에게 추천]으로 지정하면 발표자의 말에 집중하는 도중 갑자기 소음으로 인해 다른 내담자의 얼굴이 ZOOM을 통하여 보여지는 당혹스러움을 방지할 수 있다.

ㄴ [갤러리 보기]: 모든 집단원을 한 화면에서 볼 수 있다. 설정을 통해 한 화면에 49개의 셀까지 볼 수 있다. 이 기능은 놀이치료자가 내담자의 전체 반응이나 작업 진행 정도를 체크할 때 활용하면 유용하다.

ㄷ [몰입형 보기]: ZOOM에 참가한 패널리스트를 단일 가상 배경으로 배치하여 하나의 장면에서 가상회의나 수업을 진행함으로써 좀 더 몰입하고 협업할 수 있도록 하는 새로운 화면 구성이다. 설정을 통해 액자형은 5명, 계단형 강의실형은 25명, 패널토의는 6명, 강의실 그룹형은 24명(4명씩 6개)까지 볼 수 있다. 몰입형 보기는 소회의실에서 활동 후 발표할 때 사용하면 더 효과적이다.

적용 tip

- ZOOM 몰입형 보기는 접속한 모든 사람의 ZOOM이 최신 업데이트되어야 가능하다 (ZOOM 5.6.3 버전 이상 필요).
- 소회의실, 화면 공유 시에는 작동이 되지 않으며, 몰입형 화면은 녹화지원이 안 된다.

⓬ 버튼을 클릭하면 다음과 같은 창이 열린다. 여기서 파란색으로 쓰인 [링크 복사]를 누르면 [URL 클립보드에 복사됨]이라고 초록색 글씨로 변경되면서 온라인 놀이치료실 링크가 복사된 것을 확인할 수 있다.

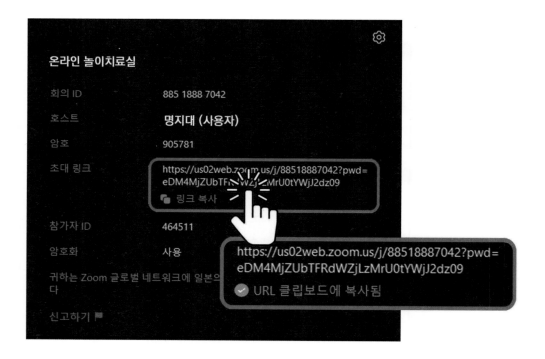

2. ZOOM 온라인 놀이치료실 세팅하기

1) 온라인 놀이치료실 개설하기

ZOOM 화면 구성에 대해 익혔다면 이제 온라인 놀이치료실을 개설할 차례이다. 온라인 놀이치료실을 개설하고 내담자에게 안내하는 방법에는 크게 두 가지가 있다.

(1) 링크 주소로 안내하기

ZOOM에 로그인하면 위와 같은 창이 나타나게 된다. 여기서 [새 회의]를 클릭하면 [온라인 놀이치료실]이 개설된다. ZOOM 메인화면이 열리면 왼쪽 위에 있는 🛡 클릭 후 링크 주소를 내담자에게 안내 문자와 함께 보낸다. 링크 주소를 클릭한 내담자는 따로 비밀번호를 입력하지 않아도 바로 접속할 수 있다. PC나 노트북으로 접속한 경우에는 ZOOM 프로그램을 설치하지 않아도 온라인 놀이치료실에 들어올 수 있다. 그러나 스마트폰이나 태블릿의 경우 플레이스토어나 앱스토어에 연결해 ZOOM 앱을 내려받아야 온라인 놀이치료실로 연결된다. 이 외에도 스마트폰과 태블릿은 지원되지 않는 기능이 있어 비대면 놀이치료를 진행하기에는 불편함이 있다. 놀이치료자는 내담자에게 PC로 접속할 것을 추천하는 것이 좋다.

(2) ID와 비밀번호로 안내하기

온라인 놀이치료실 개설 시 [내 개인 회의 ID(PMI)]를 선택하면, 놀이치료자의 고유 ID와 비밀번호를 설정하여 온라인 놀이치료실을 개설하게 된다. 매번 내담자들에게 주소를 보내지 않고도 ID와 비밀번호만 알려 주면 놀이치료실에 접속할 수 있다. 장기간 진행되는 놀이치료라면 ID와 비밀번호로 설정하여 온라인 놀이치료실을 개설하는 것이 편리할 수 있다.

[회의] 탭에서 [편집]을 클릭하면 개설할 온라인 놀이실의 비밀번호와 대기실을 설정할 수 있다.

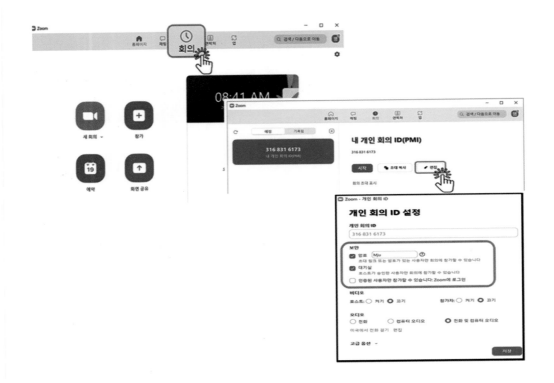

(3) 예약 링크 만들기

단회기로 끝나는 단기상담이 아니라 계속 진행되는 중 · 장기 놀이치료의 경우 예약 기능을 사용하면 놀이치료일마다 따로 시간을 설정하지 않아도 된다. 우선 [예약]을 클릭하면 [회의 예약] 팝업이 뜬다. 주제란에 회의 제목을 작성한다. 작성한 제목은 개설한 온라인 놀이치료실에는 보이지 않으므로 놀이치료자만 알아보기 쉽게 하면 된다. 그러나 주제의 이름을 잘 정리해 놔야 혼돈되는 일이 없으니 신경 써서 작성하면 좋다. 바로 아래 보면 언제 놀이치료를 시작할 것인지 [시작]과 [기간]을 정하는 부분이 나온다. [시작]과 [기간]을 설정하고 그 아래 [되풀이 회의]를 체크하면 예약이 된다.

(4) 소리 공유하기

비대면 놀이치료 시 파워포인트(이하 PPT)를 공유하거나 그림, 문서 자료를 내담자와 같이 보려고 할 때는 [화면 공유] 기능을 사용한다. 그러나 소리가 담긴 PPT나 명상 음악 등 소리를 같이 공유하고 싶다면, 반드시 [컴퓨터 소리 공유] 버튼을 같이 눌러 주어야 한다. 유튜브 동영상을 재생한다거나, mp3 파일을 재생하는 경우에 '소리 공유'를 하지 않으면 내담자에게는 화면만 나가게 된다.

(5) 컴퓨터 소리만 공유하기

ZOOM에서는 컴퓨터 소리를 공유해 음악을 같이 들을 수 있다. [화면 공유] 버튼을 누른 후 위쪽에 있는 고급 탭을 클릭하면 [컴퓨터 오디오]를 공유할 수 있는 탭이 있다. 이 버튼을 선택하면 컴퓨터 소리만 공유할 수 있다. 이 기능은 비대면 놀이치료 시 배경음악이 필요한 작업에서 사용할 수 있다. 이때 내담자에게 소리가 너무 크게 들리거나 너무 작게 들리지는 않는지 점검해 보아야 한다.

(6) 가상 배경과 필터 사용하기

ZOOM에서는 배경화면을 변경하거나 재미있는 화면 효과를 줄 수 있는 기능이 있다. ZOOM 회의 진행 전이라면 설정에 들어가 ⚙를 눌러 [배경 및 필터]에서 가상 배경과 비디오 필터를 선택할 수 있다. 회의 진행 중에는 ZOOM 메인화면 왼쪽 하단의 [비디오 중지] 버튼 옆에 있는 ⌃ 버튼을 눌러서 가상 배경과 비디오 필터를 선택할 수 있다.

[가상 배경 선택]은 자신의 모습 뒤에 원하는 이미지나 영상을 넣을 수 있는 기능이다. 가상 배경을 설정하기 위해 가상 배경 선택 메뉴를 선택한다. ZOOM에서 기본적으

로 제공하는 이미지와 영상이 있는데 이것을 선택해도 되고 만약 자신이 원하는 이미지로 가상 배경을 설정하고 싶은 경우 ⊞ 버튼을 선택하여 추가해 준다.

비대면 놀이치료에서는 내담자나 놀이치료자 모두 가상 배경을 사용하지 않는 것을 원칙으로 하지만 때에 따라 적절하게 사용하면 놀이치료에 도움을 줄 수 있다. 예를 들어, 회기 도중에 자기가 그린 그림을 가상 배경으로 사용하여 다른 사람의 긍정적인 피드백을 받는다면 내담자의 자존감 향상에 도움이 될 수 있다. 또 상상하기, 환상여행, 이야기 만들기 등을 할 때 이야기 주제에 맞는 배경을 사용하여 내담자의 몰입을 도와줄 수 있다. 하나의 주제를 주고 가상 배경을 꾸며 보라고 하여 내담자의 성향을 파악할 수도 있다. 예를 들어, '현재 지금 당신이 가장 가고 싶은 곳을 찾아 가상 배경을 만드세요.'라는 미션에 자신이 생각하고 있는 장소를 다른 사람과 공유하고 다른 사람의 이야기를 듣는 기회를 만들어 나와 타인을 이해하는 도구로 사용할 수 있다.

집단놀이치료 시 집단의 응집력을 높이기 위해 놀이치료자가 배경 화면을 공유하여 서로 같은 가상 배경을 사용함으로써 공동체 의식에 도움을 줄 수도 있다. 그러나 화면에 비치는 배경에 여러 가지 색이 섞여 있다면 가상 배경이 화면에 제대로 비치지 않을 수 있으니 내담자들에게 미리 알려 원하는 배경이 보일 수 있도록 한다.

〈가상 배경 설정 화면〉

〈비디오 필터 설정 화면〉

2) 공동 호스트 권한 주는 방법과 설정하기

비대면 놀이치료를 집단으로 진행할 때 놀이치료자가 신경 써야 할 부분들이 있는데 그 권한을 가진 사람이 더 있다면 집단을 진행할 때 수월할 수 있다. 예를 들어, 공동 호스트가 회의 수락, 출석 체크, 비디오·오디오 체크 등 부수적인 것을 해 주기 때문에 놀이치료자가 온전히 놀이치료에만 집중할 수 있다. 그래서 지금부터 비대면 집단놀이 치료를 진행할 때 공동 호스트를 만드는 방법을 알려 주고자 한다. 먼저, 공동 호스트를 지정하는 방법이다. 이 기능은 유료 기능이므로, ZOOM을 무료로 사용하는 분들은 공동 호스트를 지정할 수 없고, 호스트 권한을 넘겨주는 방법을 사용하여야 한다.

(1) 공동 호스트 설정하기

[설정]-[회의]-[회의 중(기본)]에 들어가서 공동 호스트를 on으로 바꿔 주면 설정은 끝난다.

(2) ZOOM에서 공동 호스트 지정

ZOOM 홈페이지에서 설정을 마쳤으면 이제 개설한 온라인 놀이치료실에 들어가서 보조 놀이치료자에게 공동 호스트 자격을 부여해 주면 된다. 이제 놀이치료자와 보조 놀이치료자 모두 호스트의 기능을 사용할 수 있다. 한마디로 호스트가 두 명이 되는 것이다.

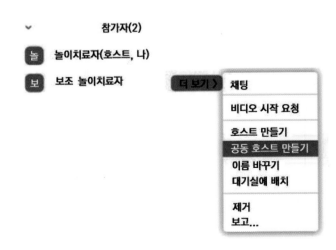

(3) 공동 호스트 보조 놀이치료자로 활용하기

집단을 시작하기 전에 고려해야 할 중요한 부분이 보조 놀이치료자를 활용할 것인가에 대한 문제이다. 보조 놀이치료자의 역할은 주 놀이치료자의 의도를 파악하여 예측하고 치료를 신속하고 정확하게 할 수 있도록 조력하는 역할이다. 집단 구성원의 역할을 촉진하며 집단원을 보살피는 역할도 동시에 해야 한다. 비대면에서도 상황에 따라 보조 놀이치료자가 필요하다. 소그룹으로 나누어 주 놀이치료자와 보조 놀이치료자가 같은 역할로서 집단을 이끌어 가면 여러 면에서 장점이 있다. 첫째, 놀이치료자 혼자서 전체 집단을 관찰하고 구성원의 비언어적인 의사소통 메시지를 모두 파악하는 것은 어렵다. 이때 보조 놀이치료자와 역할 분담이 가능하다. 둘째, 소회의실에서 작업 시 집단원에게 역할 시범을 보여 줘야 할 경우 놀이치료자가 혼자 소회의실을 돌면서 피드백을 제공하기에는 많은 시간이 소요된다. 이때 보조 놀이치료자와 함께 진행한다면 이런 문제를 해결할 수 있다. 셋째, 보조 놀이치료자는 문제의 소지가 있는 집단원이 속해 있는 소회의실에 들어가 주의를 기울임으로써 문제가 일어날 가능성을 줄일 수 있다. 넷째, 비대면 집단놀이치료과정 중 정서적 어려움을 느끼는 집단원에게 비밀채팅을 활용하여 보조 놀이치료자가 주의를 기울여 새로운 표현을 시도할 수 있게 도와줄 수 있다.

■ 진행방법

① 놀이치료자는 소회의실에서 집단원에게 무엇을 해야 할지 안내한다. 그리고 도움이 필요할 경우 소회의실 안에 있는 [도움 요청]을 클릭할 것을 안내한다.

② 집단원에게 도움 요청이 오면 놀이치료자는 보조 놀이치료자를 소회의실로 이동시킨다. 놀이치료자가 직접 소회의실에 도움을 주러 들어가게 된다면 전체 회의실에 남아 있는 보조 놀이치료자에게 잠시 호스트 권한을 주어 다른 집단원에게 도움 요청이 왔을 때 보조 놀이치료자를 신속하게 해당 소회의실로 배정하여 신속하게 피드백을 제공할 수 있도록 한다.

③ 같은 방법으로 또 다른 소회의실에서 도움 요청이 오면 놀이치료자는 보조 놀이치료자를 해당 소회의실에 배정하여 도움을 주도록 한다.

④ 보조 놀이치료자의 도움으로도 해결이 어려운 경우 보조 놀이치료자는 소회의실을 빠져나와 전체 회의실에 있는 놀이치료자에게 도움을 요청하며 두 치료자가 협력하여 집단을 운영하도록 한다.

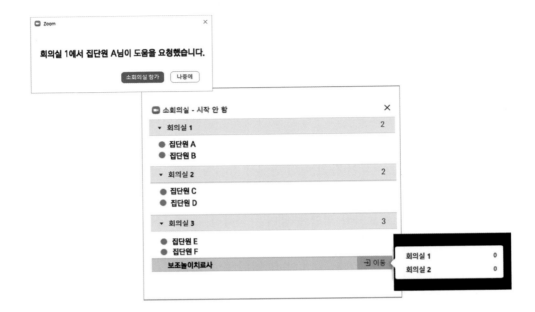

3) 소회의실을 활용하여 소그룹 활동하기

비대면 놀이치료에서 소회의실을 활용해 소그룹 활동을 다양하게 할 수 있다. 놀이 치료자가 소회의실을 돌며 심층적인 상호작용을 하거나 집단원의 상황을 점검할 수 있고, 전체에서 다루지 못한 것을 세심하게 다뤄 볼 수도 있다.

(1) 소회의실 만들기

소그룹 활동을 위해서는 소회의실을 열어야 한다. 집단을 몇 개의 그룹으로 나눌지 선택할 수 있다. [자동]으로 선택하면 무작위로 그룹을 나누게 되며 [수동]을 클릭하면 놀이치료자가 임의로 팀원을 정해 줄 수 있다. 소회의실을 잘못 만들었다면 다시 만들기를 하면 된다.

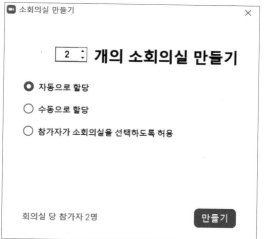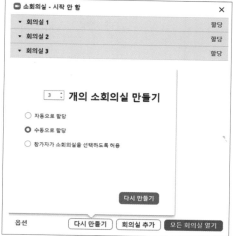

파란색 [만들기]를 클릭하면 집단원이 어떻게 배치되는지 화면을 통해 확인할 수 있다. 소회의실을 수동으로 만들었다면 '할당'을 클릭하여 원하는 집단원을 배정할 수 있다. 그리고 이미 배정된 내담자도 '이동' 기능을 통해 다른 소회의실로 이동시킬 수 있다. 집단의 발달에 따라 랜덤으로 소회의실을 만들 수도 있고, 원하는 내담자들끼리 소회의실을 만들어 자유롭게 활용할 수도 있다.

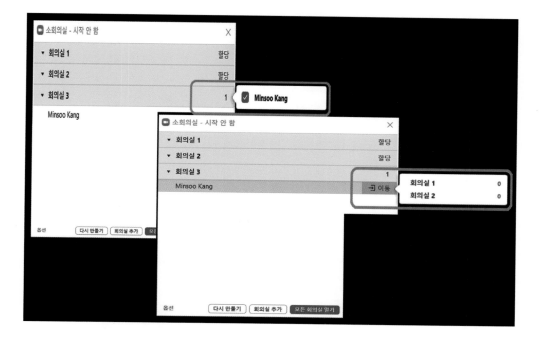

　　이러한 기능을 잘 활용하면 놀이치료 목적에 맞게 소그룹 활동을 할 수 있다. 예를 들어, 다양한 상호작용을 경험해야 한다면 자동으로 이질 집단 그룹을 형성할 수 있고, 서로에게 지지적이며 자기와 비슷한 사람이 있음을 보고 보편성을 경험해야 하는 시간이라면 수동으로 동질 집단을 구성할 수 있다. 소회의실이 다 만들어졌다면 [이름 바꾸기] 기능을 통해 소회의실 이름을 변경하거나 삭제할 수도 있다. 모든 설정이 끝났다면 파란색의 [모든 회의실 열기]를 클릭한다.

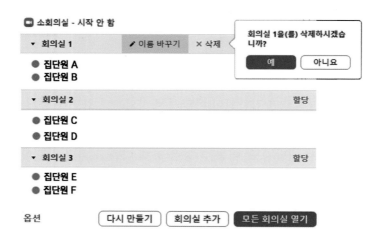

(2) 소회의실 옵션 기능 백분 활용하기

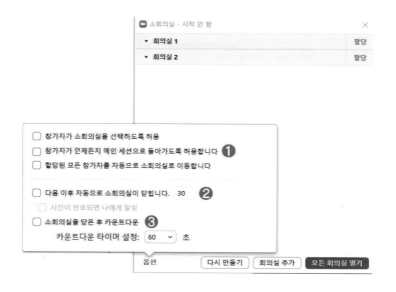

❶ '참가자가 언제든지 메인 세션으로 돌아가도록 허용합니다'

소회의실에서 활동 도중 전체회의실로 잠시 나갔다가 다시 들어올 수 있는 기능이다. 활동 중 소그룹의 어떤 한 사람이 없이 진행해야 하는 상황이나 소그룹의 리더가 놀이치료자의 전체회의실과 소회의실을 이동하며 미션을 전달받아야 하는 등의 상황에 사용하면 유용하다. 또한 보조 놀이치료자와 co work로 진행 시 보조 놀이치료자의 도움으로도 해결이 어려운 경우 보조 놀이치료자가 소회의실에서 빠져나와 전체회의실에 있는 놀이치료자와 소통할 수 있다.

❷ '다음 이후 자동으로 소회의실이 닫힙니다'

소회의실 운영시간을 정할 수 있으며, 종료되는 시간을 설정해 놓으면 집단원이 시간을 보면서 활동할 수 있다는 장점이 있다. 브레인스토밍 혹은 짝 인터뷰, 나눔 같은 활동을 할 때 유용하다.

❸ '소회의실을 닫은 후 카운트다운'

소회의실을 닫은 후 설정한 타이머가 끝나면 모든 집단원은 전체 화면으로 이동하게 된다. 놀이치료자는 그룹활동을 종료하고 싶다면 [모든 회의실 닫기]를 누르면 된다. 소회의실은 바로 닫히게 할 수도 있고 1분의 마무리 시간을 가진 후 강제 종료되도록 설정할 수도 있다.

소회의실을 닫았을 때 바로 종료되지 않게 설정할 경우 [소회의실을 닫은 후 카운트다운]의 타이머를 설정한다.

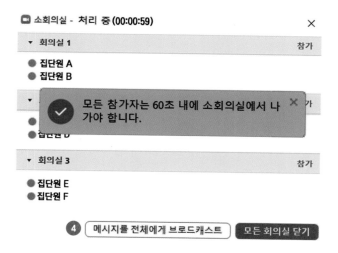

❹ '메시지를 전체에게 브로드캐스트'

[메시지를 전체에게 브로드캐스트] 버튼을 클릭하면 소회의실에 공지사항을 전달할 수 있다. 놀이치료자가 시간에 대한 안내 혹은 추가 안내 사항이 있을 경우 전달할 수 있다.

(3) 소회의실에서 놀이치료자에게 도움 요청하기

내담자들이 소그룹 활동 중에 놀이치료자에게 도움을 요청할 수 있다. 소회의실 내에 있는 [도움 요청] 버튼 **?** 을 누르면 놀이치료자에게 다음과 같은 메시지가 나타나게 된다. 그러면 놀이치료자는 해당 소회의실에 바로 참가하여 도움을 제공할 수 있다.

놀이치료자는 발표에 어려움을 겪는 내담자가 소속한 소회의실에는 초기에 같이 참가하여 원활한 의사소통을 할 수 있도록 도와주어야 한다. 그렇지 않으면 소회의실로 이동하며 미션을 수행하는 것이 의미가 없게 되는 경우가 발생할 수 있다.

〈내담자 화면〉　　　　　〈놀이치료자 화면〉

3. ZOOM 온라인 놀이치료실 커뮤니케이션 환경 증진하기

1) 두 개의 모니터 사용하기

비대면 놀이치료 시 별도 자료를 [화면 공유]할 때 집단원이 화면에 보이지 않아 불편한 일이 생긴다. 모니터를 두 대 놓고 비대면 놀이치료를 하게 되면 한쪽 모니터에 [화면 공유]를 하면서 다른 모니터에서 집단원의 얼굴을 볼 수 있어 유용하다.

듀얼 모니터가 연결되어 있다면 처음 ZOOM에 접속하여 우측 상단의 톱니바퀴 [일반] 버튼을 클릭한다. 일반 탭에 듀얼 모니터 사용이라는 기능이 있는데, 이 기능을 체크하면 자료를 공유할 때도 집단원의 모습을 확인할 수 있다. 집단놀이치료를 하면서 집단원이 제대로 집중하고 있는지 확인하는 것이 필요하기 때문에 이와 같은 세팅은 필수적이라고 할 수 있다.

2) 두 개의 카메라 사용하기

PC 한 대에 카메라 두 개를 연결해서 사용할 수 있다면 놀이치료를 보다 입체적으로 진행할 수 있다. 놀이치료자가 내담자에게 시연을 보여야 할 때 특히 그렇다. 카메라 두 개가 있다면 우선 한 대는 놀이치료자 얼굴을 비추도록 고정한다. 그리고 또 다른 한 대는 내담자에게 보여 줄 것을 비추도록 고정한다. 하나의 카메라로 진행하면 불완전한 화면의 전환으로 진행이 매끄럽지 못하고 산만할 수 있다. 카메라 두 대를 연결해서 사용한다면 단축키 Alt+n만 누르면 쉽게 화면 전환을 할 수 있다.

3) 앱으로 두 개의 카메라 연결하기

웹캠을 구매하기 어렵다면 노트북에 내장된 웹캠과 함께 휴대전화를 보조 웹캠처럼 사용하는 방법이 있다. 그러한 경우 접속자 리스트가 두 명으로 나와서 집단원이 놀이치료자 화면을 찾지 못하는 경우도 있다. 이런 경우 DroidCam을 사용하여 휴대전화를 웹캠으로 사용하는 방법에 대해 알아보겠다.

(1) DroidCam 다운로드

휴대전화를 웹캠으로 사용하기 위해 드로이드캠을 컴퓨터와 휴대전화에 모두 설치 후 연결하면 휴대전화를 웹캠으로 사용할 수 있다. 휴대전화에 어플을 설치하기 위해 먼저 앱스토어로 들어가서 '드로이드캠'을 검색 후 어플이 뜨면 설치 버튼을 눌러 설치한다. 유료 버전과 무료 버전이 모두 검색되는데 캠으로 쓰기에 무료 버전으로도 충분하다. 휴대전화에 드로이드캠을 설치했으면 컴퓨터에 드로이드캠을 설치해서 두 개를 네트워크로 연결해 주면 된다. 구글에 들어가서 드로이드캠을 검색하면 다운로드 가능한 사이트를 안내받을 수 있다.

(2) DroidCam 활용

드로이드캠을 활용하여 휴대전화를 웹캠으로 사용하는 방법을 알아보았으니 이를 활용해 비대면 놀이치료를 하는 방법에 대해 알아보자. ZOOM을 실행시키고 설정에 들어가 비디오를 클릭하면 카메라에 [DroidCam Source]가 생성된 것을 볼 수 있다. 여기서 중요한 점은 컴퓨터와 웹캠으로 사용할 휴대전화의 와이파이 IP주소가 동일해야 두 개의 카메라를 연결할 수 있다는 것이다. 카메라를 선택 후 비율을 16:9로 선택하거나 원래 비율로 선택 후 HD 활성화를 해 주면 ZOOM에서도 웹캠 없이 휴대전화로도 웹캠을 설정하여 사용할 수 있다.

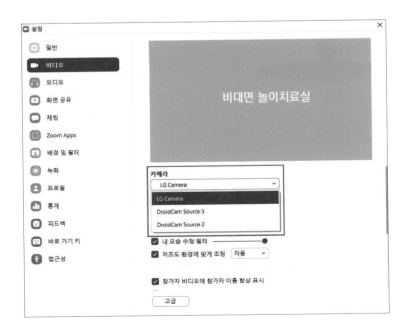

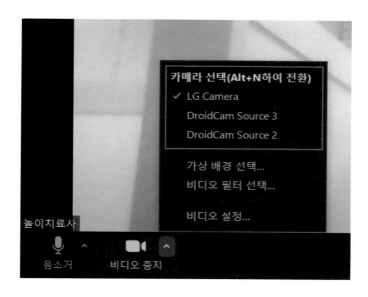

4) 화면 공유 활용하기

화면 공유는 내 컴퓨터 화면을 다른 사람의 화면에 보이게 하는 기능으로 비대면 놀이치료에서 놀이치료자와 내담자 간의 상호작용을 촉진하는 데 가장 유용하게 사용된다. 놀이치료자가 PPT나 그림, 사진 등을 공유하여 함께 보기도 하고 주석기능을 이용해 놀이치료자와 내담자 혹은 내담자들이 함께 그림을 그리거나 글씨를 쓸 수도 있다.

(1) 파워포인트, 그림, 사진 공유하기

ZOOM 메인화면 아래에 있는 [화면 공유] 버튼 █을 클릭하거나 단축키 Alt + s를 누르면 다음과 같이 공유할 수 있는 여러 화면이 보인다. 여기서 공유하려는 화면을 선택한 다음 하단에 [공유] 버튼을 클릭하면 된다. 이때 주의해야 할 점은 공유하고자 하는 화면을 미리 내 컴퓨터에서 열어 놓고 [화면 공유]를 클릭해야 화면을 열 수 있다는 것이다.

(2) 화이트보드 공유, 주석기능 사용하기

▧ 버튼을 클릭하면 공유할 수 있는 화면 중에 화이트보드를 볼 수 있다. 화이트보드를 더블 클릭하거나 선택한 다음, [공유] 버튼을 눌러 화면 공유 후 그림을 그리거나 글씨를 쓸 수 있다. 난화 그리기, 협동화, 스퀴글 게임 등 다양한 놀이를 즐길 수 있어 내담자의 흥미를 유발할 뿐만 아니라 훨씬 더 쉽게 참여할 수 있도록 도와준다. 화이트보드나 파워포인트 화면에 주석으로 표시한 것을 그림 파일로 저장할 수도 있다. 다음은 스퀴글 게임을 진행한 예시로 놀이치료자가 동그라미를 제시하고 여러 내담자가 함께 완성한 그림이다.

화이트보드가 아니더라도 공유 창에서 [주석기능]을 클릭하면 공유한 화면에 그림을 그리거나 글씨를 쓸 수 있다. 다음 그림은 놀이치료자가 공유한 화산 그림에 내담자가 주석기능을 활용하여 화산을 칠하는 미술 놀이이다. 이 활동은 내재되어 있었던 감정을 분출하고 정화하는 카타르시스의 경험으로 이끌 수 있다.

다음 그림은 놀이치료자가 공유한 풍경 그림에 내담자가 주석기능의 [텍스트]를 활용하여 말풍선에 글을 써서 내면의 소리를 표현한 것이다. 내담자는 말풍선 속의 글을 표현하면서 내면에 담고 있었던 것을 표출해 내며 심리적으로 큰 위안을 받았다. 이러한 상징성과 은유적 표현은 직접적으로 자신을 드러내는 것을 피할 수 있어서 비교적 부담감을 덜 가지며 작업할 수 있다는 특징이 있다.

[주석기능]에서 [스탬프] 기능은 화면에 하트, 별, 화살표, 물음표 등의 모양을 찍을 수 있게 한다. 다음과 같이 내담자 모두가 동시에 자신의 의견을 스탬프로 찍어 표현할 수 있다. 놀이치료자(호스트)가 마우스를 대면 누가 스탬프를 찍었는지 이름을 확인할 수 있다. 놀이치료자는 내담자의 이름을 불러 주면서 참여 반응을 더 끌어낼 수 있다.

주석기능을 사용하다가 종료하고 싶을 때는 [지우기]–[모든 드로잉 지우기]를 선택하고 맨 왼쪽 마우스 버튼을 클릭하면 된다. 드로잉 지우기를 하지 않는다면 다음 장으로 넘어가도 화면에 표시한 주석은 남아 있다.

주석기능을 놀이치료에 사용하면 처음에는 혼란스러울 수 있다. 일부 아동 내담자의 경우 주석기능으로 낙서를 하는 등 불필요하게 활용하여 활동에 방해가 되기도 한다. 하지만 익숙해지면 매우 효과적인 도구이다. 놀이치료자는 초반의 시행착오를 유연하게 바라보는 마음가짐이 필요하다.

5) 핀 기능과 모두에게 추천 적절히 사용하기

(1) 핀

[핀]은 내가 원하는 한 명 이상의 비디오를 내 화면에만 고정하여 볼 수 있는 기능이다. [핀]은 비디오 고정을 하고 싶은 참여자의 화면에 마우스를 갖다 대고 오른쪽 버튼을 클릭하거나 ⋯ 버튼을 클릭 후, [핀]을 누르면 그 참여자의 화면만 크게 볼 수 있다. 핀 고정을 하고 [갤러리 보기] 전환 시, 고정된 참가자의 비디오가 맨 앞으로 오게 된다. 단, 이것은 치료자 컴퓨터 화면에서만 고정되는 것이지 다른 참여자의 화면에는 영향을 주지 않는다.

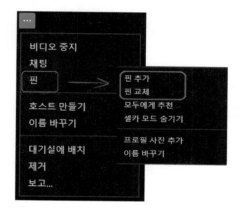

이 기능은 내담자와 놀이치료자 모두에게 유용한 기능이다. 내담자의 경우 놀이치료자의 말에 주의를 기울여야 할 때나, 집단원이 발표할 때 핀 고정을 활용하면 효과적으로 사용할 수 있다. 놀이치료자는 내담자 중 한 명의 활동을 집중해서 볼 때 혹은 도움을 요청한 내담자가 있을 때 요청한 내담자의 화면을 [핀] 고정으로 보면 좋다.

(2) 모두에게 추천

[모두에게 추천]은 호스트만 사용할 수 있는 기능으로 모든 참여자의 화면에 특정 참여자의 비디오를 보여 준다. 추천할 참여자의 화면에 마우스를 갖다 대고 오른쪽 버튼을 클릭하거나 ⋯ 버튼을 클릭 후, [모두에게 추천]을 누르면 그 참여자의 비디오를 전체 참가자에게 고정하여 보여 줄 수 있다. [모두에게 추천]은 핀 기능과 함께 사용할 수 없으며, 비디오가 꺼져 있는 참가자에게는 [모두에게 추천] 기능을 사용할 수 없다.

발표하는 내담자를 모두가 보게 하고 싶을 때 놀이치료자가 이 기능을 유용하게 사용할 수 있다. [모두에게 추천] 기능은 내담자에게 용기를 불어넣어 주고, 다른 사람이 주목할 수 있게 하는 좋은 기능으로 적절하게 사용하면 서로를 연결하는 상호작용 활동을 가능하게 한다. 단, 집단 초기에 안정감이 없는 상황에서는 신중하게 사용할 것을 추천한다.

6) 비공개 대화기술 사용하기

비밀채팅은 놀이치료자가 다른 내담자들 몰래 칭찬하거나 모델링을 부탁할 때 사용하면 좋다. 예를 들어, '○○님께서 개인적인 기준으로 오늘의 MVP를 뽑아 비밀채팅으로 알려 주십시오.'와 같은 개인적인 미션 주기나 마피아게임 등에서 집단원 모르게 지령을 내려야 할 때 사용할 수 있다. 또 위축되거나 부끄러움이 많아 의견을 말하기 어려운 내담자의 경우 놀이치료자에게 비밀채팅으로 의견을 말할 수 있게 하고 다른 사람에게 공유해도 되는지를 묻고 의견 공유를 할 수 있게 하여 점점 상호작용의 기술을 습득해 가는 과정에 사용될 수 있다. 특히 비밀채팅 격려는 내담자로 하여금 자신이 특별한 대우를 받고 있다는 느낌을 줄 수 있으므로 집단 적응이 어려운 내담자에게 적절하게 사용할 것을 추천한다.

4. 비대면 놀이치료에 효과적인 협업 툴

비대면 놀이치료를 진행하다 보면 ZOOM 외에도 다양한 온라인 도구를 치료상황의 적재적소에 활용함으로써 온라인 놀이치료실을 보다 쉽게 참여할 수 있는 환경으로 만들 수 있다. 또한 놀이치료자와 내담자 그리고 내담자 간의 상호작용을 더욱 촉진적으로 끌어올릴 수 있다.

1) 지지와 격려를 돕는 온라인 도구 '패들렛'

모든 내담자가 작업한 결과물을 한눈에 볼 수 있도록 게시물에 공유하고 서로 피드백을 주고받을 수 있는 '패들렛(Padlet)'을 소개하고자 한다.

패들렛은 담벼락에 포스터를 붙이듯, 내담자들의 생각이나 결과물을 한눈에 볼 수 있는 온라인 담벼락이다. 온라인 담벼락에는 글을 쓸 수 있을 뿐만 아니라 사진, 영상, 링크 주소도 포스트잇처럼 붙이고 게시할 수 있다. 비대면 놀이치료 마무리에서 경험한 것, 알게 된 것, 느낀 것을 나누는 데 효과적으로 활용할 수 있다.

패들렛의 장점

- 내담자가 로그인하지 않고 사용할 수 있다.
- 요금제는 Basic 선택 시 무료이며 최대 세 개의 게시판을 생성할 수 있다.
- 내담자들의 작업물을 한곳에 모아서 볼 수 있다.
- 글쓰기, 이미지 및 동영상 첨부, 링크 연결 등 다양한 게시가 가능하다.
- 게시물에 '좋아요', '댓글'을 달 수 있어 내담자 간 공감 표현과 함께 지지와 격려를 경험하게 된다.
- 필요시 활동 결과를 pdf 파일로 내려받을 수 있다.

(1) Padlet.com 회원가입 및 로그인

(2) 패들렛 만들기

　패들렛 무료 버전은 최대 세 개의 게시판을 만드는 것이 가능하다. 게시판에 활동한 내용은 [내보내기] 기능을 활용해서 자료를 pdf 파일로 저장할 수 있다. 만약 담벼락이 부족하다면 기존 담벼락 자료를 pdf 파일로 저장한 뒤 기존 담벼락을 삭제하고 새로운 담벼락을 만들어 사용할 수 있다.

(3) 패들렛 선택

패들렛 서식에는 여러 가지가 있다. 그중 비대면 놀이치료에서 가장 많이 사용하게 되는 담벼락 서식을 살펴보고자 한다. 담벼락은 벽돌 형식의 레이아웃으로 게시물이 자동 정렬되어 사용이 쉽다. 내담자들의 게시물을 한눈에 보기에 편리하다.

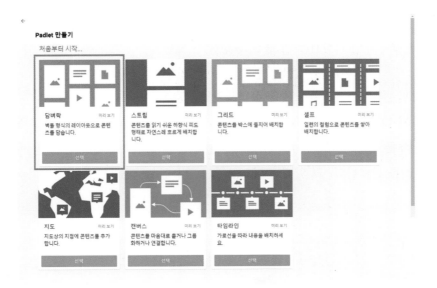

(4) 생성한 패들렛 메인화면 설정하기

화면 오른쪽 위에 있는 톱니바퀴 모양의 수정을 클릭한다. 앞서 제시한 그림처럼 하위 메뉴에서 제목, 설명을 작성한다.

❶ 제목: 패들렛의 제목을 적는다.
❷ 설명: 내담자가 게시물을 올릴 때 필요한 내용을 적는다.

그 외에 배경화면 색상과 글꼴 등을 설정할 수 있다.

(5) [게시 관련]에서 댓글과 반응 설정하기

내담자가 다른 내담자의 게시글에 댓글을 달 수 있게 하려면 댓글 기능을 활성화해야 한다. 다른 사람의 게시글에 '좋아요'를 눌러 반응해 주고자 한다면 [반응] 기능에서 [♥ 좋아요]를 선택한다. 그 외에 놀이치료자가 활용할 수 있는 반응을 선택하여 활용할 수 있다.

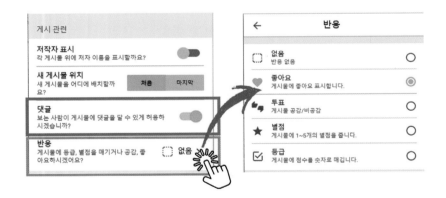

(6) 프라이버시 변경하여 공유하기

패들렛 메인화면 오른쪽 위에 있는 [공유]를 누른다. 빨간 글씨로 되어 있는 [프라이버시 변경]을 클릭하고 [공개]를 선택한 후 저장한다. 방문자 권한이 [작성 가능]으로 되어 있는지 확인한다. [공개], [작성 가능]으로 선택되어 있어야 내담자가 패들렛에 게시물을 올릴 수 있다. 여기까지 모두 설정되었다면 내담자들에게 [클립보드로 링크 복사]를 하거나 QR코드를 내려받아 전달한다.

(7) 참여자 게시 및 지지와 격려의 피드백하기

생성된 패들렛에 내담자가 게시물을 올리고 다른 내담자들의 게시물도 확인할 수 있다.

2) 공동작업을 돕는 온라인 도구 '구글 프레젠테이션'

구글 프레젠테이션은 여러 명이 함께 문서를 작성할 수 있는 참여형 문서 도구이다. 구글 도구이기 때문에 구글 계정으로 로그인해야 생성 및 참여가 가능하다. 구글 프레젠테이션의 특징은 각 슬라이드를 누가 편집하고 있는지 한 화면에서 한눈에 확인할 수 있다는 점이다. 비대면 놀이치료에서 놀이치료자가 하나의 공통된 주제를 제공하고 여러 장의 슬라이드를 제공하면 내담자들이 특정 슬라이드를 맡아 작업할 수 있다. 내담자들이 각자 작성한 내용에 대해 댓글을 달아 피드백을 주고받을 수 있다.

구글 프레젠테이션의 장점

• 집단원이 동시에 작업하고, 쉽게 편집할 수 있다.

• 편집할 때마다 자동 저장되기 때문에 내담자가 저장에 대해 신경 쓰지 않고 편안하게 작업할 수 있다.

• 내담자들의 활동하는 과정을 한눈에 모니터링할 수 있다.

(1) 구글 프레젠테이션에 들어가기

■ 검색해서 들어가기

먼저, 구글 프레젠테이션에 들어가기 위해 검색창에 '구글 프레젠테이션'을 적고 검색 버튼을 누른다. 검색창에 URL을 직접 입력하여 접속할 수도 있다(slides.google.com/).

첫 번째로 나오는 주소로 들어간 뒤(www.google.com/intl/ko_kr/slides/about/), 다음 화면에서 [개인] 아래의 [Google 프레젠테이션으로 이동하기] 버튼을 누른다.

■ 크롬 홈 화면에서 들어가기

크롬을 사용하고 있다면, 오른쪽 상단에 '이미지'와 프로필 사진 사이의 점 9개 버튼을 클릭한다. 하단으로 이동하여 [프레젠테이션]을 클릭한다. 이동 후 새 프레젠테이션 시작하기와 함께 최근 프레젠테이션 화면이 나타날 것이다. '새 프레젠테이션 시작하기-내용 없음'의 ⊞ 부분을 클릭하면 된다.

(2) 프레젠테이션 이름 바꾸기

[제목 없는 프레젠테이션]을 클릭한 후 원하는 내용을 적어 프레젠테이션의 이름을 바꾼다.

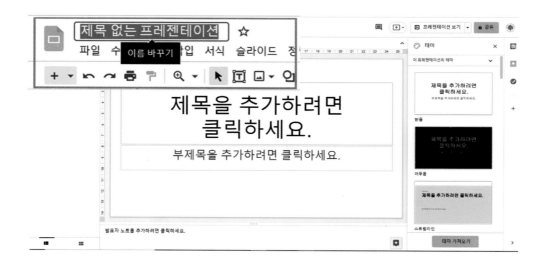

(3) 공유하기

내담자에게 공유할 슬라이드를 작성한 뒤에 오른쪽 위의 [공유] 버튼을 클릭한다. 처음에는 기본값으로 [나에게만 공개]로 설정되어 있다.

[링크가 있는 모든 사용자에게 공개]는 링크가 있는 사람은 누구나 접근할 수 있다. 우리는 URL로 내담자들에게 공유할 것이기 때문에 이것으로 설정한다. 공유할 때는 꼭 부여 가능한 권한을 설정하고 나서 공유를 한다. 부여 가능한 권한은 다음과 같다.

- 뷰어: 문서를 볼 수 있다.
- 댓글 작성자(=제안 모드와 같다): 문서에 댓글을 달거나 수정할 수 있다.
- 편집자: 문서를 편집하거나 공유 설정을 변경할 수 있다.

우리는 공유할 때 권한을 [편집자]로 설정하고 나서 공유할 것이다. 그래야 내담자들이 이미지를 게시하고 작성할 수 있다.

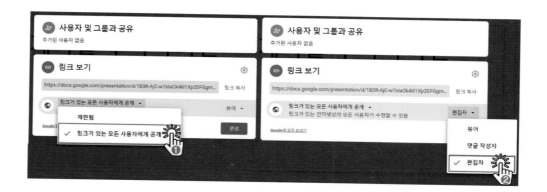

적용 tip

내담자들에게 편집 권한을 부여했을 때 놀이치료자가 혹은 다른 내담자가 작성한 글을 실수로 지워 버릴 수 있다. 이럴 때는 내담자가 당황하지 않도록 화면 상담의 '실행취소(Ctrl+z)'를 눌러 되돌릴 수 있다는 것을 미리 안내하는 것이 좋다.

3) 공동 이미지 작업을 돕는 온라인 도구 '잼보드'

잼보드(Jamboard)는 화이트보드를 활용해 새롭고 적극적인 방식으로 내담자들의 공동작업과 참여를 촉진할 수 있다. 구글 클라우드 기반 앱이어서 구글 계정으로 로그인해야 한다. 놀이치료자와 내담자 모두 구글 계정이 있어야 생성 및 참여가 가능하다.

잼보드는 비대면 놀이치료에서 특정 주제에 대해 자유롭게 생각을 나눌 때 효과적이다. 비대면 놀이치료 초기에 집단원과 치료목표를 논의하거나 시각적 형태의 결과물을 구성할 때(콜라주 등) 유용하게 활용할 수 있다.

잼보드의 장점

- 구글 검색에서 빠르게 이미지를 가져오고 클라우드에 자동으로 작업 저장이 가능하다.
- 브레인스토밍 또는 공동 콜라주 등 다양한 공동작업이 가능하다.
- 공동작업을 하면서 동시에 이미지를 가져와 메모를 추가할 수 있다.
- 글이나 이미지의 위치를 자유롭게 옮길 수 있다.
- 버튼 하나로 pdf나 이미지로 저장할 수 있다.

(1) 검색해서 들어가기

먼저, 구글 잼보드에 들어가기 위해 검색창에 '구글 잼보드'를 적고 검색 버튼을 누른다. 크롬을 사용하고 있다면, 오른쪽 상단에 '이미지'와 프로필 사진 사이의 점 9개 버튼을 클릭한다. 하단으로 이동하여 [Jamboard]를 클릭한다.

(2) 새 잼 만들기

다음과 같은 화면이 나타나면 오른쪽 아래에 있는 ⊕ 버튼(새 Jam)을 클릭한다.

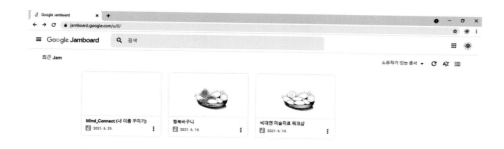

(3) 잼 이름 바꾸기

새 잼을 만들었다면, [제목 없는 Jam] 글씨를 눌러 잼의 이름을 바꾼다. 원하는 이름
을 입력하고 [확인] 버튼을 클릭한다.

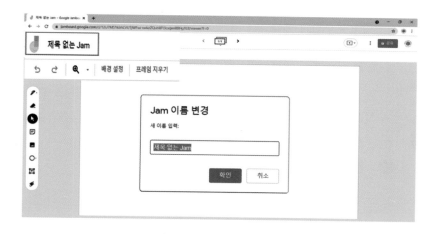

(4) 설정하기

잼을 다 만들었다면 내담자들이 참여할 수 있게 설정 바꾸기를 한다. 오른쪽 위의
[공유] 버튼을 클릭한다. [링크가 있는 모든 사용자에게 공개]는 링크가 있는 사람은 누
구나 접근할 수 있다. 우리는 URL로 내담자들에게 공유할 것이기 때문에 이것으로 설
정한다. 공유할 때는 꼭 [뷰어]를 [편집자]로 설정하고 나서 공유를 해야 내담자들이 이
미지를 게시하고 작성할 수 있다.

(5) 잼에서 도구상자 사용하기

잼에서 좌측의 도구상자를 이용하여 글씨, 그림, 도형 등 다양한 형태의 개체를 만들 수 있다.

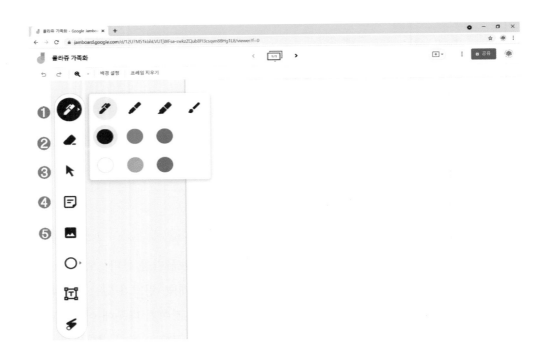

❶ 펜: 펜의 종류는 네 가지가 있다. 펜, 마커, 형광펜, 브러시이다.

• 펜: 기본 설정되어 있으며, 잼보드에서 가장 얇은 두께의 그리기 도구이다.

• 마커: 펜보다 조금 더 두껍다.

• 형광펜: 마커보다 더 두껍다. 빠르게 움직이면 연한 색으로 나타나고, 여러 번 덧칠하면 더욱 진해진다.

• 브러시: 잼보드의 그리기 도구 중 가장 두껍고 연하다. 반투명하여 다른 개체와 겹치면 비쳐서 나타난다.

❷ 지우기: 그리기 도구로 그린 것을 지울 수 있다.

❸ 선택: 개체를 움직일 때 사용한다. 선택으로 설정한 후 개체를 눌러 이동하고 싶은 위치로 끌면 된다.

❹ 스티커 메모: 붙임쪽지(포스트잇)처럼 생긴 프레임을 만들 수 있다.

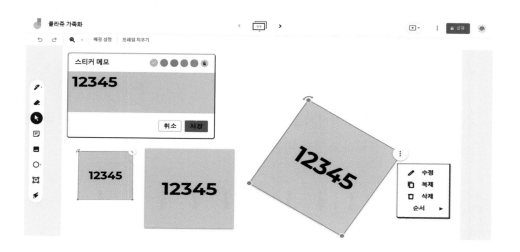

• 메모 색깔 변경: 스티커 메모의 색은 기본적으로 노란색으로 만들어지지만, 연두, 하늘, 분홍, 주황, 투명으로 바꿀 수 있다.

• 내용 글자 수 제한: 스티커 메모의 가장 큰 특징은 쓸 수 있는 글자 수가 제한된다는 점이다. 한글로 143자, 영어로 171자 정도 적을 수 있다.

• 수정, 복제, 삭제: 각각의 스티커 메모 오른쪽 위의 점 세 개 버튼을 클릭하면 수정, 복제, 삭제가 나온다. 이때의 수정은 메모의 내용을 수정하는 것이다.

• 크기 조절: 각 스티커 메모 아랫부분의 꼭짓점에 있는 점을 클릭한 후 상하좌우로 움직이면 스티커 메모의 크기를 조절할 수 있다. 이때 메모에 적힌 글씨의 크

기도 메모의 크기와 같이 달라진다.
• 회전: 각 스티커 메모의 왼쪽 위 꼭짓점을 클릭한 후 좌우로 움직이면 메모를 원하는 방향으로 돌릴 수 있다.

❺ 이미지 추가: 잼에 이미지를 추가하는 기능이다.

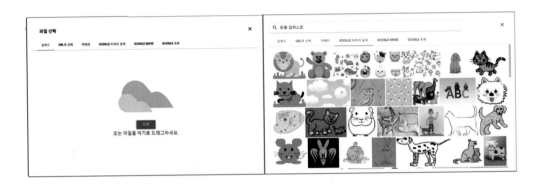

• 업로드: 컴퓨터에 있는 사진을 업로드한다. 올리려는 사진들을 클릭하고 열기를 누른 뒤 선택을 누른다.
• Google 이미지: 구글 이미지를 추가할 수도 있다. 검색창에 돋보기 버튼을 눌러 원하는 사진을 클릭하고 선택 버튼을 누른다.

적용 tip

구글 이미지들은 저작권에 대한 별도의 필터링 없이 나오는 검색 결과이다. 구글 문서나 슬라이드에서의 탐색과 다르다는 점을 알고, 저작권에 유의하여 사용해야 한다.

• 이미지 회전: 스티커 메모와 동일하게, 오른쪽 상단의 꼭짓점을 누른 후 좌우로 움직인다.
• 이미지 크기 조절: 스티커 메모와 동일하게, 아래쪽 꼭짓점을 누른 후 상하좌우로 움직인다.

4) 이미지에서 배경 제거 도구 '리무브비지(remove.bg)'

'잼보드'나 '구글 프레젠테이션' 활용 시 이미지를 활용하는 작업을 많이 하게 될 것이다. 이때 본인이 찍은 사진이나 인터넷에서 다운로드한 이미지를 활용하기도 하는데 여기서 문제는 사진이 대부분 jpg라서 뒷배경이 다 보인다는 것이다. 내담자가 콜라주 작업을 하다 보면 사진 속 인물이나 사물만 쓰고 싶은데 배경이 모두 살아 있다 보니 그 사진을 마음대로 활용할 수 없을 때가 있다. 이런 경우, 리무브비지(remove.bg)를 이용하면 아주 간단히 배경 삭제를 할 수 있다.

(1) 검색하여 들어가기

먼저, 리무브비지(remove.bg)에 들어가기 위해 검색창에 '리무브비지'를 적고 검색 버튼을 누른다. 첫 번째로 나오는 주소(www.remove.bg)로 들어가면 리무브비지 메인 화면이 나온다.

(2) 이미지 배경 제거하기

메인화면 오른쪽의 [이미지 업로드] 버튼을 클릭 후 배경 지우기를 원하는 사진 파일을 열어서 올린다. 그러면 1분도 안 되는 시간 안에 배경이 사라지면서 원하는 인물이나 사물만 남게 된다.

제**2**부

미술매체를 활용한
비대면 놀이치료 실제

비대면 놀이치료 이론에 근거하여
아동 · 청소년 · 성인을 위한 실제 적용 중심의
비대면 놀이치료 프로그램을 제안하고자 한다.

제3장

비대면 놀이치료에서의 들어가기와 나가기

들어가기와 나가기는 온라인 치료환경과 현실을 연결하기 위한 특별한 치료적 루틴이다. 들어가기는 현실에서 온라인 치료환경으로 들어가기 위한 활동이며, 비대면 놀이치료를 시작하기 앞서 ZOOM 환경 적응과 집단원 및 놀이치료자가 마음을 준비하는 과정이다. 나가기는 온라인 치료환경에서 다시 현실로 돌아가기 위한 활동으로, 비대면 놀이치료를 정리하고 종료하는 과정이다. 이것은 대면 놀이치료에서 놀이치료자와 집단원이 함께 놀이치료실 문을 열어 들어가고, 치료가 끝난 후 놀이치료실 밖으로 나오는 과정과 같다.

들어가기와 나가기는 ZOOM의 다양한 기능을 주로 활용하여 흥미를 촉진할 수 있게 하였으며, 각각 20개의 개별 활동 프로그램으로 구성하였다. 들어가기와 나가기 활동은 ZOOM 환경을 설명하는 환경설정, 활동의 전반적인 개념을 설명한 활동 개요, 활동 방법을 기술한 활동 과정, 활동의 변형 및 확장 운용의 예를 제시한 활동 팁의 순으로 구성하였다. 개별 활동은 독립된 프로그램으로 사용할 수도 있으며, 본활동 전에 워밍업 활동과 연결하여 활용할 수도 있다.

1. 비대면 놀이치료에서 들어가기

들어가기는 집단원과 놀이치료자가 컴퓨터를 켜서 ZOOM을 연결하고, 시스템과 재료를 확인하고 난 뒤 본격적으로 치료에 들어가기 전에 함께하는 특별한 시작 루틴이다. 들어가기는 집단원이 있는 공간이 온라인 놀이치료실이 되기 위해 의미를 부여하는 의식과 같은 행위이다. 이것은 종교적으로 행하는 의식과 같은 의례적인 행동으로 이해할 수 있는데, 반복되는 행동에 의미를 부여하여 심리적인 불안감을 해소하고, 지금 이 순간에 집중하게 하여 치료적 관계를 강화하는 비대면만의 특별한 과정이다.

들어가기는 실제 치료실이라는 공간은 없지만 현존하는 공간에 의미를 부여함으로써 놀이치료자와 집단원이 온라인 놀이치료실에서 함께한다는 무언의 약속을 하는 것이다. 이것은 대면 치료 시 놀이치료자와 집단원이 대기실에서 만나 인사를 하고 설렘과 기대감을 안고 함께 치료실로 이동하는 것과 같은 역할을 한다. 대면 상황에서는 집단원과 놀이치료자가 함께 치료실로 들어가는 물리적인 움직임으로 치료 장면으로 들어갈 수 있으나 비대면 상황에서는 들어가기 활동을 하면서 조금 전까지 내 방의 내 책상 내 공간이 놀이치료자와 함께하는 의식적인 치료의 공간으로 바뀌는 것이다.

이렇게 들어가기 활동을 하면서 놀이치료자와 집단원은 함께 온라인 놀이치료실을 만들어 간다. 대면 치료에서는 놀이치료자가 주가 되어 치료실을 만들고 집단원을 초대하지만, 비대면 놀이치료에서는 들어가기를 하면서 공동의 노력으로 함께 만드는 치료실이라는 연대 의식을 갖는다. 따라서 놀이치료자와 집단원이 대등한 관계로 출발선 앞에 서게 된다. 이러한 대등한 관계는 집단원이 온라인 놀이치료실을 놀이치료자와 같이 만들었다는 것에 대한 책임감을 갖게 한다. 책임감은 비대면 온라인 심리치료 특성상 쉽게 나가 버릴 수 있는 치료환경에서 집단원이 임의로 온라인 놀이치료실을 이탈할 수 없도록 방지하는 효과가 있다.

들어가기 활동은 치료 회기와 관련된 간단한 게임이나 신체 놀이, 감각을 자극하는 놀이 등으로 치료 회기의 시작을 돕는다. 이러한 들어가기는 어떤 치료적 요소가 있을까? 들어가기 활동은 긴장 이완, 안정감, 친밀감 조성이라는 목적이 있다. 비대면이라는 특수성 때문에 화면으로 처음 만나는 놀이치료자가 낯설고 부담스러울 수 있다. 특히 집단 놀이치료에서 집단원이 화면으로 놀이치료자나 다른 집단원을 처음 만나는 상황은 어쩌면 대면보다 더 힘들 수 있다. 대면은 물리적 환경이라는 안전한 공간이 존재

하나 비대면은 화면 속에 덩그러니 던져진 느낌이 들 수 있으므로 불안과 긴장감이 더 높을 수 있다. 이때 들어가기 활동을 통해 긴장감을 해소하고 안정감을 찾을 수 있도록 돕는다. 또한 들어가기 활동을 통해 본활동을 예시하거나 준비할 수 있도록 분위기를 만들 수 있으므로 놀이치료자도 안정감을 얻을 수 있다.

2. 비대면 놀이치료에서 나가기

나가기 활동은 치료 활동을 모두 마치고 회기를 종료하기 전에 하는 특별한 정리 치료 루틴이다. 온라인 놀이치료를 마치고 집단원이 현실 세계로 다시 돌아가기 위한 인식의 변화가 필요하다. 이는 대면 치료 시 집단원에게 미리 치료의 회기 종료를 알리고 준비하게 하며, 치료가 끝난 후 같이 치료실을 나와 집단원이 돌아갈 때까지 손을 흔들고 배웅하는 것과 같다. 나가기 활동을 통하여 치료에 대한 정리와 여운을 갖게 하며 아울러 다음 치료 시간을 기대하게 한다. 나가기 활동은 치료 회기와 관련된 간단한 이야기 나누기나 재미있는 경쟁게임 등으로 치료 회기의 종료를 돕는다.

나가기 활동의 치료적 요소는 명료화와 연속성이다. 집단원은 본 회기에서 발견한 심리적 의미를 나가기 활동을 통해 자신만의 유쾌한 언어로 간단하고 명료하게 정리한다. 이것은 집단원이 치료 회기에서 발견한 무의식적인 요소를 현실에서 실험할 수 있도록 힘을 갖게 한다. 실험한다는 것은 치료 후에 실제 생활에서 통찰한 것을 적용하는 치료 연결이라고 할 수 있다. 이는 다음 회기를 기대하게 하는 효과가 있으며, 따라서 연속성이 증대된다고 볼 수 있다.

들어가기와 나가기 활동은 연결을 돕기 위한 활동이다. 들어가기는 본격적인 치료와 연결, 나가기는 현실과의 연결이므로 놀이치료자와 집단원이 최대한 에너지를 주고받을 수 있어야 한다. 따라서 활기차고 흥미 있게 진행해야 하므로 놀이치료자가 활동방법과 ZOOM 사용 기능을 충분히 숙지해야만 시범을 보이거나 다양한 반응에 대응할 수 있다. 놀이치료자는 숙달감을 높이기 위해 동료 치료자들과 실제로 ZOOM을 켜 놓고 연습해서 몸에 익히기를 바란다.

3. 비대면 놀이치료에서 들어가기 활동

1 나를 따라 해 봐요

자기소개하는 친구의 행동을 따라 해 주세요.

햄버거를 좋아하는 데이지입니다.

환경설정

• [보기]-[갤러리]를 선택하여 화면을 설정하고, [호스트 비디오 순서 따르기]를 선택하여 집단원이 같은 화면을 볼 수 있도록 하며, 집단원에게도 [보기]-[갤러리]로 설정하도록 안내한다.

• 설정에서 [내 비디오 미러링]을 활성화하여 집단원에게 내가 보는 내 모습과 반대의 모습으로 비춰지게 한다.

활동개요

• 집단원은 돌아가면서 말과 행동으로 자기소개를 한다.

활동과정

① 놀이치료자는 집단원에게 말과 행동으로 자기소개를 할 것이라고 설명한다.
"나는 ○○○를 좋아하는 ○○○입니다."라고 말과 행동을 보여 준다. 예를 들어, "나는 춤을 좋아하는 ○○○입니다."라고 말하면 함께 춤추는 행동을 한다.

② 집단원은 [보기]-[갤러리]로 정한 순서대로 한 사람씩 돌아가면서 위와 같은 방법으로 자기소개를 하고, 나머지 집단원은 모두 그 사람의 말과 행동을 따라 한다.

③ 집단원 모두 돌아가면서 말과 행동을 할 수 있도록 한다.

활용 Tip

❖ 놀이치료자는 집단원이 서로의 표정이나 행동을 집중해서 관찰할 수 있도록 촉진한다.

2 릴레이 하나, 둘, 셋

환경설정
• [보기]–[갤러리]를 선택하여 화면을 설정한다.

활동개요
• 집단원이 순서대로 박자에 맞춰 동작을 하면 다른 사람이 모두 따라 하면서 주목받는 상황을 경험한다.

활동과정
① 놀이치료자가 호명하는 순서에 따라 한 사람씩 하나, 둘, 셋, 넷 구호에 맞춰 자유롭게 동작을 한다.
② 정한 순서대로 한 사람씩 돌아가면서 위와 같은 방법으로 동작하면 나머지 집단원은 모두 그 사람을 따라 한다.
③ 집단원의 순서가 모두 돌아가면 끝이 난다.

활용 Tip

❖ 집단원 중에 동작을 하지 않는 사람이 있을 경우, 그 사람이 시선이나 고개의 방향을 돌릴 때 놀이치료자가 이를 먼저 따라 하여 모두가 함께할 수 있도록 촉진한다.
❖ 집단원이 재미있는 동작이 나오도록 놀이치료자가 모델링을 한다.

3 돼지 다리, 새 다리

환경설정
- [보기]–[갤러리]를 선택하여 화면을 설정한다.
- 설정에서 [내 비디오 미러링]을 활성화하여 집단원에게 내가 보는 내 모습과 반대의 모습으로 비춰지게 한다.

활동개요
- 집단원이 모두 다 같이 노래를 부르면서 손유희를 한다.

활동과정
① 놀이치료자와 집단원 모두 다 같이 노래를 부르면서 손유희를 한다.
"돼지 다리 네 개 새 다리 두 개 돼지 다리 네 개 새 다리 두 개 돼지 다리 네 개 새 다리 두 개 합이 모두 여섯 개"
② 놀이치료자는 속도를 빨리하여 두세 번 반복하고, 모두 함께 박수로 마무리한다.

활용 Tip

❖ 놀이치료자가 율동과 노래를 정확히 숙지한 상태에서 진행한다.
❖ 놀이치료자는 처음에 천천히 하고, 숙달될수록 속도를 빨리한다.
❖ 놀이치료자와 집단원 모두 손과 얼굴이 보이도록 카메라와 적당한 거리를 유지한다.
❖ 몸으로 말해요: 집단원과 범주를 정하고 말은 하지 않고 표정과 손을 사용하여 문제를 내고 맞히기를 한다(드라마, 속담, 영화 제목, 사자성어 등).

4 숨은 그림 찾기/틀린 그림 찾기

환경설정
- [화면 공유]–[화이트보드]를 공유하고, 주석기능을 활성화하여, 집단원이 각자 색이 겹치지 않도록 선택할 수 있게 한다.

활동개요
- 숨은 그림 찾기, 틀린 그림 찾기 PPT 자료를 만들어 화면 공유하고 집단원이 찾는다.

활동과정
① 집단원이 주석기능 활용에 익숙해지면 놀이치료자는 준비된 PPT 자료를 화면 공유하고 집단원은 주석기능을 활용하여 숨은 그림을 찾는다.
② 놀이치료자는 참여자 이름을 불러 주면서 숨은 그림을 찾는 과정을 반영해 준다("○○이 찾았다" 등).
③ 놀이치료자는 숨은 그림을 가장 많이 찾은 사람에게 추천 비디오를 사용하여 집단원에게 알려 주며 격려한다.
④ 집단원은 반응기능을 사용하여 축하해 준다.

활용 Tip

❖ 추천 비디오 활용방법은 화면 공유를 중지하고 오른쪽 위 끝에 메뉴바를 열어 '모두에게 추천'을 클릭한다.
❖ 반응 사용은 화면 하단의 반응기능을 선택하여 클릭한다.
❖ 숨은 그림은 구글 이미지에서 저작권 문제가 없는 그림을 사용하며, 대상에 따라 숨은 그림의 개수를 조절한다.

5 감정 단어 빙고 게임

환경설정

• [화면 공유]–[화이트보드]를 공유하고, 주석기능을 활성화하여, 감정 단어를 적은 PPT 자료를 화면 공유한다.

활동개요

• 감정 단어 PPT자료를 활용하여 빙고 게임을 한다.

활동과정

① 집단원은 A4 용지 또는 손잡이 화이트보드에 빙고 칸을 만든다.
② 집단원은 화면 공유한 감정 단어 PPT 자료를 보고 빙고 칸을 채운다.
③ 빙고 게임 순서를 놀이치료자가 정해 주거나 가위, 바위, 보로 정해서 게임을 한다.
④ 집단원 중에 먼저 빙고를 한 사람이 이기고 나머지 사람들은 축하해 준다.

활용 Tip

❖ 손잡이가 달린 작은 화이트보드와 보드마커를 놀잇감 키트 꾸러미에 넣어 보내 주면 다양하게 활용할 수 있다.

❖ 감정 단어 이외에 집단원을 관찰하고 집단원의 옷 모양이나 색깔, 머리 모양을 표현하는 단어를 사용하여 빙고 게임을 진행할 수 있다(○○이의 모자티, ○○이의 하늘색 셔츠 등).

❖ 아이패드를 사용하는 경우 화면분할 멀티태스킹을 이용하여 ZOOM 프로그램과 동시에 패드에 직접 빙고판을 그리고 글씨를 써서 게임을 할 수 있다.

6 이어 그리기

환경설정
- [보기]–[갤러리]를 선택하여 화면을 설정한다.
- [화면 공유] 기능에서 화이트보드를 선택하고, 주석기능을 켜고 각자 색이 겹치지 않도록 확인한다.

활동개요
- 화이트보드를 사용하여 순서대로 돌아가면서 그림을 그린 후 이야기 나누기를 한다.

활동과정
① 화이트보드를 선택하고, 주석기능을 켜서 자유롭게 낙서하는 시간을 가진 후, 모두 지우고 시작한다.
② 정해진 순서가 된 집단원은 화이트보드에 5초 이내에 아무 선이나 점을 그린다.
③ ②번에 이어서 다른 집단원이 5초간 선이나 그림을 반복해서 2~3회 그리고 순서가 모두 끝나면 완성된 그림을 보며 이야기를 나눈다.
④ 집단원은 첫 번째 순서에서 원하는 그림이 무엇이었는지 두 번째에서는 무엇을 생각하며 그렸는지 서로 이야기를 나눈다.

활용 Tip

❖ 그리기 활동에 거부감이 있는 집단원을 위해 가능한 한 시간을 짧게 한다.
❖ 인물 크로키–A4 용지 한 장의 칸을 나누어 칸마다 집단원의 초상화를 그려 준다. 10초 이내로 짧은 시간 안에 그리게 하며, 그리기를 할 때는 그리는 종이를 보지 않고 화면만 보는 규칙을 알려 준다.

7 부분 보고 전체 맞히기

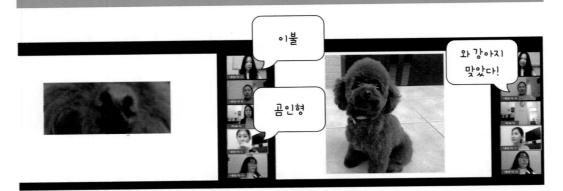

환경설정
- [화면 공유] 기능에서 화이트보드를 선택하고, 주석기능을 켜서 각자 색이 겹치지 않도록 확인한다.
- [화면 공유] → [공유설정] → [고급] → [화면 일부를 선택하기]를 통해 준비된 PPT 자료의 그림이나 사진 일부분을 공유한다.

활동개요
- 화면 공유 상태에서 그림이나 사진 일부분을 줌인하여 관찰하고 정답을 맞힌다.

활동과정
① 집단원은 음소거를 해제하고 그림이나 사진 일부분을 관찰하여 정답을 말한다.
② 집단원이 정답을 맞히면 활동이 끝나고 맞히지 못하면 화면 일부를 조금씩 줌아웃하여 맞힐 때까지 힌트를 준다.

활용 Tip

❖ 회기 주제와 관련된 사진이나 그림을 사용하여 본 프로그램과 자연스럽게 연결할 수 있도록 한다.
❖ 줌인, 줌아웃-사진이나 그림을 줌인, 줌아웃하여 확대하거나 축소하여 무엇인지 알아맞히는 놀이로도 활용할 수 있다.
❖ 집단원의 사진을 이용하여 줌인, 줌아웃을 할 수도 있다.

8 오늘의 감정은 무슨 색일까?

환경설정
- [보기]–[갤러리]를 선택하여 화면을 설정한다.

활동개요
- 감정 상태에 따라 정한 색의 물건을 가져오게 하여 자기 감정을 소개한다.

활동과정
① 놀이치료자는 감정을 색으로 표현할 것이라고 이야기한다.
② 놀이치료자는 집단원에게 "오늘의 나의 기분을 생각해 보세요."라고 말한다.
  "지금 나의 기분이 좋다면 파란색, 보통이라면 노란색, 화가 나거나 스트레스를 많이 받았다면 빨간색을 선택하세요."라고 말한다.
③ 놀이치료자는 10초 안에 지금의 기분과 가장 가까운 색의 물건을 가지고 오라 한다.
④ 발표 순서에 따라 자신이 가져온 물건을 보여 주며 자신의 기분을 이야기한다.

활용 Tip

❖ 감정 물건 찾기–오늘 나의 감정과 촉감에 관련된 물건을 찾아온다. 예를 들어, 기분이 좋으면 부드러운 물건, 기분이 나쁘면 거친 물건, 그저 그런 기분일 경우에는 매끄러운 물건을 찾아온다.
❖ 내 기분은 몇 점?–점수로 기분 표현을 할 수 있다. 예를 들어, 기분이 아주 좋으면 5점, 아주 좋지 않으면 1점으로 하고, 2, 3, 4점을 손가락으로 표현한다.
❖ 기분 스탬프 찍기–놀이치료자는 기분을 표현하는 단어를 활용하여 PPT를 만들어 화면 공유를 한다. 집단원은 자신의 기분 상태에 따라 주석기능을 활성화하여 스탬프를 찍어서 표현한다(월~토까지 기분, 아침–점심–저녁의 기분 등).

9 초성 게임

환경설정
- [화면 공유]로 초성 문제를 공유하여 집단원에게 보여 준다.

활동개요
- 감정 단어 PPT 자료를 사용하여 초성 퀴즈를 한다.

활동과정
① 감정 단어 PPT 자료를 화면 공유로 보여 준 후에, 초성 퀴즈 문제 화면 PPT 자료를 보여 주고 정답을 아는 집단원은 손을 들고 정답을 맞힌다(채팅창 사용).
② 놀이치료자는 정답을 맞힌 집단원에게 정답의 감정을 느낀 적이 언제인지 간단하게 이야기할 수 있도록 한다.
③ 놀이치료자는 정답을 맞히지 못한 집단원에게도 정답의 감정을 느낀 적이 있는지 자원하여 발표하도록 촉진한다.

활용 Tip

❖ 정답이 아니어도 기발하고 창의적인 대답은 집단원의 동의를 얻어 정답으로 할 수 있다.
❖ 개인전 또는 팀전으로 모두 가능하다.
❖ 팀전으로 할 때는 소회의실에서 팀별로 상의하여 문제를 내도록 하는 것도 하나의 방법이 될 수 있다.
❖ 나이에 따라 감정 단어를 보여 주지 않고 찾게 할 수도 있다.

10 입 모양 보고 단어 맞히기

환경설정
- 놀이치료자는 [음소거]를 하고, 채팅창을 활성화한다.

활동개요
- 놀이치료자의 입 모양을 보고 집단원은 어떤 단어를 말하는지 맞혀 본다.

활동과정
① 놀이치료자는 음소거 한 상태에서 단어를 천천히 말한다.
② 놀이치료자의 입 모양을 보고 집단원은 치료자가 말한 단어를 채팅창에 올린다.
③ 집단원 중 문제를 내고 싶은 사람이 있다면 돌아가면서 할 수 있다.

활용 Tip

❖ 나이에 따라 예시 단어를 PPT 자료로 올려 화면 공유를 하거나 단어의 범주를 제시하여 찾게 할 수도 있다.
❖ 놀이치료자는 상황에 따라 단어의 글자 수를 손가락으로 표시할 수 있다.
❖ 집단원이 돌아가며 술래를 하고, 다른 집단원이 맞히는 것도 좋은 방법이다.
❖ 음소거하여 말하는 놀이치료자나 술래가 된 집단원은 정확한 입 모양을 할 수 있도록 한다.
❖ 팀을 나누어 팀원들이 한 단어씩 입 모양으로 문제를 내고 다른 팀이 맞히는 팀전을 진행할 수 있다.

11 소리 듣고 맞히기

환경설정
- [화면 공유]에서 [컴퓨터 소리만 공유]를 활성화한다.
- [추천 비디오]로 집단원의 화면을 크게 보이게 한다.

활동개요
- 다양한 사물의 소리를 듣고 무슨 소리인지 맞혀 본다.

활동과정
① 놀이치료자는 소리를 듣고 무슨 소리인지 정답을 맞혀 볼 것이라고 이야기한다.
② 놀이치료자는 유튜브에서 생활 소리, 동물 소리, 운송기관 소리 등을 찾아 짧게 들려준다.
③ 집단원 중에서 소리를 빠르게 알아차린 집단원은 채팅으로 정답을 맞힌다.
④ 놀이치료자는 가장 많이 맞힌 집단원을 추천 비디오로 다른 집단원에게 알리고 축하를 해 준다.

활용 Tip

❖ 실제 생활 속 소리를 문제로 낼 수도 있다(테이프 뜯는 소리, 볼펜 소리, 알약 까는 소리, 사탕 까는 소리 등).
❖ 실제 생활 속 소리를 문제로 낼 때는 출제자의 비디오를 끄거나 화면에 비치지 않은 상태에서 문제를 낸다.
❖ 채팅으로만 정답을 맞히게 한다.
❖ 정답을 말을 해서 맞히면 다른 집단원이 문제 낸 소리를 들을 수 없으므로 규칙을 지킨다.

12 공통점 찾기

환경설정
- [소회의실]을 활성화하여 두 명씩 [소회의실]로 이동시킨다.

활동개요
- 집단원은 소그룹을 만들어 소회실로 이동하고 대화를 통해 서로의 공통점을 찾는다.

활동과정
① 놀이치료자는 집단원에게 서로 공통점을 찾아 이야기할 것이라고 한다.
② 놀이치료자는 두 명씩 짝을 지어 소회의실로 보내고 제한 시간을 알려 준다.
③ 집단원은 소회의실에서 짝꿍과 서로의 공통점 세 가지를 찾아낸다. 먼저 찾아낸 팀은 채팅창에 먼저 찾았음을 알리고 전체 화면으로 돌아온다.
④ 집단원은 각자 사는 곳, 여행한 곳, 최근에 본 영화, 감명 깊게 읽었던 책, 좋아하는 색 등을 탐색하여 공통점을 찾아낸다.
⑤ 집단원은 5분 후에 전체 화면으로 다 같이 모이고 서로의 공통점을 발표한다.
⑥ 집단원은 발표하고 나서 느낀 감정을 이야기한다.

활용 Tip

❖ 전체 화면으로 다 같이 모인 상황에서 발표할 때 자신도 해당하는 공통점이라고 생각되면 손을 들어 이야기를 나눌 수 있도록 한다.
❖ 너무 뻔한 공통점을 찾지 않도록 한다(여자, 남자, 입고 있는 옷 등).
❖ 대화를 통해 알 수 있는 공통점이어야 한다.
❖ 나이가 어린 집단원의 경우 놀이치료자나 코리더가 소회의실에 같이 참여하여 대화를 촉진하도록 한다.

13 다 함께 찍는 먹방

환경설정
• [추천 비디오]를 활성화하여 집단원이 발표할 때 화면에 크게 보이게 한다.

활동개요
• 집단원이 좋아하는 간식을 소개하고 공유한다.

활동과정
① 놀이치료자는 간식을 함께 먹을 것이라고 집단원에게 이야기한다.
② 집단원은 쉬는 시간이나 활동이 끝나기 5분 전쯤 각자의 간식을 가져와서 함께 먹는다.
③ 집단원은 서로의 먹는 모습을 보거나 먹거리를 소개해도 좋다.
④ 놀이치료자는 즐거운 음악을 공유하거나 편안한 대화를 나눌 수 있도록 한다.
⑤ 놀이치료자는 집단원이 각자 자기가 먹는 것을 소개할 수 있도록 한다.

활용 Tip

❖ 나이에 따라 분위기가 산만해지지 않도록 음식물을 제한할 수 있다.
❖ 아동의 경우 음료를 쏟지 않도록 조심한다.
❖ 자랑하기도 가능하다(팔 근육 자랑, 받은 선물 자랑, 상장 자랑 등).

14 사진으로 나를 소개해요

환경설정

• [보기]–[갤러리]를 선택하여 화면을 설정한다.

활동개요

• 휴대전화에 저장된 사진 중에서 나를 설명하거나 소개하고 싶은 사진으로 자기소개를 한다.

활동과정

① 놀이치료자는 집단원에게 휴대전화를 준비해 달라고 한다.

② 놀이치료자는 휴대전화 갤러리에 저장된 사진 중에서 나를 잘 설명하거나 소개하고 싶은 사진을 선택해 달라고 한다.

③ 발표자는 사진을 화면으로 비춰 주고 그 의미를 설명한다.

④ 집단원은 발표자의 설명을 듣고 발표자의 자원이나 강점을 찾아 채팅을 통해 긍정적인 피드백을 한다.

활용 Tip

❖ 사진이 잘 보일 수 있게 미리 카톡의 오픈 채팅으로 받을 수 있다(패들렛을 사용할 수도 있다).

❖ 집단원의 사진에서 공통점을 발견하거나 서로 반대가 되는 사진 등을 놀이치료자가 연결하고 느낌을 이야기할 수 있도록 유도한다.

15 무엇이 달라졌을까?

환경설정
- 술래가 된 집단원은 [비디오 중지]로 화면을 끈다.

활동개요
- 술래가 된 집단원이 비디오 중지를 하고 변신한 후 다른 사람이 바뀐 점 세 가지를 찾는다.

활동과정
① 놀이치료자는 집단원에게 '무엇이 달라졌을까?' 놀이를 할 것이라고 안내한다.
② 놀이치료자는 "술래가 된 집단원의 바뀐 점 세 가지를 찾는 활동을 해 보겠습니다."라고 이야기한다.
③ 놀이치료자는 "화면 왼쪽 아래 비디오 중지 버튼을 누르면 화면을 끌 수 있습니다."라고 비디오를 끄고 켜는 것에 대해 안내하고 한 번씩 켰다 끄기를 해 본다.
④ 놀이치료자가 시범을 보인다. "10을 셀 동안, 술래가 카메라를 끄고 세 가지 변화를 주겠습니다. 어떤 점이 바뀌었는지 맞혀 주세요."라고 이야기하며 시범을 보인다.
⑤ 집단원은 놀이치료자가 달라진 점을 찾아 종이에 적어 카메라 앞에 보여 준다.
⑥ 놀이치료자는 정답을 발표한다.
⑦ 술래를 할 사람을 정하여 위 시범과 같이 활동한다.

활용 Tip

❖ 집단원이 돌아가면서 술래를 할 수 있도록 유도한다.
❖ 술래가 된 집단원을 소회의실로 보내어 자기 모습을 변신시키고 다시 메인화면으로 복귀하여 다른 집단원이 달라진 부분을 찾도록 할 수 있다.
❖ 술래가 된 집단원은 대기실로 보내거나, 비디오 끄기를 하여 변신할 수 있다.

16 우리 나무 만들기

환경설정

• [화면 공유] 기능에서 [화이트보드]를 선택하여 [주석기능]을 활성화한다.
• 나무 기둥 PPT를 공유한다.

활동개요

• 나뭇가지가 그려진 PPT 자료를 화면 공유하여 집단원이 힘을 합하여 나무와 환경을 꾸며 준다.

활동과정

① 집단원에게 우리를 상징하는 나무를 꾸밀 것이라고 이야기한다.
② 놀이치료자는 화면 공유 기능을 활용하여 나무 기둥 그림 PPT 자료를 올려 준다.
③ 놀이치료자는 집단원에게 아무런 규칙이 없으니 마음껏 하고 싶은 대로 나무를 꾸며 달라고 한다.
④ 놀이치료자는 "주석기능을 사용하여 그리기를 해도 좋고 스탬프를 찍어도 좋습니다. 원하는 것을 사용하세요. 아무것도 안 하는 것은 안 됩니다."라고 이야기한다.
⑤ 놀이치료자는 집단원이 그림으로 잘 표현할 수 있도록 촉진한다.
  "○○님은 땅을 색칠해 주세요.", "○○님은 하늘을 꾸며 주세요." 등

활용 Tip

❖ 다수의 의견도 중요하지만 한 사람의 의견도 소중하다는 것을 알기 위해 규칙 있는 그림을 제안한다.
❖ 규칙이 있는 그림과 규칙이 없는 그림을 비교할 수 있도록 놀이치료자는 두 그림을 모두 캡처해 놓고 서로 비교하여 이야기를 나눈다.

17 자연 꾸미기

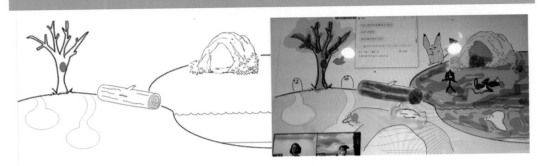

환경설정
- [화면 공유] 기능에서 [화이트보드]를 선택하여 [주석기능]을 활성화한다.
- 스케치가 된 그림 PPT를 공유한다.

활동개요
- 자연이 그려진 밑그림 PPT 자료를 화면 공유하여 집단원이 힘을 합해 자연 환경을 꾸며 준다.

활동과정
① 놀이치료자는 집단원에게 자연을 꾸밀 것이라고 이야기한다.
② 놀이치료자는 집단원과 자연 풍경에는 어떤 구성 요소가 있는지 이야기를 나눈다.
③ 놀이치료자는 자연 풍경이 간단한 선으로 그려진 밑그림을 PPT 자료로 만들어 화면 공유를 하고 집단
　원에게 주석작성 기능을 활성화하여 그리기나 채색을 하도록 안내한다.
④ 놀이치료자는 "색을 칠해 줘도 좋고, 동물을 그려 줘도 좋습니다."라고 이야기한다.
⑤ 집단원이 자유롭게 자연 풍경을 꾸밀 수 있도록 한다.
⑥ 놀이치료자는 집단원이 자유롭게 표현하도록 촉진한다.

활용 Tip

❖ 계절에 따라 바닷속, 우주, 밤하늘, 들판, 산, 눈 오는 날 등 주제를 정하여 꾸미도록 한다.
❖ 그림 표현이 어려운 집단원이 많다면 구글에서 밑그림을 찾아 PPT를 만들고 화면 공유로 올려 준다.
❖ 놀이치료자는 그림 표현이 어려운 집단원이 아무것도 하지 않고 구경만 하지 않도록 채색을 부탁하
　거나 간단한 그리기를 부탁한다.

18 물건으로 이야기하기

환경설정
• 발표자를 [추천 비디오]로 확대하여 물건을 보여 준다.

활동개요
• 집단원은 아무 물건이나 세 가지를 선택하고 놀이치료자의 질문에 대해 물건 활용법을 독창적으로 꾸며 대답한다.

활동과정
① 놀이치료자는 '물건으로 이야기하기'를 할 것이라고 안내한다.
② 놀이치료자는 집단원에게 "어떤 물건이든지 눈에 띄는 것 3개를 10초 안에 가져오도록 합니다."라고 안내하고 10을 센다.
③ 집단원은 자기가 가져온 물건이 잘 보이도록 카메라 앞에 놓는다.
④ 집단원은 각자 자기의 물건을 소개한다.
⑤ 놀이치료자는 집단원에게 흥미로운 질문을 한다.
⑥ 집단원은 놀이치료자의 질문에 따라 물건을 선택하여 보여 준다.
⑦ 놀이치료자는 재미있는 질문을 할 수 있는 집단원에게 질문 기회를 준다.

활용 Tip

❖ 좋아하는 친구에게 선물하고 싶은 물건은?
❖ 싫어하는 친구에게 주고 싶은 물건은?
❖ 나쁜 사람이 나타났습니다. 어떤 물건으로 나를 보호하겠습니까?
❖ 길을 잃었을 때 가장 필요한 물건은 무엇입니까?
❖ 화장실에서 휴지가 없을 때 어떤 물건으로 사용하시겠습니까?
❖ 맛있는 음식이 있습니다. 그런데 수저, 포크, 젓가락 아무것도 없네요. 어떤 물건으로 대신할 수 있을까요?
❖ 갑자기 소나기가 오는데 우산이 없네요. 어떤 물건을 사용하시겠습니까?
❖ 며칠째 아무것도 못 먹어서 배가 너무 고픈데 어떤 물건을 사용하시겠습니까?
❖ 지각하게 생겼는데 타야 하는 버스가 방금 출발하고 있네요. 어떤 물건을 사용하시겠습니까?
❖ 엘리베이터를 타려 하는데 갑자기 인상 나쁜 사람이 나를 따라서 타네요. 어떤 물건을 사용하시겠습니까?

19 다른 사람의 공간에는 무엇이 있을까?

환경설정
- [비디오]를 켜고 카메라를 활용하여 보여 주고 싶은 곳을 비춰 준다.
- [추천 비디오]를 활성화하여 모두 볼 수 있게 한다.

활동개요
- 자신의 공간에 어떤 물건이 있는지 짧은 시간 동안 카메라로 보여 주고 집단원이 맞혀 보는 활동이다.

활동과정
① 놀이치료자는 '다른 사람의 공간에는 무엇이 있을까?'를 할 것이라고 안내한다.
② 놀이치료자는 집단원에게 자신의 책상이나 방을 공개할 수 있는 사람이 있는지 물어본다.
③ 공개할 집단원은 카메라 위치를 돌려 책상이나 방을 재빠르게 한 번 비춰 준다.
④ 나머지 집단원은 재빠르게 지나간 집단원의 책상이나 방에서 본 것을 '정답'이라고 외치고 기회를 얻어 이야기한다.
⑤ 정답인지 오답인지는 자신의 공간을 공개해 준 집단원이 평가하도록 한다.
⑥ 놀이치료자는 공개한 집단원과 같은 물건이 있는 집단원이 있는지 질문하고 서로의 공통점을 다시 한 번 인식시킨다.

활용 Tip

❖ 자신의 공간을 공개할 집단원이 없다면 놀이치료자의 공간을 개방할 수 있다. 이때 놀이치료자는 책상의 일부만을 공개하여 집단원이 부담을 갖지 않도록 배려한다.
❖ 먼저 놀이치료자가 공개하고 집단원에게 공개를 부탁해도 좋다.
❖ 개인 공간의 개방은 개인정보보호의 문제가 있으므로 무리하게 진행하지 않도록 한다.

20 추억 소환

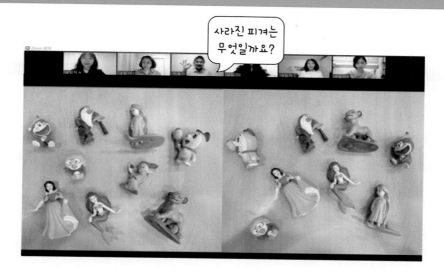

환경설정
• [화면 공유]를 활성화하여 캐릭터 피겨나 그림 PPT 자료를 공유한다.

활동개요
• 어린 시절에 경험한 다양한 캐릭터나 이야기를 공유하여 대화를 나눈다.

활동과정
① 놀이치료자는 '나도 알아'를 할 것이라고 안내한다.
② 놀이치료자는 집단원이 어린 시절 한 번쯤은 봤을 만한 이솝 우화나 디즈니 영화의 캐릭터 피겨나 그림을 10~12개 골라서 PPT 자료 한 장을 만든다.
③ 놀이치료자는 캐릭터 피겨나 그림 10~12개 중에서 아무것이나 하나를 빼고, 다시 배치하여 사진을 찍고 두 번째 PPT 자료로 만들어 집단원에게 보여 준다.
④ 놀이치료자는 첫 번째 PPT 자료를 5초간 보여 주고 집단원에게 '어떤 캐릭터가 있는지' 기억하라고 한다.
⑤ 놀이치료자는 하나의 캐릭터를 빼내고 찍은 두 번째 PPT 자료를 보여 주며 어떤 캐릭터가 없어졌는지 찾게 한다.
⑥ 정답을 맞힌 집단원에게 어린 시절에 본 것이 있는지 물어본다. "어린 시절 본 것은 어떤 것인가요? 어떤 장면이 가장 떠오르나요?"

활용 Tip

❖ 만화영화라면 누구랑 보았는지, 언제인지, 기분이 어땠는지를 물어볼 수 있다.
❖ 놀이치료자는 서로의 공통점이 무엇인지, 관심사가 무엇인지 알 수 있도록 연결한다.
❖ 성별에 따라 공주, 영웅 등 다양하게 활용할 수 있도록 한다.
　캐릭터 모양을 본뜬 피겨가 있다면 활용할 수 있다.

4. 비대면 놀이치료에서 나가기 활동

1 가위바위보 ○○를 이겨라!

환경설정
• [보기]–[갤러리]를 선택하여 화면을 설정한다.

활동개요
• '가위바위보' 놀이를 통해 놀이치료자를 이긴 집단원이 온라인 놀이치료실을 나간다.

활동과정
① 집단원 모두 손을 들고 놀이 준비를 한다. 이때 놀이치료자는 카메라에 집단원의 손이 잘 보이도록 거리를 잘 조절하고 모두 준비되었는지 살핀다.
② '가위바위보' 구호에 맞추어 모두 '가위바위보'를 한다.
③ 놀이치료자는 잠시 멈추고 '가위바위보' 승패를 확인한다.
④ 놀이치료자를 이긴 집단원은 온라인 놀이치료실을 나간다.
⑤ 놀이치료자에게 진 집단원은 같은 과정을 반복한다.
⑥ 마지막까지 남은 집단원은 아쉬울 수 있으므로 놀이치료자가 함께 감정을 공감해 주며, 기분 좋게 마무리할 수 있도록 돕는다.

활용 Tip

❖ 지역 및 가정별로 인터넷 속도에 차이가 있으므로, 놀이치료자가 가위바위보 상황을 기다려 준다.
❖ 즐겁고 가벼운 마음으로 나가기를 진행하기 위해, 승패보다는 과정을 중시해야 한다. 초반에는 놀이치료자를 이긴 집단원만 나갈 수 있기로 했다면, 이후에는 위축감을 줄이기 위해 놀이치료자와 똑같은 것을 낸 집단원이 나갈 수 있도록 하는 등 규칙을 완화할 수 있다.

2 오늘의 MVP

환경설정
• [보기]–[갤러리]를 선택하여 화면을 설정한다.

활동개요
• 집단원 안에서 오늘의 MVP를 선정하고, 서로를 격려하며 온라인 놀이치료실을 나간다.

활동과정
① 놀이치료자는 "오늘 활동에서 가장 좋은 모습을 보여 준 MVP를 뽑아 주세요."라고 이야기를 하며, 모든 집단원이 자신을 제외한 한 명의 집단원을 선택하여 채팅창에 이름을 쓰도록 한다.
② 채팅창에서 가장 많은 표를 받은 집단원을 [모두에게 추천]으로 설정하여 화면에 단독으로 크게 얼굴이 보일 수 있도록 띄워 준다.
③ MVP로 뽑힌 집단원에게 축하 박수를 보내고, 다 함께 격려하며 온라인 놀이치료실을 나간다.

활용 Tip

❖ 채팅이 어려운 환경에서는 종이를 활용하여 이름을 써서 화면에 보이게 할 수 있다.
❖ 다양한 주제를 활용하여, 모든 집단원이 MVP가 되도록 할 수 있다. 예를 들어, 가장 발표를 잘하는 친구, 가장 성실한 친구, 친구들에게 가장 인기가 많은 친구 등 각 분야의 MVP를 뽑는다.

3 접어 게임

환경설정
- [보기]-[갤러리]를 선택하여 화면을 설정한다.

활동개요
- 손가락 접는 게임을 통해 다섯 손가락을 가장 먼저 접은 집단원이 온라인 놀이치료실을 나간다.

활동과정
① 카메라에 모두 다섯 손가락이 화면에 보이도록 펴고 잘 보이도록 거리를 조절한다.
② 놀이치료자는 "○○하는 집단원은 접어."라는 말을 했을 때, 그 주제에 해당되는 집단원은 손가락을 접는다고 소개한다.
③ 진행 순서를 정한 후 게임을 시작한다.
④ 이에 손가락 다섯 개가 모두 접힌 집단원은 온라인 놀이치료실을 나간다.
⑤ 남은 집단원은 같은 과정을 반복한다.
⑥ 마지막까지 남은 집단원은 아쉬울 수 있으므로 놀이치료자가 함께 감정을 공감해 주며, 기분 좋게 마무리할 수 있도록 돕는다.

활용 Tip

❖ 특정 상황에 대한 주제를 정할 때, 활동과 너무 벗어나는 주제가 나오지 않도록 유의한다.
❖ 상대방이 불편할 수 있는 내용이나 비판, 조롱, 장난과 같은 언어나 행동은 삼가도록 한다.
❖ 다른 집단원의 손가락 상태나 얼굴 표정, 반응 등을 서로 관찰할 수 있도록 놀이치료자가 촉진한다.

4 물건을 찾아라

환경설정

• [보기]–[갤러리]를 선택하여 화면을 설정한다.

활동개요

• 물건의 특징을 알려 주고 해당 물건을 빠르게 찾는 집단원이 온라인 놀이치료실을 나간다.

활동과정

① 치료 진행에서 사용했던 물건 중 하나를 설명해 준다.

　　예) "하얗고 촉촉하며 부드러운 것을 찾아 주세요."라고 제시할 수 있다.

② 찾아온 물건을 확인하고 놀이치료자는 성공한 집단원에게 축하의 박수를 보내며 온라인 놀이치료실을 나갈 수 있도록 한다.

③ 남은 집단원은 같은 과정을 반복한다.

④ 마지막까지 남은 집단원은 아쉬울 수 있으므로 놀이치료자가 함께 감정을 공감해 주며, 기분 좋게 마무리할 수 있도록 돕는다.

활용 Tip

❖ ZOOM 화면을 벗어나지 않도록 주의한다.

❖ 활동을 즐겁게 마무리하기 위함이므로, 너무 어려운 주제를 제시하거나 규칙을 엄격하게 내세우지 않도록 한다.

❖ 활동 시 활용했던 매체의 특징을 제시해 주면서 함께 활동했던 내용과 느낌을 공유하고 성취감을 경험할 수 있도록 놀이치료자가 촉진해 준다.

5 칭찬 샤워

환경설정
- [보기]-[갤러리]를 선택하여 화면을 설정한다.
- [호스트 비디오 순서 따르기]를 선택하여 모든 집단원이 같은 화면을 볼 수 있도록 한다(순서는 놀이치료자가 임의로 정할 수 있으며 마우스 왼쪽 클릭 후 옮기려는 화면을 드래그하면 위치가 이동된다).

활동개요
- 칭찬 주인공을 선정하여 서로를 칭찬하고, 온라인 놀이치료실을 나간다.

활동과정
① 놀이치료자는 집단원 한 명씩 돌아가며 칭찬 주인공을 선정하고, [모두에게 추천] 설정 후 큰 화면에 등장하게 한다.
② 집단원은 채팅창에 주인공을 위한 칭찬 글을 미리 쓰고 놀이치료자가 "자, 이제 올리세요."라는 신호를 주면 동시에 키보드 [Enter] 키를 눌러 칭찬 글을 올린다.
③ 놀이치료자 또는 집단원이 채팅창의 글을 하나씩 천천히 읽어 준다.
④ 다른 집단원이 적어 준 칭찬 글에 대해 주인공의 감정을 들어 본다.
⑤ 나머지 모든 집단원에게 위와 같은 과정을 반복한다.

활용 Tip

❖ 집단원이 불편할 수 있는 내용이나 비판, 지적, 조언과 같은 말은 삼가도록 한다.
❖ 칭찬을 어려워할 경우 놀이치료자가 칭찬의 예시를 보여 주며, 칭찬의 다양성을 촉진해 줄 수 있다.

6 텔레파시 게임

환경설정
• [보기]–[갤러리]를 선택하여 화면을 설정한다.

활동개요
• 텔레파시가 통해 동시에 같은 대답을 하면 온라인 놀이치료실을 나간다.

활동과정
① 집단원을 2인 1조 또는 3인 1조로 나누어 준다.
② '산 vs. 바다' 등과 같은 주제어를 제시하여, 둘 중 자신에게 끌리는 것을 선택하도록 한다.
③ 두 집단원이 같은 주제어를 이야기하면 그 팀은 온라인 놀이치료실을 나간다.
④ 남은 조끼리 같은 과정을 반복한다.
⑤ 마지막까지 남은 집단원은 아쉬울 수 있으므로 놀이치료자가 함께 감정을 공감해 주며, 기분 좋게 마무리할 수 있도록 돕는다.

활용 Tip

❖ 짝이 맞지 않을 경우, 놀이치료자와 1:1로 게임을 진행할 수 있다.
❖ 활동 주제와 연결하여 단어를 선택하는 것이 좋다.

7 디비디비딥 모션 가위바위보

환경설정
- [보기]–[갤러리]를 선택하여 화면을 설정한다.

활동개요
- 놀이치료자와 '모션 가위바위보'를 해서 이긴 집단원은 온라인 놀이치료실을 나간다.

활동과정
① 놀이치료자는 집단원에게 모션 가위바위보에 대해 설명한다.
   - 가위: 오른손으로 학머리를 만들고, 왼손은 손등으로 오른쪽 팔꿈치 아래에 받치도록 한다.
   - 바위: 오른손은 주먹을 쥐어 가슴 앞에 위치시키고, 왼손은 오른손을 감싸 쥐도록 한다.
   - 보: 양손을 학머리로 만들고 손끝이 바깥쪽으로 향하게 펼쳐서 어깨 높이까지 들어 준다.
② 집단원 모두가 모션을 숙지하였다면, 놀이치료자의 "디비디비딥!" 구호에 맞춰 모든 집단원이 세 가지
   동작 중 하나를 동시에 취한다.
③ 놀이치료자를 이긴 집단원은 온라인 놀이치료실을 나간다.
④ 남은 집단원끼리 같은 과정을 반복한다.
⑤ 마지막까지 남은 집단원은 아쉬울 수 있으므로 놀이치료자가 함께 감정을 공감해 주며, 기분 좋게 마무
   리할 수 있도록 돕는다.

활용 Tip

❖ 동작을 정확하게 숙지하고 표현할 수 있도록 한다.
❖ '디비디비딥!' 구호를 함께 외치며 흥미를 유도하고 명확한 신호를 제시한다.
❖ 놀이치료자가 적극적으로 모션을 보여 주며 활동의 집중과 흥미를 높인다.

8 릴레이 스토리텔링

환경설정
- [보기]-[갤러리]를 선택하여 화면을 설정한다.
- [호스트 비디오 순서 따르기]를 선택하여 모든 집단원이 같은 화면을 볼 수 있도록 한다.

활동개요
- 놀이치료자가 던진 서두를 가지고 한 명씩 돌아가며 한 문장으로 만들어 하나의 이야기를 완성한 후, 함께 온라인 놀이치료실을 나간다.

활동과정
① 놀이치료자가 던진 서두를 가지고 한 명씩 돌아가며 한 문장으로 이야기를 연결한다.
② 이야기를 마치면 그다음 집단원은 앞 집단원의 이야기를 한 문장으로 이어 간다.
③ 자신의 이야기를 마친 집단원은 다음 집단원을 지목하여 활동을 진행한다.
④ 마지막 주자는 어떻게 해서든 이야기를 마무리 짓는다.
⑤ 이야기가 완성되면 놀이치료자가 읽어 요약 반영하고 마무리한다.
　예시) 놀이치료자: 옛날 옛날에~ (서두를 던지면)
　　　　1번 주자: 나비가 있었습니다.
　　　　2번 주자: 나비는 하트모양 꽃 위에 앉았습니다.
　　　　3번 주자: 꽃 위에 똥이 있어서 도망갔습니다.
　　　　4번 주자: 도망간 곳은 용수철 위였습니다.
　　　　5번 주자: 그래서 용수철 위에서 행복하게 살았습니다.

활용 Tip

❖ 서두는 '옛날 옛날에~, 오늘은~, 어제는' 등으로 다양하게 던질 수 있다.
❖ 서두를 던지는 것이 놀이치료자가 아닌 다른 집단원이 될 수도 있다.

9 다섯 글자로 말해요

환경설정
- [보기]–[갤러리]를 선택하여 화면을 설정한다.

활동개요
- 활동의 마무리 소감을 다섯 글자로 표현하고, 온라인 놀이치료실을 나간다.

활동과정
① 집단원은 채팅창을 활용하여 다섯 글자로 마무리 소감을 올린다.
② 빠르게 소감을 올린 순서대로 자신의 소감을 말하고 온라인 놀이치료실을 나간다.
③ 남은 집단원은 같은 과정을 반복한다.
④ 마지막까지 남은 집단원은 아쉬울 수 있으므로 놀이치료자가 함께 감정을 공감해 주며, 기분 좋게 마무리할 수 있도록 돕는다.

활용 Tip

❖ 세 글자, 일곱 글자 등 글자 수를 자유롭게 변형시킬 수 있다.
❖ 다섯 글자 말하기를 어려워하는 경우 놀이치료자가 먼저 시범을 보이며, 모두가 함께할 수 있도록 촉진한다.

10 파도타기

환경설정

- [보기]–[갤러리]를 선택하여 화면을 설정한다.
- [호스트 비디오 순서 따르기]를 선택하여 모든 집단원이 같은 화면을 볼 수 있도록 한다.

활동개요

- 파도타기를 하며 집단의 응집력을 높이고, 서로를 응원하며 온라인 놀이치료실을 나간다.

활동과정

① 놀이치료자가 먼저 손을 들고 일어났다 앉는 시범을 보인다.
② 집단원은 정해진 순서대로 일어섰다가 앉음과 동시에 "와~" 소리를 내며 파도타기를 한다고 알린다.
　일어나는 시점은 앞 집단원의 "와~" 소리가 끝날 때쯤이다.
③ 모두 함께 박수를 치며, 마무리 인사를 한다.

활용 Tip

❖ 인터넷 연결 상태에 따라 시간차가 발생할 수 있다. 하지만 정확하지 않은 파도타기가 오히려 재미를
　유발할 수 있으므로 놀이치료자는 긍정적으로 반응해 준다.
❖ 손을 드는 것 외에도 함께할 수 있는 간단한 동작을 만들어 진행하며 서로에게 힘을 전할 수도 있다.

11 기합 장풍 쏘기

환경설정
• [보기]–[갤러리]를 선택하여 화면을 설정한다.

활동개요
• 집단원이 함께 장풍을 쏘며 무거운 마음은 날려 버리고 가벼운 마음으로 온라인 놀이치료실을 나간다.

활동과정
① 놀이치료자의 "하나, 둘, 셋" 신호에 맞추어 집단원은 각자의 기합 소리를 내면서 장풍 쏘는 모션을 취한다. 놀이치료자는 집단원에 장풍에 맞추어 포즈를 취한다.
② 모두 함께 박수를 치며 마무리 인사를 한다.

활용 Tip

❖ 놀이치료자는 집단원의 장풍을 받고 유쾌한 포즈를 취하며 즐거움을 높일 수 있다.
❖ 장풍을 쏘며 정해진 구호를 외칠 수 있다. 예를 들어, "우린, 할 수 있다" 등의 구호를 외치며 집단원의 결속력을 다질 수 있다.
❖ 놀이치료자와 같은 방향의 장풍을 쏘면 나가는 방법으로 변형할 수 있다.

12 Air Hug

환경설정

• [보기]-[갤러리]를 선택하여 화면을 설정한다.

활동개요

• Air Hug를 통해 서로를 격려하며 온라인 놀이치료실을 나간다.

활동과정

① Air Hug를 받을 집단원을 한 명 정하고, 선택받은 집단원은 자신이 듣고 싶은 말을 이야기한다.
② 다른 집단원은 선택받은 집단원이 듣고 싶다고 한 말을 크게 외쳐 주며 Air Hug를 한다.
③ 한 명씩 돌아가면서 위와 같은 방법으로 Air Hug를 진행한다.

활용 Tip

❖ 카메라 앞으로 와서 동작을 크게 보여 줄 수 있도록 유도한다.
❖ 듣고 싶은 말을 이야기하지 못하는 집단원이 있을 때에는 놀이치료자가 주도하여 "사랑해", "고마워"
  등의 따뜻한 말을 전해 줄 수 있다.
❖ 소외되는 집단원이 없도록 동작과 목소리를 크게 하게끔 격려한다.

13 뒤죽박죽 인사말 찾기

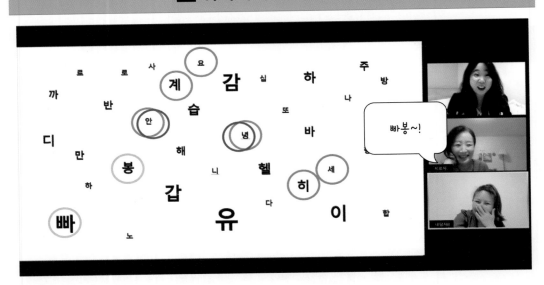

환경설정
- [보기]–[갤러리]를 선택하여 화면을 설정한다.

활동개요
- 뒤죽박죽 글자판에서 나만의 인사말을 찾아 인사를 나누며 온라인 놀이치료실을 나간다.

활동과정
① 놀이치료자가 제시한 뒤죽박죽 글자판에 있는 글자를 조합하여 헤어질 때 사용하는 인사말을 만들어 이야기한다.
② 한 명씩 돌아가며 자신이 발견한 인사말로 인사하며 마무리한다.

활용 Tip

❖ 집단원이 평소 사용하지 않는 인사말이나 새로운 단어 등 비전형적인 인사말을 만들어 이야기하더라도 놀이치료자는 재미있게 반응해 준다(예: 빠봉~).
❖ 집단원의 수준에 맞추어 뒤죽박죽 글자판을 만들어야 한다.

14 미션 클리어

환경설정
- [보기]–[갤러리]를 선택하여 화면을 설정한다.

활동개요
- 놀이치료자가 제시한 미션을 수행한 집단원은 먼저 온라인 놀이치료실을 나간다.

활동과정
① 놀이치료자는 집단원이 집중할 수 있는 미션을 제시한다.
　예) "물건을 머리 위에 올려 5초 동안 버티세요." 등
② 정확하게 미션을 수행한 집단원은 온라인 놀이치료실을 나간다.
③ 남은 사람은 같은 과정을 반복한다.
④ 마지막까지 남은 집단원은 아쉬울 수 있으므로 놀이치료자가 함께 감정을 공감해 주며, 기분 좋게 마무리할 수 있도록 돕는다.

활용 Tip

❖ 집단원의 수준에 따라 미션의 난이도를 적절하게 조절하여 모두가 즐겁게 활동을 마무리할 수 있도록 한다.
❖ ZOOM 화면 밖을 벗어나는 미션은 제시하지 않는다.

15 Up & Down

환경설정

- [보기]-[갤러리]를 선택하여 화면을 설정한다.
- 인터넷 주소창에 www.를 지우고 m.naver.com을 검색하여 모바일 버전으로 전환한다. 그다음 검색창에 '네이버 간단게임'을 검색하여 '주사위 굴리기'를 실시한다.

활동개요

- 주사위를 굴려서 두 개의 주사위 수 합보다 높은 수가 나오면 온라인 놀이치료실을 나간다.

활동과정

① 놀이치료자는 '주사위 굴리기'를 [화면 공유]하고, 2~12 중 집단원이 각자 원하는 하나의 숫자를 정하여 채팅창에 올리도록 한다.
② 두 개의 주사위를 설정하여 '주사위 굴리기'를 실시하고, 두 개의 주사위 수 합보다 높은 수를 말한 집단원은 인사를 하고 온라인 놀이치료실을 나간다.
③ 남은 집단원은 같은 과정을 반복한다.
④ 마지막까지 남은 집단원은 아쉬울 수 있으므로 놀이치료자가 함께 감정을 공감해 주며, 기분 좋게 마무리할 수 있도록 돕는다.

활용 Tip

❖ 시간에 따라 주사위 개수를 줄이거나 늘려서 활동할 수 있다.
❖ 한 개의 주사위를 사용하여 주사위의 수보다 높거나 낮은 수에 온라인 놀이치료실을 나가는 것으로 변형할 수 있다.

16 얼굴 스트레칭

환경설정
• [보기]—[갤러리]를 선택하여 화면을 설정한다.

활동개요
• 얼굴에 포스트잇을 붙이고 빠르게 떨어트린 집단원이 먼저 온라인 놀이치료실을 나간다.

활동과정
① 준비된 포스트잇을 얼굴에 붙인다.
② 놀이치료자의 신호에 맞춰서 얼굴을 움직인다.
③ 포스트잇을 먼저 다 떨어트린 집단원은 인사를 하고 나간다.
④ 남은 집단원은 포스트잇이 떨어질 때까지 활동을 계속한다.
⑤ 마지막까지 남은 집단원은 아쉬울 수 있으므로 놀이치료자가 함께 감정을 공감해 주며, 기분 좋게 마무리할 수 있도록 돕는다.

활용 Tip

❖ 집단원의 수준에 따라 포스트잇의 개수를 늘려 활동할 수 있다.
❖ 시간을 정해 놓고 활동을 진행할 수 있다.

17 내가 엔딩 요정

환경설정
- [보기]–[갤러리]를 선택하여 화면을 설정한다.

활동개요
- 각자 자신 있는 포즈를 취하고 베스트 엔딩 요정을 선정한 후, 온라인 놀이치료실을 나간다.

활동과정
① 놀이치료자는 오늘의 엔딩 요정을 뽑는다고 이야기한다.
② 각자 자신 있는 엔딩 포즈를 하고 약 3초 정도 머무른다.
③ 집단원은 자신을 제외한 '베스트 엔딩 요정'을 골라 채팅창에 적는다.
④ 가장 많은 표를 받은 집단원에게 [모두에게 추천]을 설정해 주고, 모두 함께 박수를 치며 서로를 격려하고 마무리 인사를 한다.

활용 Tip

❖ 놀이치료자는 다른 집단원의 포즈에 대해 긍정적인 피드백을 할 수 있도록 촉진한다.
❖ 시간의 여유가 있다면, 각자의 포즈를 소개하는 시간을 가질 수 있다.

18 두근두근 모션하기

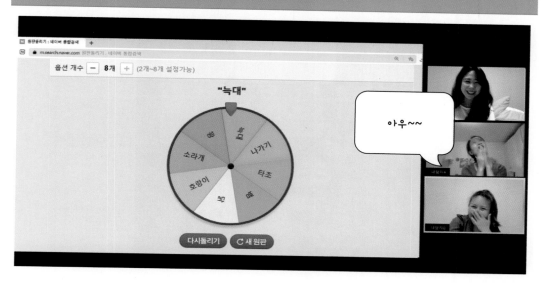

환경설정

- [보기]–[갤러리]를 선택하여 화면을 설정한다.
- 인터넷 주소창에 www.를 지우고 m.naver.com을 검색하여 모바일 버전으로 전환한다. 그다음 검색창에 '네이버 간단게임'을 검색하여 '원판 돌리기'를 실시한다.

활동개요

- 원판을 돌려 선택된 주제에 따라 모션을 취하고 통과하면 온라인 놀이치료실을 나간다.

활동과정

① 놀이치료자는 '원판 돌리기'를 실시한 후 [화면 공유]하고, 집단원의 순서를 정하여 룰렛을 돌려 모션 주제를 뽑는다.
② 자신의 순서에 뽑은 주제에 따라 모션을 보여 준다.
③ 모든 집단원이 모션으로 표현하는 것에 통과하면 함께 인사하고 마무리한다.

활용 Tip

❖ 놀이치료자는 집단원이 조금이라도 표현하려고 했다면 통과시켜 준다.
❖ 모션을 표현하는 것을 어려워하는 집단원에게는 모션 힌트를 줄 수 있다.
❖ 프로그램 종료 시간이 얼마 남지 않았을 경우 '나가기'의 개수를 더 늘리는 등 남은 시간에 따라 옵션 내용을 변경할 수 있다.

19 여긴 어디?

환경설정

- [보기]–[갤러리]를 선택하여 화면을 설정한다.
- 놀이치료자는 미리 포털 사이트에서 배경사진을 검색 후, 다운받아 놓는다. 그다음 [설정]–[배경 및 필터]–[가상 배경]에서 [+] 버튼을 누른 후, [이미지 추가]를 해 놓는다.

활동개요

- 놀이치료자의 가상 배경을 보고 장소를 맞히는 집단원이 온라인 놀이치료실을 나간다.

활동과정

① 가상 배경을 보고 장소를 맞히는 집단원이 온라인 놀이치료실을 나갈 수 있다고 설명한다.
② 놀이치료자는 미리 추가해 놓은 이미지 중 하나를 [설정]–[배경 및 필터]–[가상 배경]에서 선택하여 배경을 바꾸고, 집단원은 놀이치료자의 배경이 어딘지 채팅창에 작성한다.
③ 먼저 작성한 집단원의 이름을 놀이치료자가 불러 주면 손을 흔들고 ZOOM 화면을 나간다.
④ 남은 집단원은 같은 과정을 반복한다.
⑤ 마지막까지 남은 집단원은 아쉬울 수 있으므로 놀이치료자가 함께 감정을 공감해 주며, 기분 좋게 마무리할 수 있도록 돕는다.

활용 Tip

❖ 놀이치료자는 미리 가상 배경이 잘 작동하는지 점검해 봐야 한다.
❖ 시간의 여유가 있다면 집단원과 놀이치료자의 배경에 대해 이야기를 나누어 볼 수 있다.
❖ 시간이 오래 걸리지 않도록 집단원의 수준에 따라 배경을 선택하고, 맞히는 것을 어려워할 경우 힌트를 주거나 패스한다.

20 OO에 가면

환경설정
- [보기]-[갤러리]를 선택하여 화면을 설정한다.

활동개요
- 주제에 맞는 단어를 더 많이 생각하고 기억하는 집단원이 온라인 놀이치료실을 나간다.

활동과정
① 놀이치료자는 집단원에게 공통 주제를 주고, 주제에 맞는 단어를 말하도록 한다. 다른 집단원이 말한 단어를 계속 누적해서 새로운 단어를 말하는 것이 규칙이다.
  예) 집단원 A: (리듬을 타면서) 학교에 가면 친구도 있고~
      집단원 B: 학교에 가면 친구도 있고~ 선생님도 있고~
      집단원 C: 학교에 가면 친구도 있고~ 선생님도 있고~ 책상도 있고~
      집단원 D: 학교에 가면 친구도 있고~ 선생님도 있고~ 책상도 있고~ 연필도 있고~
② 실수하는 사람이 나올 때까지 반복한다.
③ 남은 집단원은 같은 과정을 반복한다.
④ 마지막까지 남은 집단원은 아쉬울 수 있으므로 놀이치료자가 함께 감정을 공감해 주며, 기분 좋게 마무리할 수 있도록 돕는다.

활용 Tip

❖ 놀이치료자는 마지막 한 사람까지 손을 흔들어 즐겁게 마무리할 수 있도록 한다.
❖ 학교, 놀이공원 등 다양한 주제로 게임을 진행할 수 있다.

제**4**장

아동을 위한
자기조절 프로그램

1. 아동기의 자기조절

자기조절능력이란 목적달성을 위해 행동을 지연시킬 수 있으며, 외부의 통제 없이도 자율적으로 안정된 행동을 보이는 행동조절능력이다. 또 부정적 정서를 억제하고 부정적 정서표현 행동을 통제하며 정서를 인식하고 표현하는 능력을 의미한다. 이는 타인과 자신의 행동, 사고 감정을 이해하고 각 상황에 맞게 조절하는 과정을 거쳐 발달하게 된다.

아동의 자기조절능력 발달은 영아기에 맺는 주 양육자와 자녀의 애착관계와 연관성을 갖는다. 주 양육자와 안정된 애착을 형성한 아동은 긍정적인 정서조절능력을 보이며, 주 양육자의 사랑이나 긍정적 유대는 아동이 주 양육자의 지시나 요구에 따라 기꺼이 행동을 조절할 수 있게 해 준다. 따라서 주 양육자와 안정된 애착이 아동의 정서나 행동을 적절하게 표현하거나 조절할 수 있는 자기조절능력을 발달시키는 데 직접적인 연관이 있음을 알 수 있다.

따라서 아동의 자기조절능력은 주 양육자와 어떤 관계 및 경험을 맺었느냐에 따라 이후 사회적 관계에서의 신뢰와 감정에 대한 영향을 미치게 된다. 생애 초기에 주 양육자와의 상호작용이 불충분하였다면, 아동은 사회적 상호작용에 대해 방어적이며, 반항적, 분노, 회피, 불안과 같은 반응을 나타낼 수 있다.

또한 아동의 자기조절능력은 또래관계와 밀접한 관계가 있다. 사회화 과정에서 자기조절능력이 잘 발달하지 못하여 어려움을 겪는 아동의 경우, 학교에 잘 적응하지 못하고 또래관계 형성에 어려움을 겪게 된다. 자기조절능력이 부족한 아동은 상대방의 의도를 잘못 알고 공감하지 못하며, 원만한 또래관계 형성뿐 아니라 친구들 사이에서 일어나는 문제나 갈등을 해결하는 능력이 부족할 가능성이 있다. 또 자기조절능력이 부족한 아동은 외현화된 행동문제를 보일 가능성이 있고, 또래나 교사, 가족 등과의 관계에 있어서도 충동적이거나 공격적일 수 있다. 아동의 자기조절능력이 발달되지 못한 채 성장한 성인은 사회적 적응에도 문제가 있고 폭력과 일탈을 일삼는 반사회적 행동을 한다는 보고가 있다. 따라서 자기조절능력이 또래관계의 질과도 관련되어 있음을 알 수 있다.

이 시기에 아동은 학교적응이라는 사회화 과업이 시작된다. 유아기와는 달리 좀 더 엄격한 학교라는 환경 속에서 기초적인 태도를 익히고 생활 규범을 습관화해 나가는 시기로 자신의 행동과 감정을 이해하고 상황에 맞게 조절해야 한다. 더 나아가 사회화 과정으로 또래와 교사 등 타인과의 교류와 상호작용이 빈번해지면서 자기조절능력이 요구되는 시기이다. 아동은 자신의 행동과 감정을 이해하고 수용하며 상황에 맞게 조절해야 한다.

아동의 자기조절 실패는 또래관계의 실패와 함께 학교생활 적응의 실패를 가져올 수 있다. 아동의 자기조절 실패는 충동성, 집중력 저하, 과잉행동, 학습부진, 반사회성, 게임이나 미디어의 과몰입 등과 같은 정서행동문제로 나타날 가능성이 크다. 또한 관계나 적응의 실패감으로 인한 부정적 감정은 또래관계에 악영향을 미쳐 왕따를 당하거나 스스로 학교집단에서 이탈하는 등 학교 부적응으로 연결될 수 있다.

따라서 아동기의 자기조절 문제를 조기에 발견하여 문제행동과 장애로 발전되지 않도록 또래 집단으로 구성된 놀이치료 프로그램이 필요하다. 이러한 집단 놀이치료 프로그램은 아동이 타인의 생각과 느낌을 공감하고 이해함으로써 자기조절능력을 키우고 배려, 협동심 등을 배워 학교생활에 잘 적응할 수 있도록 돕는 목적이 있다.

2. 아동기 비대면 자기조절 프로그램

본 프로그램은 오감을 활용한 놀이로 신체 행동을 조절하고, 감정을 적절한 방식과 강도로 표현할 수 있도록 하는 감정조절 단계를 거쳐 효과적인 상호작용을 할 수 있도록 구성하였다.

단계	회차	치료목표	치료개요
마음문 열기 : 나는 누구?	1. 나로 말할 것 같으면	라포 형성 및 이완	워크시트지에 다양한 매체로 나를 표현하기
	2. I like it	진짜 나의 모습 찾기	시크릿 박스와 워크시트지를 활용하여 자신의 욕구를 탐색하고 표현하기
몸Talk : 신체 행동 조절 단계	3. 내 안에 소리	청각을 통한 신체 행동 조절	마라카스를 만들어 흔들면서 자기 신체 조절하기
	4. 데칼코마니	시각을 통한 신체 행동 조절	실그림 그리기를 통해 신체 조절하기
	5. 신기한 약	미각을 통한 신체 행동 조절	신기한 약 만들기 놀이를 하면서 신체 조절하기
	6. 손으로 만나는 마음	촉각을 통한 신체 행동 조절	다양한 장갑을 활용하여 촉감을 통한 자기 신체 행동 조절하기
	7. 데시벨을 넘겨라	오감을 통한 신체 행동 조절	안정감을 느끼는 소리를 찾아 색과 촉감으로 표현하고 신체 조절하기
감정Talk : 감정조절 단계	8. 감정피자 만들기	감정 탐색	다양한 감정을 탐색하고 클레이로 감정피자 만들기
	9. 마음. 몸 가자	내면 감정과 신체 감정 일치	동일한 감정의 다양한 강도를 인식하고 색습자지 찢기로 조절해 보기
	10. 분노의 와이파이	행동과 감정 연결	워크시트지를 활용하여 감정을 폭발하게 만드는 상황을 인지하고 조절하는 것을 배우기
	11. 뿌셔뿌셔	감정 통합	다양한 감정을 사탕 만다라로 표현하기

제4장 아동을 위한 자기조절 프로그램

	12. 달콤한 선물	타인에 대한 이해와 자기조절	서로에 대해 이해하고, 소통하며 격려하기
마음 Talk : 상호작용 조절 단계	13. 희망 바람	신체 조절 및 집단원 간의 긍정적인 지지 경험	풍선을 활용하여 신체를 조절하는 경험을 하고, 집단원 간의 긍정적 지지 나누기
	14. 나의 매직 케이크	자기조절기술 정리 및 프로그램 마무리	나만의 조절기술을 정리한 책을 만들고, 앞으로의 긍정적인 미래에 대해 격려하기

1

나로 말할 것 같으면

1) 놀이키트와 사용 예시

• 폼폼이, 목공풀, 휴지, 꽃 스티커, 스포이트, 물감, 색연필, 사인펜, 워크시트지

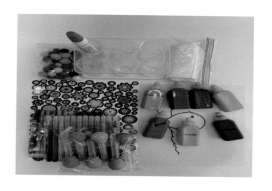 ▶

2) 치료목표

• 프로그램에 대한 흥미 유발 및 긴장감 해소
• 자기 탐색 및 이해

3) 치료개요

• 워크시트지에 다양한 매체로 나를 표현하고 소개한다.

4) 치료과정

들어가기

7. 부분 보고 전체 맞히기(p. 106 참조)

도입 및 워밍업

• 놀이치료자는 비밀보장과 관련된 동의서를 화면에 공유한다. 집단원과 함께 내용을 읽고 충분히 숙지하였는지 확인하며 프로그램에 대한 동의를 얻는다.
• 놀이치료자는 [보기]-[갤러리]로 설정한 후, 재료 및 환경을 점검하고 서로 확인한다.
• 놀이치료자는 워크시트지와 다양한 매체를 활용하여 자신을 표현해 볼 것이라고 집단원에

게 설명한다. 잠시 자신을 탐색하고 표현하고 싶은 특징으로 무엇이 있는지에 대해 생각할 시간을 갖는다(사진 1).

"준비된 재료와 워크시트지를 활용해서 자신을 표현해 볼 거예요!"

"표현하고 싶은 자신의 모습이나 특징을 스스로 잘 탐색해 봐 주세요."

"나를 잘 표현할 수 있는 특징으로 무엇이 있을지, 어떤 부분을 소개하면 좋을지 천천히 살펴보세요."

놀이치료과정

① 놀이치료자는 집단원에게 다양한 매체를 제공하고 자유롭게 매체를 탐색할 수 있도록 안내한다. 오감으로 느껴지는 느낌에 집중하며, 탐색할 수 있도록 유도한다.

"매체를 만졌을 때, 오감으로 느껴지는 느낌은 어떤가요?"

"찢거나 비비며 다양한 방식으로 만져 보았을 때는 느낌이 다른가요?"

"어떤 매체를 사용해서 나를 표현해 볼까요?"

② 워크시트지에 원하는 매체를 활용하여 자신을 표현하도록 한다. 휴지를 말거나 뭉쳐서 머리카락을 만들고, 물감으로 물들인다(사진 2).

"물감이 휴지에 스며드는 느낌이 어떤가요?"

"다양한 자신만의 매력을 재료나 색으로도 표현해 볼 수 있어요."

③ 놀이키트에 동봉된 다양한 매체를 활용하여 추가적으로 꾸며 줄 수 있다(사진 3).

"놀이키트에 들어 있는 폼폼이나 꾸미기 재료를 활용해서 더 꾸며 보세요."

④ 완성된 작품을 감상하며, 불리고 싶은 별칭을 짓는다(사진 4).

마무리

- [보기]-[갤러리]로 설정한 후, 순서대로 작품을 보여 주며 작업과정에서의 느낌과 표현된 특징에 대해 소개한다.

  "작업과정에서 매체를 다룰 때 느낌은 어땠나요?"

  "자신의 어떤 모습을 표현하고 싶었나요? 특징이 잘 살려졌나요?"

  "지어 준 별칭은 무엇인가요? 그 별칭에는 어떤 의미가 있나요?"

- 발표자가 작품을 소개할 때, 나머지 집단원은 채팅창을 통해 피드백을 올릴 수 있음을 안내한다. 다양한 피드백을 주고받을 수 있도록 유도한다.

  "특징에 딱 맞는 별칭이군요! 앞으로 발표자에게 이렇게 불러 주는 것도 좋을 것 같아요!"

  "친구들의 작품 중에서 가장 기억에 남는 작품이 있다면 어떤 것인가요?"

나가기

9. 다섯 글자로 말해요(p. 128 참조)

5) 치료과정에서의 활용 Tip

- 친밀감을 형성하기 위해 사전에 집단원의 사진을 이메일이나 카카오톡으로 받아 '들어가기'에 활용할 수 있다.
- 회기 초기에는 긴장되거나 어색할 수 있으므로 도입 시간을 여유 있게 두어 안정된 환경을 만들어 준다.
- 별칭은 긍정적으로 짓도록 한다.
- 자기표현을 잘하는 집단원이나 적극적인 집단원이 있을 경우 먼저 발표를 시켜 모델링을 보여 준다. 놀이치료자가 모델링을 보여 주어도 무방하다.
- 물감을 사용할 때에는 손에 묻는 것에 대해 미리 안내하고, 작업 후 씻을 수 있으며 물티슈를 사용할 수도 있음을 알린다.
- 물감 사용의 통제가 어렵다면 코인 티슈를 붙여 사인펜으로 콕콕 칠한 뒤, 스프레이로 물을 뿌리는 방법도 가능하다.

6) 워크시트지

2 | I like it

1) 놀이키트와 사용 예시

- 8절지, 워크시트지, 가위, 풀, 사인펜, 색연필, 매직, 시크릿 박스

2) 치료목표

- 진짜 나의 모습 찾기
- 자기이해 및 욕구 표현하기

3) 치료개요

- 시크릿 박스와 워크시트지를 활용하여 자신의 욕구를 탐색하고 표현한다.

4) 치료과정

들어가기

1. 나를 따라 해 봐요(p. 100 참조)

도입 및 워밍업

- 재료 및 환경을 점검하고 확인한다.
- 놀이키트에 제공된 시크릿 박스를 꺼내어 흔들어 보며 자신의 시크릿 박스에 무엇이 들어 있을지 상상해 본다. 이때 놀이치료자는 집단원의 기대감과 흥미 유발을 촉진시키며, 현재의 느낌에 집중하도록 안내한다(사진 1).

"상자 안에는 무엇이 들어 있을까요?"

"시크릿 박스에 자신이 가장 좋아하는 것이 들어 있다면 무엇이 들어 있길 원하나요?"

"시크릿 박스가 공개되기 전, 지금 기분은 어떤가요?"

- 각자 놀이키트에 제공된 시크릿 박스를 열어 확인한다. 안에 있는 물건들을 탐색하고 [보기]-[갤러리]로 전환하여 물건을 소개하고 느낌을 함께 나눈다.

"박스를 열어 물건들을 확인했을 때 느낌이 어땠나요?"

"자신이 좋아하는 물건들이 담겨 있었나요?"

"친구가 가지고 있는 물건 중에 자신이 좋아하는 물건이 있나요?"

놀이치료과정

① 자신이 좋아하는 것이 무엇인지에 대해 생각해 본다.

② 다양한 범주에서 자신이 좋아하는 것들을 떠올려 보며, 워크시트지도 활용할 수 있음을 안내한다.

③ 8절지에 내가 좋아하는 것을 워크시트지에서 오려 붙이거나, 내가 원하는 것이 없다면 글이나 그림으로도 표현한다(사진 2).

"내가 좋아하는 것들로만 가득 모아 볼까요?"

"내가 정말 좋아하는 것에 대해 진지하게 고민해 본 적 있나요?"

④ 완성된 작품에 제목을 지어 준다(사진 3).

마무리

- [보기]-[갤러리]로 설정하여 작업과정에서의 느낀 점을 함께 나눠 본다.

  "시크릿 박스 안에 무엇이 들어 있는지 몰랐을 때 기분은 어땠나요? 궁금해서 답답했나요? 호기심에 설레었나요? 혹은 다른 감정을 느꼈나요?"

  "시크릿 박스를 열었을 때 어떤 기분이 들었나요?"

  "나와 비슷한 감정이나 기분을 느낀 사람이 있나요?"

- 자발적으로 돌아가며 한 명씩 작품을 소개하고 느낌을 나눠 본다(사진 4).

  "좋아하는 것들로 가득 찬 작품을 보았을 때 어떤 느낌이 들었나요?"

  "좋아하는 것을 매일 할 수 있다면 어떨 것 같나요?"

나가기

1. 가위바위보 ○○를 이겨라!(p. 120 참조)

5) 치료과정에서의 활용 Tip

- 시크릿 박스 안에는 집단원의 특성이나 연령에 따라 다양하게 넣을 수 있다.
- 시크릿 박스를 통해 설렘뿐 아니라 기다림과 인내심을 갖도록 유도하며, 잘 기다린 아동의 행동에 칭찬과 격려로 긍정적 행동을 강화한다.
- 화지의 크기를 부담스러워하는 집단원의 경우 변경하여 참여도는 높이고 부담감은 줄일 수 있다.
- 화지 대신 박스를 활용하여, 안과 밖을 좋아하는 것과 싫어하는 것으로 꾸며 좀 더 풍부하게 자기 표현의 기회를 제공할 수 있다.

6) 워크시트지

3 내 안에 소리

1) 놀이키트와 사용 예시

- 테이크아웃 컵과 뚜껑, 무빙 눈 스티커, 원형 EVA 테이프, 비즈, 양면테이프, 다양한 스티커, LED 진동볼

 ▶

2) 치료목표

- 청각을 통한 신체 행동 조절

3) 치료개요

- 마라카스를 만들어 흔드는 놀이를 하며 자기 신체 행동을 조절하는 경험을 한다.

4) 치료과정

들어가기

11. 소리 듣고 맞히기(p. 110 참조)

도입 및 워밍업

- 놀이키트 및 환경을 점검하고 서로 확인한다.
- 놀이치료자는 비즈 마라카스, LED 진동볼 마라카스, 스티커 마라카스 등 다양한 마라카스를 미리 만들어 준비한다.

- 놀이치료자는 미리 만든 다양한 마라카스의 소리를 들려준다. 이때 마라카스가 집단원의 화면에 보이지 않도록 흔든다.

    "집중해서 들어 보세요. 어떤 소리가 났나요?"

    "오늘의 놀이키트 중 어떤 재료를 넣고 흔드는 소리인지 알아맞혀 보세요."

놀이치료과정

① 놀이치료자는 놀이키트를 활용하여 마라카스 만들기를 진행한다.

② 테이크아웃 컵 안에 비즈와 LED 진동볼을 넣는다(사진 1).

③ ②의 내용물이 빠지지 않게 뚜껑을 닫고 EVA 테이프로 고정시킨다(사진 2).

④ 파츠, 무빙 눈 스티커, 다양한 모양의 스티커 등의 꾸미기 매체를 활용하여 테이크아웃 컵의 겉면을 꾸민다.

⑤ 완성된 마라카스를 함께 흔들어 본다(사진 3).

    "소리가 어떤가요. 각자 원하는 방법으로 자유롭게 흔들어 보세요."

⑥ 규칙에 맞게도 흔들어 본다. 이때 놀이치료자가 규칙을 제안할 수도 있지만 집단원이 제시할 수 있도록 촉진한다.

    "세게 흔들어 보세요." / "약하게 흔들어 보세요."

    "빨리 흔들어 보세요." / "느리게 흔들어 보세요."

    "오른쪽 세 번, 왼쪽 세 번 흔들어 보세요."

    "왼쪽 세 번, 오른쪽 세 번 흔들어 보세요."

⑥ 놀이치료자가 [소리 공유]로 적당한 리듬의 동요를 틀어 주고, 함께 연주한다(사진 4).

❶ 마라카스를 만들 거예요. 우선, 테이크아웃 컵에 비즈와 LED 진동볼을 넣어 주세요.

❷ 내용물이 빠지지 않게 뚜껑을 닫고 EVA 테이프로 고정시켜 주세요.

마무리

- 활동 후 느낀 감정을 이야기한다.

  "세게 흔들었을 때와 약하게 흔들었을 때 기분은 어땠나요?"

  "빨리 흔들었을 때와 느리게 흔들었을 때 기분은 어땠나요?"

  "두 가지 방법 중 어떤 게 더 편안하게 느껴졌나요?"

- [보기]-[갤러리]로 설정한 후 놀이치료자가 한 집단원을 지목하면 선택받은 집단원이 지금 기분이 어떠한지 다섯 글자로 이야기한 후, 다른 집단원을 호명하는 방법으로 모든 집단원이 감정을 나눌 수 있도록 한다.

나가기

8. 릴레이 스토리텔링(p. 127 참조)

5) 치료과정에서의 활용 Tip

- 워밍업에서 마라카스 소리 이외에 다양한 소리를 다운받아 맞히기 활동을 할 수 있다(새소리, 물소리 등).
- 자유로운 표현 후에 조절이 가능하므로 처음에 자유롭게 흔드는 활동을 충분히 할 수 있도록 한다.

4 데칼코마니

1) 놀이키트와 사용 예시
• 8절 도화지 2~3장, 털실, 가위, 물감, 색연필

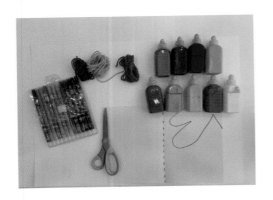 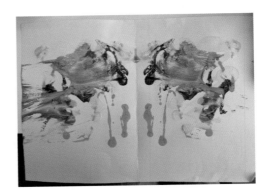

2) 치료목표
• 시각을 통한 신체 행동 조절

3) 치료개요
• 실그림 난화를 통해 자기 신체 행동을 조절한다.

4) 치료과정
들어가기
7. 부분 보고 전체 맞히기(p. 106 참조)

도입 및 워밍업
• [보기]-[갤러리]로 설정한 후 서로에게 인사하며 반가움을 표현한다.
• 놀이키트에서 털실을 꺼내 탐색하고 다양한 모양 만들기 놀이를 한다. 이때 처음에는 놀이
  치료자가 단순한 모양을 먼저 제시해 주는 것이 좋다(사진 1).
  "털실로 세모를 만들어 볼까요?"

"재미있는 모양을 만들어 보여 주세요."

"다른 모양을 만들 수 있는 사람 있나요?"

놀이치료과정

① 8절 도화지를 반으로 접은 후 펼치고, 종이의 반쪽에 털실을 원하는 모양으로 올려놓은 후 털실 위에 원하는 물감을 짠다. 털실을 도화지 위에 올려놓을 때 잡아당기는 털실 부분은 도화지 밖에 나오도록 한다(사진 2).

② 8절 도화지를 다시 반으로 접어 털실이 있는 부분을 손바닥으로 꾹꾹 누른 후 다른 손으로 도화지 밖으로 나와 있는 털실을 잡아당긴다.

③ ②를 펼친 후 나온 모양을 확인한다(사진 3).

"실을 뺀 후 종이를 다시 펼쳤을 때 어떤 이미지가 보이나요?"

"어떤 모습이 연상되나요?"

④ 놀이치료자는 집단원의 실그림 그리기가 익숙해졌다면 마음껏 해 보도록 안내한다.

"실을 살살 당겨 보고, 빠르게도 당겨 보세요."

"손바닥을 세게 두드려 보고, 약하게 두드려도 보세요."

⑤ 활동이 끝나면 마음에 드는 그림을 골라 집단원에게 소개하는 시간을 갖는다.

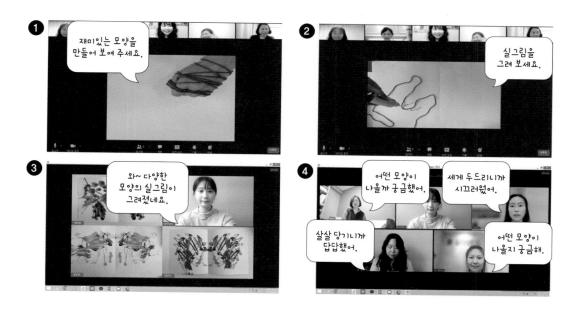

마무리

• [보기]–[갤러리]로 설정한 후 자발적으로 활동 과정을 나눈다(사진 4).

"다른 집단원의 작품 중 기억에 나는 작품이 있나요?"

"작업을 하면서 어떤 생각이나 느낌이 들었나요?"

나가기

'9. 다섯 글자로 말해요'를 응용한 세 글자 말하기(p. 128 참조)

5) 치료과정에서의 활용 Tip

• 물감을 사용하므로 책상이 오염될 수 있어 작업용 비닐을 동봉하여 책상에 미리 깔고 활동할 수 있도록 안내한다.

• 워밍업에서 털실 탐색 놀이를 할 때 털실을 50cm 정도 자른 후 양쪽 매듭으로 연결하면 손가락에 걸쳐 여러 모양을 쉽게 만들 수 있다.

5 신기한 약

1) 놀이키트와 사용 예시

• 다양한 맛과 모양의 젤리와 사탕, 색연필, 사인펜, 약 봉투, 실링기

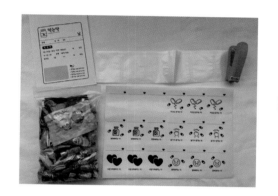 ▶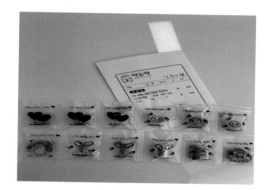

2) 치료목표

• 미각을 통한 신체 행동 조절

3) 치료개요

• 다양한 맛의 젤리와 사탕으로 신기한 약 만들기 놀이를 하며 신체 행동 조절을 경험한다.

4) 치료과정

들어가기

13. 다 함께 찍는 먹방(p. 112 참조)

도입 및 워밍업

• 놀이키트 및 환경을 점검하고 서로 확인한다.

• 놀이키트 중 다양한 젤리와 사탕을 꺼내 탐색한다.

　"어떤 맛을 좋아하나요?"

　"좋아하는 맛과 싫어하는 맛을 골라 보세요."

• 맛보고 싶은 것을 골라 입에 넣고 씹지 않고 천천히 음미한다.

"씹지 말고 혀로 굴려 보세요. 오른쪽 볼로 보내 보세요. 왼쪽 볼로 보내 보세요. 이 사이에 살짝 넣어 보세요."

놀이치료과정

① 워밍업 활동을 통해 느낀 감정을 나누는 시간을 갖는다. 이때 놀이치료자는 좋았던 것과 불편했던 것을 중심으로 이야기를 나누도록 안내한다(사진 1).

"씹지 않고 입 안에 넣고 있는 것은 어땠나요?"

"쉬웠나요? 어려웠나요?"

② 놀이치료자는 ①에서 조절과 관련된 어려움을 집단원과 충분히 나눌 수 있도록 한 후 워밍업에서의 조절 이외에 개인적으로 어려움을 겪고 있는 조절 관련 이슈를 확인한다.

(환경)

"집안에서 참기 어려운 것이 있나요?"

"학교에서 참기 어려운 것이 있나요?"

(관계)

"친구들 사이에서 참기 어려운 것이 있나요?"

"형제자매 사이에서 참기 어려운 것이 있나요?"

(과제 수행)

"숙제나 공부를 할 때 참기 어려운 것이 있나요?"

③ ②를 충분히 나누었다면 각자 자신에게 필요한 조절과 관련된 약을 처방한다(사진 2). 약봉투에 처방한 약의 이름을 적는다.

예) 공부할 때 먹는 약, 속상할 때 먹는 약, 외로울 때 먹는 약, 화날 때 먹는 약

④ 처방전에 맞게 다양한 맛의 젤리와 사탕을 이용하여 신기한 약을 만든다(사진 3).

⑤ 실링기로 약봉지를 밀봉한다.

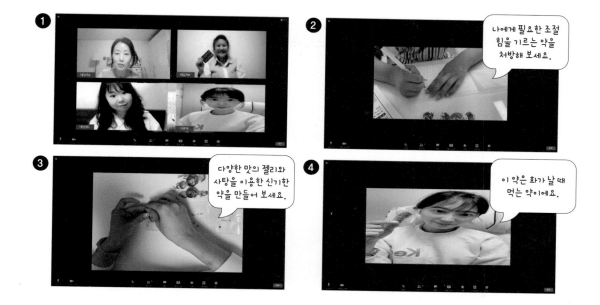

마무리

• 집단원은 처방한 약을 다른 집단원에게 소개하고 복용한다(사진 4).

"먹기 전과 후에 느낌이 어떻게 다른가요?"

"언제 먹으면 좋을까요?"

"자기의 약을 나눠 주고 싶은 사람이 있다면 누구일까요?"

나가기

3. 접어 게임(p. 122 참조)

5) 치료과정에서의 활용 Tip

• 키트 발송 전 실링기에 건전지를 넣어 작동되는지 미리 확인을 하고, 놀이치료자가 실링기 사용법에 대해 충분히 설명 후 사용한다.

• 집단원 구성이 나이가 어린 경우 실링기 대신 셀로판 테이프를 사용할 수 있다.

6 손으로 만나는 마음

1) 놀이키트와 사용 예시

• 검은색 8절지, 꾸미기 매체, 사인펜, 유성매직, 연필, 라텍스 장갑, 비닐장갑, 면장갑, 고무줄

 ▶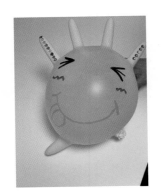

2) 치료목표

• 촉각을 통한 신체 행동 조절

3) 치료개요

• 다양한 장갑을 활용하여 촉감을 느껴 보고 자기 신체 행동을 조절한다.

4) 치료과정

들어가기

12. 공통점 찾기(p. 111 참조)

도입 및 워밍업

• 놀이키트 및 환경을 점검하고 서로 확인한다.
• 치료과정 전에 촉각을 깨우는 활동으로 손으로 하는 신체 마사지를 진행한다.
• 놀이치료자는 손의 온기를 사용해서, 신체를 마사지할 수 있도록 자세한 설명과 함께 시범

을 보인다.

"양손을 모으고 빠르게 비벼서 따뜻하게 합니다. 따뜻해진 손을 눈 위에 올려 줍니다. 다시 양손을 비벼 따뜻하게 하고 목을 문질러 줍니다. 오른손, 왼손 번갈아 가며 문질러 줍니다."

"오른손으로 왼쪽 어깨를 두드리고 팔을 아래로 쓰다듬어 줍니다. 반대로 왼손으로 오른쪽 어깨를 두드리고 팔을 아래로 쓰다듬어 줍니다."

"양손을 허리에 대고 위아래로 문질러 줍니다. 허벅지, 무릎도 돌려 가며 문질러 줍니다."

"이제 천천히 양손을 위로 기지개를 켜 봅니다. 숨을 깊게 들이쉰 다음 숨을 내쉬면서 팔을 내리세요."

놀이치료과정

① 놀이키트에서 면, 비닐, 라텍스 장갑의 촉감을 느껴 본다(사진 1).

"느낌(촉감)이 어떤가요?"

"장갑을 끼면 손에 어떤 느낌이 드나요?"

"그 느낌은 좋은 느낌인가요? 나쁜 느낌인가요?"

③ 다양한 장갑으로 촉감놀이를 충분히 진행한 후, 라텍스 장갑을 선택하여 풍선처럼 분다 (사진 2).

"라텍스 장갑을 불 수 있는 만큼 크게 불어 주세요."

④ 유성펜으로 자유롭게 라텍스 장갑을 꾸며 준다(사진 3).

⑤ 라텍스 장갑을 튕겨 바닥에 떨어뜨리지 않고 오래 유지하는 놀이를 한다. 이때 놀이치료자는 집단원이 화면 밖으로 나가지 않고 안전하게 즐길 수 있도록 놀이방법을 제시한다 (사진 4).

"풍선을 손으로 튕기며 모니터에 가장 오래 보이는 사람이 이깁니다."

마무리

• 놀이활동을 마치고 나누는 시간을 갖는다. 이때 놀이치료자는 기자가 되어 인터뷰를 한다.

"게임을 이긴 선수는 누구인가요?"

"어떻게 이길 수 있었나요?"

"다른 친구들의 의견도 들어 보겠습니다."

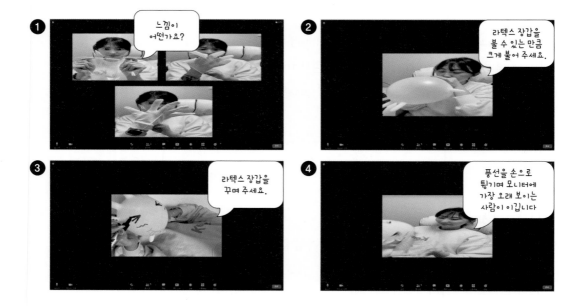

나가기

6. 텔레파시 게임(p. 125 참조)

5) 치료과정에서의 활용 Tip

- 라텍스 장갑을 묶기 어렵다면 고무줄로 묶어 준다.
- 라텍스 장갑은 찢어질 수 있어 여분을 2~3개씩 준비해 준다.
- 나이가 어릴 경우, 라텍스 장갑을 수업이 진행되기 전 보호자가 불어서 준비해 줄 수 있도록 사전에 안내를 한다.

7 데시벨을 넘겨라

1) 놀이키트와 사용 예시
- 워크시트지, 사인펜

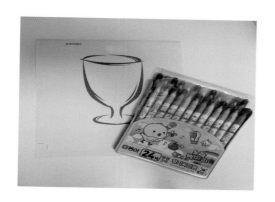
▶

2) 치료목표
- 오감 자극을 통한 신체 행동 조절

3) 치료개요
- 오감의 자극을 느껴 보고 감각에 따른 신체 행동 조절을 경험한다.

4) 치료과정
들어가기
5. 감정 단어 빙고 게임(p. 104 참조)

도입 및 위밍업
- 놀이키트 및 환경을 점검하고 서로 확인한다.
- 놀이치료자는 괘종시계 사진을 PPT로 만들어 [화면 공유]한다(사진 1).
- 집단원은 편안하게 자리에 앉은 상태에서 양손을 책상 또는 의자에 올려놓은 후 몸을 오른쪽, 왼쪽으로 기울여 괘종시계의 시계추처럼 움직여 본다.

- 놀이치료자는 미리 준비한 다양한 알람 소리를 준비해 소리의 세기에 따라 몸을 움직이는 활동을 한다.
- 놀이치료자는 소리를 작게, 크게 하면서 소리의 변화를 주고, 집단원이 소리에 따라 몸을 움직이는 것을 살펴본다(사진 2).

놀이치료과정

① 놀이치료자는 소음 측정(데시벨 측정) 어플을 이용한 데시벨 놀이를 진행한다.

   ※ 놀이치료 전에 휴대폰에 소음 측정(데시벨 측정) 어플을 설치해 둔다.

② 집단원이 돌아가면서 소리를 내어 가장 높은 데시벨을 낼 수 있는 사람을 뽑는다.

   "가장 높은 데시벨을 낼 수 있는 사람은 누구일까요?"

   "돌아가면서 도전해 보세요."

   "○○가 85데시벨로 우승했습니다."

③ 놀이치료자가 정해 준 데시벨 소리 내기 대결을 진행한다(사진 3).

   "77데시벨 소리 내기 대결을 하겠습니다. 다시 한번 가장 가깝게 소리 내는 것에 도전해 보세요."

   "77.8데시벨로 ○○이가 우승합니다."

   "아~ 아깝게 ○○이가 79데시벨로 준우승입니다."

④ 특정 데시벨로 책 읽기 놀이를 한다. 이때 놀이치료자는 간단한 글을 준비해 PPT로 만들어 화면을 공유하고, 특정 데시벨 구역을 정해 준다.

⑤ 집단원은 한 사람씩 돌아가며 모두가 잘 들을 수 있도록 한 문장씩 읽는다. 이때 모두가 데시벨 구역에서 소리를 내어 읽으면 성공한다(사진 4).

   "너무 크게 읽어도 데시벨을 넘어갑니다. 너무 작게 읽으면 데시벨이 떨어져요. 다 함께 정해진 데시벨에 도전해 보세요."

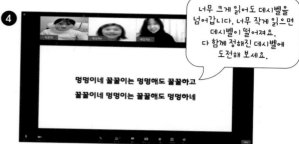

마무리

- 워크시트지를 활용하여 소음 주스를 만든다. 예를 들어, 초록색(조용해요), 빨간색(시끄러워요), 노란색(적당해요)과 같이 색깔을 정해 워크시트지에 칠해 준다.
- 각각의 색에 맞는 소리를 내야 할 상황에 대해 이야기 나눈다.

  "초록색으로 소리를 내야 할 때는 언제일까요? 빨간색으로 소리를 내야 할 때는, 노란색으로 소리는 내야 할 때는 언제일까요?"

  "나는 주로 어떤 색의 소리를 많이 내나요?"

- 오늘 활동에서 느낀 점을 자유롭게 나눈다.

나가기

1. 가위바위보 ○○를 이겨라!(p. 120 참조)

5) 치료과정에서의 활용 Tip

- 나이가 어린 아동의 경우 대형 괘종시계가 무엇인지, 어떻게 생겼는지 알지 못할 수 있으므로 놀이치료자가 미리 시각적 자료(괘종시계 사진)를 준비하여 화면 공유를 해 준다.
- 몸을 기울이며 '똑딱' 소리를 낼 때 동요 〈시계〉를 소리 공유하여 틀거나 놀이치료자 또는 집단원과 함께 부르며 속도를 점차 빠르게 할 수도 있다.

6) 워크시트지

나만의 데시벨 주스

8 감정피자 만들기

1) 놀이키트와 사용 예시
• 다양한 색상의 클레이

 ▶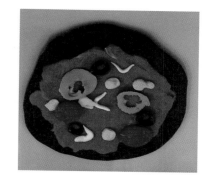

2) 치료목표
• 집단원의 정서적인 어휘 수준 및 감정 탐색

3) 치료개요
• 다양한 색상의 클레이를 활용하여 감정 단어와 색상을 연결시켜 보고 다양한 감정이 담긴 감정피자를 만든다.

4) 치료과정
들어가기
5. 감정 단어 빙고 게임(p. 104 참조)

도입 및 워밍업
• 놀이키트 및 환경을 점검하고 서로 확인한다.
• 지난 회기에 대한 회고와 한 주 동안의 감정을 나눈 후 오늘 활동에 대해 안내한다.
• 다양한 색상 클레이와 감정 단어를 연결시키는 놀이를 진행한다. 놀이 방법은 놀이치료자가 색깔 클레이를 보여 주면 집단원이 떠오르는 감정을 채팅창에 올린다(사진 1).

"○○색 클레이를 보면 어떤 감정 단어가 떠오르나요?"

• 집단원이 적어도 다섯 가지의 감정 단어와 색상을 연결시킬 수 있도록 놀이를 진행한다.

놀이치료과정

① 워밍업에서 각자 감정 단어와 연결시킨 색깔 클레이로 감정피자를 만든다. 먼저, 클레이를 색깔별로 구분하여 감정의 이름을 붙여 본다(사진 2).

② 클레이로 자유롭게 감정피자를 만든다(사진 3).

③ 완성된 감정피자를 살펴보는 시간을 갖는다(사진 4).

　"자신의 피자에서 어떤 감정의 클레이가 가장 많이 사용되었나요?"

　"자신의 피자에서 가장 적게 사용된 클레이 색상은 무엇인가요?"

　"내가 만든 감정피자의 감정 중 어떤 감정을 친구들과 나누고 싶나요?"

④ ③에 대해 집단원과 나누는 시간을 갖는다. 이때 화면은 [보기]-[갤러리]로 설정한 후 자유롭게 이야기하고 싶은 사람은 손을 들고 이야기를 나누도록 한다.

마무리

- 이야기 나누기를 마치고 다른 친구들은 어떤 방식으로 감정을 표현했는지 관찰할 수 있도록 도와준다.

  "다른 친구들은 감정들을 어떻게 표현했나요?"

  "나와 다른 부분은 어디가 있나요?"

나가기

11. 기합 장풍 쏘기(p. 130 참조)

5) 치료과정에서의 활용 Tip

- 나이가 어린 아동의 경우 자신이 연결시킨 색상과 감정 단어를 기억하지 못할 수 있다. 이때 놀이치료자는 "파란색을 슬픔이라고 네가 정했지, 네가 슬픈 만큼 클레이로 표현해 보도록 하자."라고 이야기해 준다.
- 이 놀이는 예전에 경험한 감정보다 지금 아동이 느끼고 있는 감정 상태가 어떠한지를 다루는 것이 중요하다.

9 마음, 몸 가자

1) 놀이키트와 사용 예시

• 다양한 색습자지, 테이프, 가위

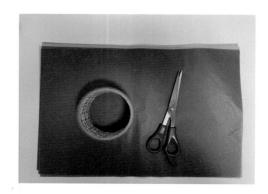 ▶

2) 치료목표

• 내면의 감정과 신체적 감정 일치시키기

3) 치료개요

• 색습자지 찢기 놀이를 통해 동일한 감정의 다양한 강도를 인식하고 다룰 수 있도록 돕는다.

4) 치료과정

들어가기

'2. 릴레이 하나, 둘, 셋'을 응용한 표정 릴레이 하나, 둘, 셋(p. 101 참조)

도입 및 워밍업

• 놀이키트 및 환경을 점검하고 서로 확인한다.

• 지난 회기에 대한 회고와 한 주 동안의 감정을 나눈 후 오늘 활동에 대해 안내한다.

• 놀이치료자가 감정을 나타내는 얼굴 표정을 짓고 집단원이 맞히는 놀이를 한다.

• 놀이치료자는 얼굴 표정 맞히기 문제를 낼 때 놀이키트에 있는 색습자지를 얼굴 가림막으

로 사용한다(사진 1).

"자~ 하나, 둘, 셋과 동시에 색습자지를 내리면 어떤 표정인지 맞혀 보세요."

• 화면을 [보기]−[갤러리]로 설정하고 다 함께 얼굴 표정을 만들어 보는 시간을 갖는다. 이번에는 집단원이 색습자지로 얼굴을 가리고 놀이치료자가 '하나, 둘, 셋' 하면 동시에 색습자지를 내리고 지령에 맞는 얼굴 표정을 지어 본다.

"하나, 둘, 셋 하면 동시에 겁에 질린 표정을 지어 보세요."

놀이치료과정

① 놀이치료자가 다양한 장르의 음악을 편집해서 집단원에게 들려준다. 한 곡씩 듣고 느껴지는 주된 감정에 이름을 붙인다. 그런 다음 색습자지를 보여 준다.

"많은 감정을 말하지 않고도 전달될 수 있도록 하는 것이 음악이에요."

"자~ 지금 들리는 음악을 주의 깊게 들어 보세요."

② 음악에서 느낀 주된 감정을 색습자지 찢기로 표현한다. 이때 같은 음악을 듣고 각자 다른 느낌을 느낄 수 있다. 아동에게 각각의 음악이 어떤 느낌을 주는지 선택할 수 있도록 지지해 준다.

"음악을 듣고 각자 느껴지는 감정을 종이 찢기로 표현해 보세요."

③ 집단원이 ②의 활동을 통해 소리와 감정을 적절하게 연결하는 행동을 잘 익혔다면 놀이치료자가 난이도를 높여 감정을 조절하는 놀이를 진행한다.

④ 놀이치료자가 음악을 들려주고 그 음악에 맞는 감정 단어를 제시한다. 제시한 음악과 감정 단어가 분노라면 이때 집단원은 색습자지를 천천히 찢거나 구겨진 색습자지를 쓸어서 펼치는 등 감정을 달래는 행동을 한다. 우울함을 나타내는 음악과 감정 단어라면 활기차게 색습자지를 찢어 정서를 조절해 본다(사진 2).

⑤ 정서조절과 다양한 감정의 강도를 간접적으로 체험하였다면, 주변에 남은 색습자지를 모아 공처럼 동그랗게 뭉친다(사진 3).

"책상 주변에 떨어진 종이를 모두 모아서 공처럼 동그랗게 뭉쳐 보세요."

⑥ ⑤를 박스테이프로 돌돌 말아서 고정시켜 준다.

⑦ 완성된 공을 가지고 공 던지기 놀이를 한다. 놀이치료자가 먼저 공을 던지는 것처럼 카메라 앞으로 공을 가까이 가져와서 한 사람의 이름을 부른다. 이름이 불린 집단원은 마치 날아온 공을 잡는 것처럼 살짝 던졌다 받는다. 같은 활동을 반복한다(사진 4).

⑧ 놀이치료자가 '그만'이라고 외칠 때까지 공놀이를 한다.

마무리

• [보기]—[갤러리]로 설정한 후 자발적으로 활동 과정을 나눈다. 이야기 나누는 순서는 공놀이할 때 공을 마지막까지 가지고 있던 사람부터 진행한다.

나가기

1. 가위바위보 ○○를 이겨라!(p. 120 참조)

5) 치료과정에서의 활용 Tip

• 공놀이 시 동작을 최대한 과장되게 표현한다.
• 놀이치료자는 다양한 장르의 음악을 편집할 때 행복과 슬픔, 분노, 두려움 등 주된 감정들이 꼭 표현되도록 한다.

10 분노의 와이파이

1) 놀이키트와 사용 예시
• 워크시트지, 유성매직, OHP 필름, 검은색지, 가위

2) 치료목표
• 행동과 감정을 연결
• 분노 조절의 주도권 갖기

3) 치료개요
• 자신의 분노가 감지되는 상황을 나열해 보고 워크시트지를 활용하여 분노의 상황을 인식하고 조절해 보는 놀이를 한다.

4) 치료과정
들어가기
'8. 오늘의 감정은 무슨 색일까?'를 응용한 분노의 감정은 무슨 색일까요(p. 107 참조)

도입 및 위밍업
• 놀이치료자는 화면에 보블헤드 인형을 흔들어 보이며 인사를 나눈 후, 보블헤드 인형과 오늘의 주제를 연결해 이야기한다.

"선생님은 종종 이 보블헤드 인형처럼 느낄 때가 있어요. 흥분하거나 화가 나거나 할 때 선생님의 마음속은 너무 어지러워서 이 보블헤드 인형의 머리처럼 흔들거려요."

- 집단원도 보블헤드처럼 머리가 흔들리는 느낌이 든 적이 있는지, 있었다면 어떤 경험이었는지 나누는 시간을 갖는다(사진 1).

"보블헤드처럼 통제할 수 없을 정도의 분노를 느껴 본 적이 있나요?"

"때로는 내 온몸에 분노의 감정에서 잡히는 와이파이가 있어요."

"분노의 와이파이는 어떤 때는 약하게 잡히고 어떤 때는 세게 잡힐 때가 있어요. 그러다 와이파이가 끊길 때도 있어요. 약하게 잡힐 때는 단지 짜증 정도인데, 세게 잡힐 때는 엄청나게 화가 나게 해요. 그러다 와이파이가 끊기면 잠잠해지기도 해요."

놀이치료과정

① OHP 필름에 분노의 감정을 잡아내는 와이파이 그리기 활동을 한다. 놀이치료자는 두 개의 카메라 중 시연 카메라로 화면을 전환하고 OHP 필름에 와이파이 모양을 그리는 방법을 설명한다.

② 집단원이 OHP 필름에 와이파이 모양을 그리는 동안 놀이치료자는 [보기]−[갤러리]로 설정한 후 집단원이 잘 그리고 있는지, 어려워하는 아동은 없는지, 전체 상황을 살핀다(사진 2).

"선생님처럼 여러분도 OHP 필름에 와이파이를 그려 주세요."

③ 와이파이 모양의 맨 아래 작은 점부터 점점 확산되는 순서로 각 칸에 우리를 화나게 하는 상황을 적거나 그림으로 그린다.

"힘들거나 속상하거나 화나게 하는 상황을 순위를 매겨서 적어 주세요."

"가장 잘 터지는 분노의 와이파이는 무엇인가요?"

④ 워크시트지의 손전등을 색연필로 꾸민 후 가위로 오려 준다(사진 3).

⑤ 손전등을 OHP 필름 사이에 넣고 이리저리 움직여 준다. 이때 손전등이 움직일 때 비치는 분노를 인지하고 그 분노 상황에서 어떻게 반응할 것인지 이야기를 나누는 시간을 갖는다(사진 4).

"너를 짜증 나게 하는 분노의 와이파이는 무엇이니?"

"짜증의 와이파이가 잡히면 보통 어떻게 반응하니? 사람들이 너의 분노 와이파이에 대해 알고 있니?"

"다른 사람들 앞에서는 와이파이가 잘 잡히는 편이니, 아니면 잘 안 잡히니?"

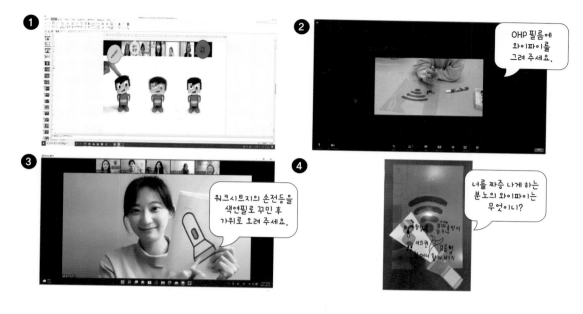

마무리

• 오늘 활동에 대해 이야기 나누는 시간을 갖는다.

나가기

1. 가위바위보 ○○를 이겨라!(p. 120 참조)

5) 치료과정에서의 활용 Tip

• 분노조절이 어려운 아동의 대부분은 감정을 인식하기 전에 행동으로 표현하게 된다. 이 활동은 감정과 행동 간의 연결고리에 대한 집단원의 인식을 증진시키는 활동으로서, 분노 조절 기술을 구축하기 전에 우선되어야 하는 과정이다.

6) 워크시트지

11 뿌셔뿌셔

1) 놀이키트와 사용 예시

- 워크시트지, 다양한 색깔의 사탕, 목봉 혹은 고무망치, 지퍼백(사탕 색깔 수만큼), 손코팅지, 테이블보

 ▶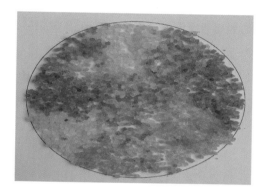

2) 치료목표

- 내면의 감정과 신체적 감정 일치시키기
- 감정 단어 확장

3) 치료개요

- 사탕의 맛과 색에 따라 어떤 감정인지 정하고, 사탕을 부숴 만다라를 만들면서 다양한 감정을 동시에 가질 수 있다는 것을 알아 가는 시간을 갖는다.

4) 치료과정

들어가기

9. 초성 게임(p. 108 참조)

도입 및 워밍업

- 지난 회기에 대한 회고와 한 주 동안의 감정을 나눈 후 오늘 활동에 대해 안내한다.

• 놀이키트의 사탕 꾸러미에서 원하는 맛의 사탕을 골라 각자 원하는 방식으로 사탕을 맛본다.

"자신이 좋아하는 맛의 사탕을 하나 골라 천천히 녹여서 먹어도 좋고, 깨물어 먹어도 좋아요."

놀이치료과정

① 사탕 껍질을 까서 색깔별로 분류하여 지퍼백에 담는다(사진 1).

"사탕 껍질을 까서 빨간색 사탕은 빨간색 사탕끼리, 노란색 사탕은 노란색 사탕끼리 지퍼백에 분류해서 담아 보세요."

② 지퍼백에 색깔별로 담긴 사탕을 보면서 그 사탕에 적절한 감정 단어를 붙여 본다.

③ 놀이키트에 있는 비닐 테이블보를 책상 위에 두툼하게 깔고 사탕이 든 지퍼백을 내려놓고 목봉이나 고무망치를 이용하여 잘게 부순다(사진 2).

④ 사탕을 다 부순 집단원은 워크시트지의 만다라 도안을 준비한다. 잘게 부순 사탕가루를 이용하여 만다라를 꾸민다(사진 3).

⑤ 만다라가 완성되면 사탕가루가 떨어지지 않도록 손 코팅지를 붙여 준다. 손 코팅지는 한쪽 면에 있는 비닐을 벗겨 끈적이는 면을 만다라에 붙이면 된다.

⑥ 완성된 만다라의 제목을 적어 본다(사진 4).

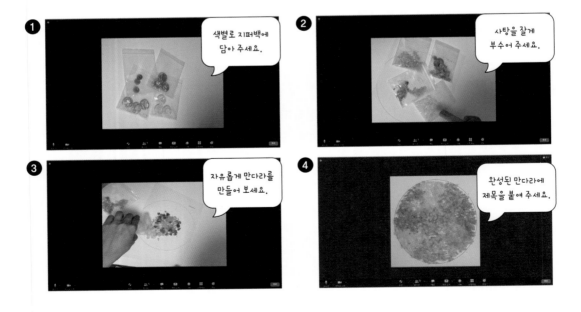

마무리

- 오늘 활동에 대해 이야기 나누는 시간을 갖는다.

나가기

1. 가위바위보 ○○를 이겨라!(p. 120 참조)

5) 치료과정에서의 활용 Tip

- 워크시트지를 보낼 때 다양한 모양의 워크시트지를 보내 마음에 드는 모양을 골라 꾸미도록 할 수 있다.
- 사탕을 부술 때 지퍼백이 잘 잠겼는지 확인하고 주변에 사탕가루가 튀지 않도록 주의를 준다.

6) 워크시트지

12 달콤한 선물

1) 놀이키트와 사용 예시

• 사탕 · 캐러멜 · 초콜릿 · 젤리 등의 간식, 색종이, 가위, 풀, 색연필, 사인펜, 워크시트지

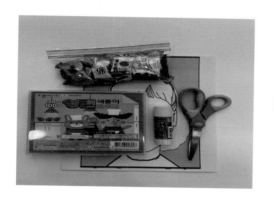 ▶

2) 치료목표

• 타인에 대한 이해와 자기조절

3) 치료개요

• 짝을 정하여 이야기 나눔을 진행하고, 이야기를 통해 알게 된 내용과 감정을 상대방에게 전달한다.

4) 치료과정

들어가기

3. 돼지 다리, 새 다리(p. 102 참조)

도입 및 워밍업

• 놀이치료자는 [화면 공유]로 다양한 착시 그림을 집단원에게 보여 주고 가장 먼저 보이는 것에 대해 이야기하도록 한다(사진 1).

"이 그림에 무엇이 보이나요?"

"같은 그림인데 나와 타인이 다르게 보았을 때 느낌은 어땠나요?"

• 놀이치료자는 소회의실을 열어 무작위로 짝을 정해 주고, 제시된 주제에 따라 공통점과 다른 점을 찾도록 한다. 예) 좋아하는 게임, 색깔, 연예인 등

놀이치료과정

① 워크시트지에 도입 및 워밍업에서 이야기 나누었던 짝의 얼굴과 나의 얼굴을 꾸며 준다(사진 2).

② ①번에서 꾸민 얼굴 위에 색종이로 입 모양을 접어서 입체가 되도록 붙인다(사진 3).

③ 짝의 이야기를 듣고 알게 된 내용을 색종이에 적어 ②번에서 만든 나의 입 모양 안에 간식과 함께 넣어 준다.

④ 짝에게 필요하다고 생각되거나 선물하고 싶은 것을 색종이에 적어 ②번에서 만든 짝의 입모양 안에 간식과 함께 넣어 준다(사진 4).

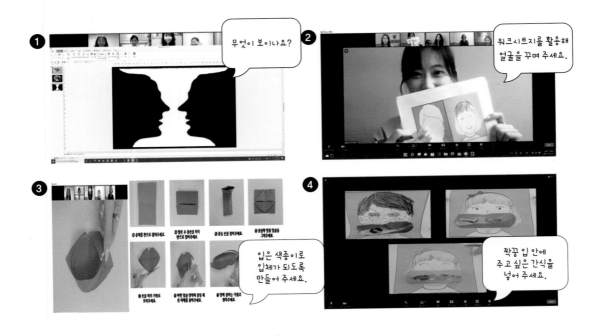

마무리

- 서로의 작품을 보며 순서대로 이야기를 나눈다.
- 순서가 된 집단원은 짝의 이야기를 듣고 알게 된 내용과 짝에게 주고 싶은 것에 대해 이야 기한다.

  "짝과 이야기를 나눈 후, 알게 된 내용은 어떤 것이 있나요?"

  "짝에게 주고 싶은 것과 그 의미는 무엇인가요?"

  "짝에게 선물의 의미를 듣고 난 후의 느낌은 어떤가요?"

나가기

17. 내가 엔딩 요정(p. 136 참조)

5) 치료과정에서의 활용 Tip

- 포털 사이트에 착시 그림을 검색하면 다양한 이미지를 얻을 수 있다.
- 제공된 놀이키트 안에 간식은 서로에게 주고 싶은 마음을 선물하는 의미가 담겨 있음을 알 려 먼저 먹지 않도록 안내한다.
- 상호작용과 의사소통이 목적이기 때문에 마무리 시간 발표는 자신과 이야기를 나누었던 짝에게 직접 말하도록 진행할 수 있다.

6) 워크시트지

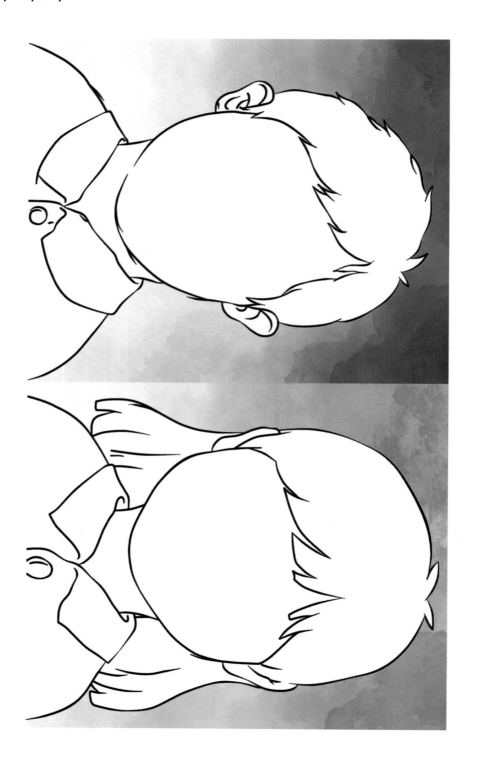

13 희망 바람

1) 놀이키트와 사용 예시

- 풍선, 유성매직, 테이프

2) 치료목표

- 풍선을 통한 신체 조절과 집단원 간의 격려와 지지 경험

3) 치료개요

- 풍선을 활용하여 신체 조절을 경험하고 서로에 대한 긍정적인 바람을 이야기하며 격려한다.

4) 치료과정

들어가기

12. 공통점 찾기(p. 111 참조)

도입 및 워밍업

- 놀이치료자가 말하는 바람 세기에 따라 집단원은 몸을 움직여 본다(사진 1).

  "선선하고 시원한 바람이 불어옵니다."

  "찝찝하고 습한 더운 바람이 불어옵니다."

"강한 태풍이 불어옵니다."

놀이치료과정

① 놀이치료자의 안내에 따라 집단원은 눈을 감고 상상 놀이를 한다(사진 2).

"지금부터 우리는 커다란 풍선에 모두가 잘되길 바라는 마음을 담아 세상에 띄워 보낸다고 상상합니다."

"머릿속으로 상상한 풍선을 들어 올려 봅니다. 다 함께 손을 내밀어 풍선을 들어 보세요."

"풍선은 어떤 모양인가요? 풍선의 색은 어떤 색인가요? 눈을 감고 풍선의 모양과 색을 구체적으로 떠올려 주세요."

"이제 차례로 우리의 희망 바람을 풍선에 담아 볼 거예요. 여기 함께한 친구 중에서 먼저 생각나는 친구가 있다면, 그 친구가 잘되길 바라는 희망 바람을 풍선에 담는 상상을 해 보세요."(○○이가 항상 건강했으면 좋겠어요.)

"한 명씩 풍선에 담을 때마다 풍선이 무거워질 거예요."

"마지막으로 나의 바람을 담아 보세요. 나는 어떤 사람이 되고 싶나요?"

"이제 풍선을 하늘 높이 날릴 거예요. 하나, 둘, 셋! 풍선에게 작별 인사를 해 보세요. 그리고 저 풍선이 우리의 바람을 담아 지구의 모든 친구에게 간다고 상상해 보세요."

"자, 이제 눈을 뜨세요."

② 놀이치료자는 순서대로 한 명씩 [모두에게 추천]으로 비추어 주고, 다른 집단원은 지목된 친구의 풍선에 써 넣을 긍정적인 메시지를 채팅창에 적는다.

③ 놀이키트에 준비된 풍선을 불어 묶은 후, 매직을 사용하여 친구들에게 받은 희망 바람들을 풍선에 적고 꾸며 준다(사진 3).

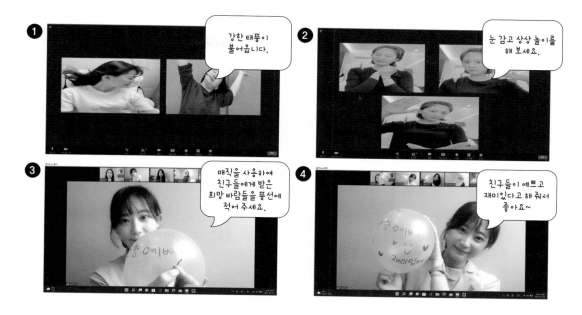

마무리

- 화면에 자신의 풍선을 비춰 어떤 바람을 받았는지 공유하고, '희망 바람'을 받았을 때 느낀 점을 나눈다(사진 4).

나가기

5. 칭찬 샤워(p. 124 참조)

5) 치료과정에서의 활용 Tip

- 나이가 어린 아동의 경우 풍선을 불거나 묶는 데 어려움이 있을 수 있으므로 종이 재질의 그리기 풍선을 대신 사용할 수 있다. 포털 사이트에 '그리기 풍선'을 검색하면 다양한 풍선을 찾을 수 있다.

14 나의 매직 케이크

1) 놀이키트와 사용 예시

- 플레이콘 케이크 만들기 세트(플레이콘, 물판, 나이프, 원형 및 과일 도안), 종이, 연필, 간식, 물티슈

▶

2) 치료목표

- 나만의 조절 기술에 대해 정리하기
- 서로에 대한 희망을 나누며 활동 마무리

3) 치료개요

- 나만의 조절 방법을 적을 종이를 케이크 상자에 넣고 집단원과 함께 서로에 대한 희망을 나누며 마무리한다.

4) 치료과정

들어가기

20. 추억 소환(p. 119 참조)

도입 및 워밍업

- 놀이키트의 매체를 탐색하고 오늘의 활동에 대해 나눈다(사진 1).

  "놀이키트에 어떤 것이 들어 있나요?"

"어떤 것이 가장 마음에 드나요? 마음에 드는 순으로 나열해 보세요."

놀이치료과정

① 우리가 그동안 진행한 신체조절 활동, 감정조절 활동, 상호작용 활동 등을 회상해 본다.

"우리가 진행한 프로그램 중 기억에 남는 프로그램은 어떤 것이 있나요?"

"그 프로그램이 나의 어떤 부분을 조절하는 데 도움이 되었나요?"

② 함께 나눈 이야기 중 나에게 맞는 다양한 조절 방법을 종이에 하나씩 적어 접는다(사진 2).

"나에게는 어떤 조절 방법이 잘 맞았나요?"

"평소 사용해 본 조절 방법이 있나요?"

③ 조절 방법을 적은 종이를 담을 케이크 상자를 만든다(사진 3).

④ 놀이키트에 동봉된 인쇄 그림 중 큰 동그라미와 작은 동그라미를 뜯고, 큰 동그라미 중앙에 작은 동그라미를 놓고 펜으로 따라 그린다.

⑤ 큰 동그라미 외형을 따라 플레이콘을 약 3단 정도 붙여 케이크 하단을 만든다.

⑥ 따라 그린 작은 동그라미 테두리를 따라 플레이콘을 약 3단 정도 붙여 상단 케이크를 만든다.

⑦ 작은 동그라미에는 초를 만들어 붙여 준다. 초는 긴 플레이콘을 자르고 빨간색 플레이콘을 끝에 붙여서 만든다. 이때 초는 손잡이 역할을 하므로 단단하게 붙이는 것이 좋다.

⑧ 완성한 케이크 상단에 조절 방법을 적은 종이를 넣고, 인쇄 그림 중 과일과 초콜릿을 뜯어 케이크를 꾸며 완성한다(사진 4).

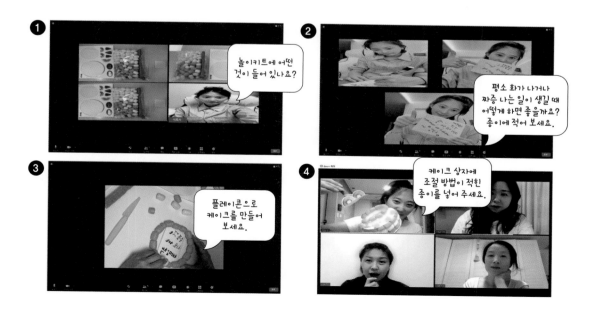

마무리

- 놀이키트에 제공된 간식을 먹으며 종결 파티를 한다.
- [추천 비디오]로 설정하여 순서대로 자신만의 조절 기술을 나누고, 14회기 동안 느낀 점을 다섯 글자로 이야기한다.

  "활동하며 느낀 점은 무엇인가요?"

  "친구들에게 마지막으로 하고 싶은 말은 무엇인가요?"

- 놀이치료자는 프로그램이 끝난 후, 조절이 어려울 때마다 뽑기를 하듯이 조절 방법을 하나 씩 뽑아 실천해 볼 것을 권유한다.

나가기

14. 미션 클리어(p. 133 참조)

5) 치료과정에서의 활용 Tip

- 놀이키트에 준비된 간식은 미리 먹지 못하게 안내한다.
- 조절 기술에 대해 말하는 것이 힘든 집단원의 경우는 놀이치료자가 먼저 다양한 방법을 제 안해 준다.
- 플레이콘 케이크 만들기 세트는 인터넷 검색창에 '플레이콘 케이크 만들기 세트'를 검색하 여 구매할 수 있으며, 만드는 방법도 동영상으로 안내되어 있다.

제5장 아동을 위한 또래관계 향상 프로그램

1. 아동기의 또래관계

아동기는 관계 경험이 확장되는 시기이다. 아동은 가족의 울타리 안에서 보호받다가 학교라는 사회를 접하면서 본격적인 또래관계를 형성하게 된다. 이 시기에는 자신의 감정통제가 어느 정도 가능하며 자아개념을 형성하여 또래와의 의견 대립이나 갈등을 경험하고 화해하는 과정을 거치면서 성숙한 사회적 관계를 배워 나간다.

아동의 사회적 관계 발달은 가족과 또래관계에 의해 형성되는데, 가족관계는 생애 발달적 관점에서 볼 때 특히 인생 초기에 주 양육자와 경험한 관계의 질이 결정적 영향을 미친다. 즉, 주 양육자와의 애착 발달이 향후 또래관계에 직접적인 영향을 미치게 되는 것이다.

또래관계는 애착과 유사한 형태를 보인다. 애착은 부모와 자녀 관계의 기초가 되며 생애 초기부터 형성되어 전 생애 동안 타인과의 관계 형성 과정에 기본이 되고 이후 또래와의 관계에 유사하게 연장된다. Bowlby(1973)의 애착 이론에 의하면 영아기 때 양육자와의 민감하고 수용적인 관계는 신뢰감을 형성한다. 이러한 신뢰감은 타인들이 자신을 수용해 주고 지지해 줄 것이라는 기대감을 포함하는 내적 작동모델을 발달시켜 원만한 또래관계를 만들 수 있다.

또래관계란 나이나 성숙수준이 비슷한 아동이 집단적인 성격을 가지고 상호작용하는 관계를 말한다. 학령기 아동은 가족 집단의 수직적이고 사적인 관계에서 또래라는 공적이고 수평적인 관계로 영역이 확장되는 시기이다. 이 시기에 아동은 또래라는 집단 속에서 애정, 관심, 흥미 및 정보를 공유할 뿐 아니라 타인과 접촉을 유지하는 이원적이며 독특한 애착관계로 발달한다. 아동기의 또래관계는 그들이 사회정서적 발달에 필요한 사회적 기술을 익히는 데 영향을 준다(김소연, 2014; 홍민숙, 2007).

이 시기에 또래 집단이 형성되지 않으면 적응상의 어려움을 겪으며, 이로 인한 다양한 심리적 문제는 시간이 지나도 지속되어 발달에 부정적인 영향을 준다. 특히 또래관계 문제로 일어나는 사회적 고립은 우울, 불안과 같은 정서적인 문제뿐만 아니라 공격성, 반사회성과 같은 행동문제의 원인이 되기도 한다. 최근 상담을 의뢰하는 아동의 경우 다양한 부적응의 문제로 내원하나 원인은 또래관계 문제인 경우가 많고, 예전보다 또래관계 문제를 고민하는 내담자가 점차 늘어나고 있으며, 사회성 발달을 위한 집단치료에 대한 문의가 꾸준히 증가하고 있다.

특히 요즘과 같은 비대면 시대에는 또래관계를 형성하고 발달시키기 어려운 환경이 되었다. 또래관계 형성이 되지 않는 아동은 스마트기기를 이용하여 게임, 유튜브, SNS 등을 통해 대리적 경험을 하며 외로움이나 소외감을 달래고 있지만 이러한 현상은 또래관계 문제를 해결하지 못할뿐더러 중독이라는 또 다른 부적응적 결과를 초래한다. 관계의 문제는 사람과 사람 간의 접촉으로 해결할 수 있으며, 요즘과 같은 비대면 상황에서는 더욱 전문적인 접근이 필요하다. 따라서 이미 익숙한 컴퓨터나 스마트기기 등을 사용하여 또래관계를 형성할 수 있는 비대면 집단 프로그램을 제안하고자 한다. 비대면 프로그램은 집이나 학교와 같이 익숙한 공간에서 진행되기 때문에 안정감을 확보할 수 있으며, 화면이라는 공간에만 존재하는 대상이기 때문에 위협적으로 느끼지 않고 편하게 상호작용을 연습할 수 있다. 본 프로그램은 오감 영역을 사용하여 감각과 감정을 연결하고, 표현을 촉진하여 상호작용할 수 있도록 구성한 것이 특징이다.

2. 아동기 비대면 또래관계 향상 프로그램

　본 프로그램은 들어가기 활동으로 시작하여 도입 및 워밍업, 치료과정, 마무리로 나누어지며, 나가기 활동으로 회기를 종료한다. 도입 및 워밍업 과정에서는 워크시트지를 사용하여 아동의 감정, 욕구, 기대 등을 탐색하고, 치료과정에서는 탐색한 요소를 표현하는 활동을 하며, 마무리 과정에서는 표현된 활동을 언어화하여 상호작용할 수 있도록 하였다.

단계	회차	치료목표	치료개요
마음 열기 : 치료관계 형성단계	1. 말랑, 폭신 내 마음	라포 형성, 긴장감 완화	천사점토로 자기 신체를 표현하여 긴장 이완하기
	2. 낙서 안에 속마음	안정감 형성	난화로 자유로운 그림 경험 함께 나누기
마음 터치 : 접촉 및 알아차림 단계	3. 손에서 마음으로	자기와 접촉	물감과 풀을 사용하여 자기 감정 접촉 하기
	4. 소중한 나의 공간	자기와 환경 알아차림	종이로 집 꾸미기를 통한 안전한 공간과 환경 접촉하기
	5. 달콤한 나, 새콤한 너	자기와 신체 알아차림	간식을 사용한 인형 만들기로 투사된 나 알아차리기
마음 나래 펴기 : 감정표현단계	6. 꿈 이야기 베틀	자기와 타인의 감정 알아차림	드림캐처를 활용하여 무서운 꿈에 대한 부정적 감정 표현하기
	7. 즐거운 파티	자기감정 표현하기	클레이로 음식 만들기를 통한 다양한 감 정표현
	8. 나는야 디자이너	타인 감정 수용하기	앞치마 채색을 통한 타인의 감정 인식하기
마음 쑥쑥 : 자기양육단계	9. 스트레스!! 부숴 버려~	부정적인 감정 알아차리고 수용하기	우드락 부수기를 활용한 스트레스 해소 와 대처 기술 알아차리기
	10. 색으로 만나는 우리	나와 타인 관계 인식하기	캔버스 꾸미기를 이용한 나와 타인의 공 동체 인식하기
	11. 함께 꾸미는 이야기	상황 속에서 관계 촉진하기	내가 만든 퍼펫 인형을 활용한 상황극 하기
마음 더하기 : 또래관계 형성단계	12. 마음 담은 오르골	공동체에서 의사소통	듣기 좋은 말, 싫은 말을 통한 상호작용 연습
	13. 함께 모여 한걸음	관계 연결하기	등 만들기를 통한 공동체의 지지 인식하기
	14. 서로에게 주는 메달	관계 다지기	서로의 장점을 피드백하여 메달 수여

말랑, 폭신 내 마음

1) 놀이키트와 사용 예시

- 워크시트지, 천사점토 20g 이상, 사인펜, 물감, 클레이

 ▶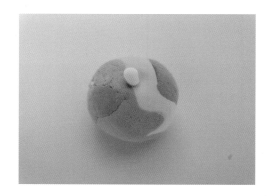

2) 치료목표

- 긴장 이완 및 안정감 갖기

3) 치료개요

- 천사점토와 워크시트지를 활용하여 자기 신체를 표현하는 과정을 통해 치료자 및 집단원과 안정적인 치료적 관계를 형성한다.

4) 치료과정

들어가기

14. 사진으로 나를 소개해요(p. 113 참조)

도입 및 워밍업

- 비밀보장과 법적, 윤리적 위반사항에 관련된 동의서를 읽고 동의 후 진행한다.
- 재료 및 환경을 점검하고 서로 확인한다.
- 놀이치료자는 [보기]−[갤러리]로 설정하고, [호스트 비디오 순서 따르기]를 선택하여 집단

원이 같은 화면을 볼 수 있도록 하며, 집단원에게도 [보기]-[갤러리]로 설정하도록 안내한다. 집단원과 함께 순서를 정하는 것을 연습하고, 발표 시 활용할 것이라고 이야기해 준다.

- 놀이치료자는 음악을 사용하여 분위기를 편안하게 만든다. 음악은 [화면 공유]-[고급]-[컴퓨터 소리만 공유]를 선택하여 공유한다.
- 집단원은 워크시트지를 보면서 머리, 몸, 팔, 다리 등을 채색 도구를 활용하여 색을 칠하고 말풍선에 떠오르는 단어를 적어 준다(사진 1).

  "나의 머리, 다리, 팔은 무슨 색으로 표현할까요?"

  "그렇게 표현한 이유는 무엇일까요?"

  "나와 같은 색으로 표현한 친구는 누구일까요?"

- 집단원이 워크시트지를 통해 자신의 신체에 대한 탐색이 끝나면, 놀이치료자는 [모두에게 추천]을 통해 한 사람을 지목하여 발표하도록 하며 모두 다 경험할 수 있도록 한다(사진 2).

놀이치료과정

① 놀이치료자는 집단원에게 천사점토를 탐색하면서 느껴지는 감각을 말할 수 있도록 한다.

  "천사점토의 색은 어떤가요? 무엇이 연상되나요?"

  "천사점토의 느낌은 어떤가요? 어떤 것이 생각나나요?"

  "지금 느끼는 촉감과 같은 느낌이 드는 물건이나 감정이 있다면 무엇일까요?"

② 집단원이 천사점토 탐색 작업이 끝나면, 놀이치료자는 사인펜이나 물감을 섞어 좋아하는 색을 표현할 수 있다고 이야기한다(사진 3).

③ 집단원은 워크시트지에 자신의 몸을 표현한 색을 기억하며 천사점토를 물들여 본다.

  "각자 자신이 원하는 색을 선택할 수 있어요."

  "천사점토를 원하는 색으로 바꿀 수 있어요. 내가 만드는 나만의 색이에요."

④ 물들인 천사점토를 활용하여 각자 자신이 원하는 모양을 만든다. 형태가 없어도 좋다.

  "정확한 형태가 없어도 좋아요. 자신이 표현하고 싶은 대로 표현할 수 있어요."

⑤ 놀이치료자는 집단원이 입체로 표현된 천사점토를 보고 연상되는 것을 이야기하도록 질문한다(사진 4).

  "자신이 만든 것을 보니 어떤 생각이 드나요? 무엇과 닮았나요?"

⑥ 놀이치료자는 집단원에게 내가 만든 입체 조형물의 제목을 붙여 보라고 한다.

⑦ 집단원 중 작품에 제목 정하기를 어려워하는 집단원을 위해 다른 집단원에게 제목을 채팅창에 올려 달라고 한 뒤 작품 주인에게 제목을 선택하도록 한다.

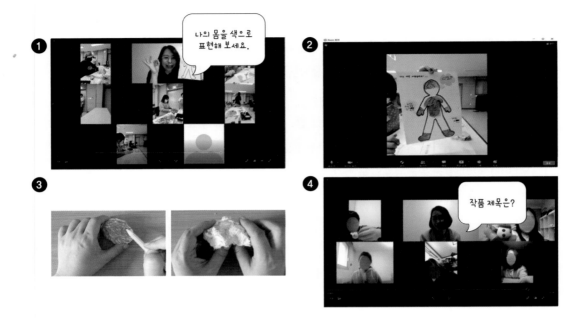

마무리

- 집단원은 워크시트지의 나의 몸과 입체로 표현한 나의 몸을 비교하여 돌아가면서 발표한다.
- 집단원이 서로의 작품에 대해 긍정적인 피드백을 할 수 있도록 놀이치료자는 집단원끼리 연결작업을 하고, 채팅창을 이용하여 피드백을 받는다. 놀이치료자는 채팅창의 내용을 읽어 준다.

  "친구들의 작품 중 가장 기억에 남는 작품이 있다면 어떤 것인가요?", "그 이유는?"

나가기

1. 가위바위보 ○○를 이겨라!(p. 120 참조)

5) 치료과정에서의 활용 Tip

- 집단치료의 경우 초기 회기에는 긴장 이완과 친밀감 형성을 위해 들어가기 시간을 길게 하여 안정된 분위기를 만들어 준다.
- 집단치료의 경우 초기 회기에는 집단원이 언어로 발표하는 것을 어려워할 수 있으므로 발표를 너무 강요하지 않기를 바란다. 말로 하기 힘든 경우 채팅으로 할 수 있다고 안내하고 채팅으로 소통하는 것도 좋은 방법이다.
- 집단치료의 경우 초기 회기에는 놀이치료자가 모델링을 많이 하여 안정감을 주는 것이 좋

고, 집단원 중에 모델링 가능한 사람이 있으면 놀이치료자가 비밀채팅 등을 활용하여 도움을 요청할 수도 있다.

• 개인상담의 경우 초기에 언어로 이야기하는 것이 힘들면 놀이치료자가 채팅창을 열어 질문을 채팅창에 올려 주고 답변을 달아 달라고 하면서 소통할 수 있다.

• 천사점토 색 만들기를 할 경우 사인펜이나 유성펜은 파스텔톤에 가깝게 표현되므로, 진한 색을 원한다면 물감을 사용할 수 있도록 한다.

• 나가기에서 끝까지 남은 집단원에게 놀이치료자는 격려의 말을 해 준다.

  "○○님과 단 둘이 남게 되었네요. 오늘 보니 ○○님은 ○○한 장점이 있으시네요. 오늘 수고하셨어요."

• 집단원의 수준에 따라 놀이치료자가 작품을 쉽게 모델링하여 표현에 대한 긴장을 낮출 수 있도록 돕는다.

• 물감을 사용할 때에는 손에 묻는 것에 대해 안내하고, 물티슈를 준비한다.

6) 워크시트지

나는 어떤 사람일까요?

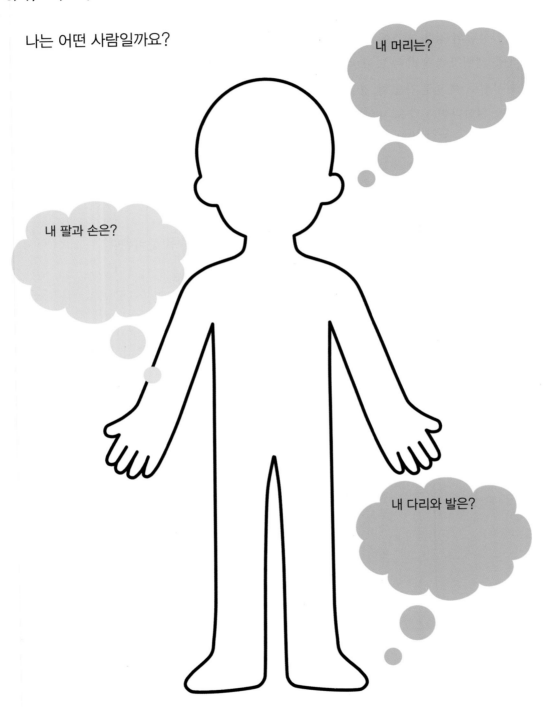

2 낙서 안에 속마음

1) 놀이키트와 사용 예시

• 워크시트지, 도화지 3장, 색연필, 사인펜, 연필(깎은 것 2자루)

 ▶

2) 치료목표

• 친밀감, 안정감 경험

3) 치료개요

• 종이 또는 ZOOM의 화이트보드를 사용한 난화로 자유로운 그림을 그리며 긴장 이완으로 안정감을 경험하고, 낙서한 그림에 투사된 자신의 욕구를 찾아본다.

4) 치료과정

들어가기

4. 숨은 그림 찾기/틀린 그림 찾기(p. 103 참조)

도입 및 워밍업

• 놀이치료자는 화면을 [보기]-[갤러리]로 설정하여 순서를 정하고, 정한 순서대로 서로에게 인사하며 반가움을 표현하도록 제안한다.

• 놀이치료자는 화면에 보이는 집단원의 순서에 따라 재료를 보고 연상되는 활동을 하나씩

이야기해 달라고 한다.

- 집단원은 [화이트보드]의 [주석기능]을 켜고 다양한 기능을 연습한다.

  "혹시 화이트보드의 주석기능을 사용해 본 사람 있나요?"

  "원하는 색을 선택하고 자기가 그려 보고 싶은 대로 마음껏 그려 봅니다."

  "마음껏 낙서한 기분은 어떤가요?"

- 집단원은 [주석기능]을 다양하게 사용해 마음껏 표현해 본다(사진 1).

놀이치료과정

① 놀이치료자는 새로운 [화이트보드]를 올리고 집단원은 [주석기능]을 사용하여 선을 마구 그린 후 잠시 멈추게 하여 [화이트보드]에 표현된 선들을 통해 떠오르는 이미지가 있는지 관찰하게 한다(사진 2).

② 집단원은 [화이트보드]에서 찾아낸 이미지를 [주석기능]의 그리기로 채색한다(사진 3).

③ 집단원이 [화이트보드]에 이미지 찾기 작업이 끝나면, 새로운 [화이트보드]를 준비하고 ② 에서 찾은 이미지를 기억하여 그림으로 표현한다(사진 4).

④ 집단원이 [화이트보드]에 난화 작업이 끝나면, 준비된 도화지에 연필로 낙서를 하고 앞서 [화이트보드]에서 했던 작업을 반복해서 한다.

  "눈을 감고 해 봅시다. 어떤 느낌인가요?"

  "눈을 뜨고 하는 낙서와 눈을 감고서 하는 낙서는 어떻게 다른가요?"

⑤ 집단원은 관찰된 이미지를 사인펜이나 색연필로 따라 그린다.

  "내가 낙서한 그림을 관찰해 보세요. 무엇이 보이나요?"

  "그림을 돌려 봅니다. 반쯤 가리고 살펴봅니다."

⑥ 집단원은 색연필로 따라 그린 이미지를 다른 도화지에 그린다.

  "작업하고 난 기분은 어떤가요?"

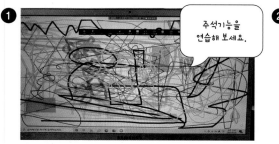

❶ 주석기능을 연습해 보세요.

❷

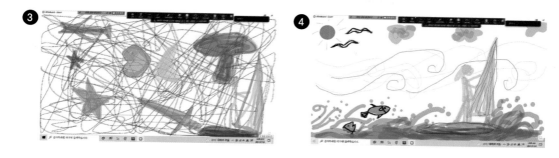

마무리

- 놀이치료자는 [보기]–[갤러리]로 설정하고, [호스트 비디오 순서 따르기]를 선택하여 집단 원이 같은 화면을 볼 수 있도록 하며, 집단원에게도 [보기]–[갤러리]로 설정하도록 안내한 다. 정한 순서대로 자신이 작업한 것을 들고 발표한다.
- 집단원 중에서 같은 이미지를 찾은 구성원은 없는지 찾아본다.

  "내가 찾은 이미지와 같은 이미지를 찾은 사람은 누구일까요?"

  "같은 이미지를 찾은 기분이 어떤가요?"

나가기

9. 다섯 글자로 말해요(p. 128 참조)

5) 치료과정에서의 활용 Tip

- 집단이 아직은 경직되어 있을 가능성이 높으므로 도화지를 사용한 낙서작업을 2장 이상 하 면서 긴장감을 해소한다.
- 도화지에 낙서를 한 후 그림을 회전하면서 모양을 찾아본다. 놀이치료자의 모델링이 필요 하다.
- 다른 도화지에 자신이 찾은 이미지를 다시 그려 주는 것을 힘들어하는 집단원이 있다면 생 략할 수 있다.
- '누가 누가 많이 찾았나?' 경쟁하는 것도 가능하다. 이때 타이머를 활용해도 좋다.
- ZOOM에서의 [화이트보드] 낙서 체험과 종이 낙서 체험의 차이점에 대해 이야기를 나눠 본다.
- ZOOM [화이트보드]를 이용한 낙서는 충분히 경험할 수 있게 해 준다.
- ZOOM [화이트보드]는 다양하게 사용하므로 집단원이 기능을 숙지할 수 있도록 시간을 할 애하여 충분히 연습한다.

3 손에서 마음으로

1) 놀이키트와 사용 예시

- 워크시트지, 문방풀 1통, 물감, 면봉 10개, 일회용 장갑, 4절 도화지 1장, 8절 도화지 2장, 트레이, 식탁비닐

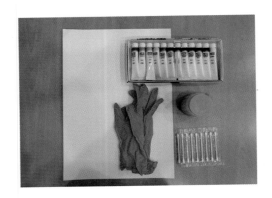 ▶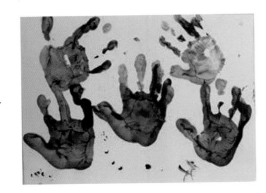

2) 치료목표

- 자기와 접촉을 통한 자기이해

3) 치료개요

- 물감과 풀을 사용하여 긴장을 이완하고, 다양한 색과 손의 움직임을 통해 느껴지는 자기감정과 접촉한다.

4) 치료과정

들어가기

6. 이어 그리기(p. 105 참조)

도입 및 워밍업

- 재료 및 환경을 점검하고 서로 확인한다.
- 놀이치료자는 화면을 [보기]−[갤러리]로 설정하여 재료를 보고 연상되는 작업에 대해 순서

대로 이야기한다.

- 집단원은 워크시트지를 사용하여 좋아하는 색과 싫어하는 색을 탐색한다(사진 1).

  "어떤 색을 좋아하나요? 어떤 색을 싫어하나요?"

  "좋아하는 이유가 있나요? 싫어하는 이유가 있나요?"

- 집단원은 워크시트지에 직접 물감을 조금씩 짜서 색을 비교해 보고, 같은 색을 좋아하는 친구끼리 동작으로 인사를 나누며 서로 연결되는 느낌을 갖는다.

  "내가 좋아하는 색을 좋아하는 친구는 누구인가요?"

  "○○이는 좋아하는 색에 ○○색을 칠했는데~ 같은 색을 칠한 친구는 누구일까요?"

  "오~ 텔레파시!! 손가락을 화면에 대고 두 친구는 서로 연결하는 동작을 해 볼까요?"

  "내가 싫어하는 색을 좋아하는 친구는 누구인가요?"

  "내가 좋아하는 색을 싫어하는 친구도, 내가 싫어하는 색을 좋아하는 친구도 있네요~"

놀이치료과정

① 놀이치료자는 집단원이 물감을 관찰할 수 있도록 촉진한다(시각, 청각, 후각, 촉각).

② 놀이치료자는 집단원이 풀, 면봉, 수세미 등을 오감을 사용하여 관찰하도록 촉진한다(시각, 후각, 촉각)(사진 2).

  "물감의 느낌은 어떤가요? 풀의 느낌은 어떤가요? 면봉은? 수세미는 어떤 느낌인가요?"

③ 놀이치료자는 집단원이 도화지나 트레이에 풀을 조금 덜고 물감을 짜서 면봉 또는 장갑 낀 손으로 섞어 보도록 안내한다(사진 3).

  "물감과 풀을 섞은 느낌은 어떤가요? 색을 섞어 보니 어떤 이미지가 떠오르나요?"

  "물감의 색과 풀을 섞은 색은 어떻게 달라 보이나요?"

④ 놀이치료자는 풀과 물감을 섞는 작업을 하면서 떠오르는 이미지를 도화지 전체에 표현하도록 집단원에게 안내한다.

  "트레이에 물감을 섞은 사람은 도화지에 섞은 물감을 덜어서 손으로 문지르거나 도구를 사용하여 표현해 보세요."

⑤ 집단원은 떠오르는 이미지를 물감, 면봉 등을 사용하여 구체화시켜서 표현하도록 한다.

  "이미지가 떠오르지 않아도 괜찮아요. 물감과 풀을 사용해서 놀이하세요."

  "놀이하면서 느껴지는 감정을 말로 표현해 주세요."

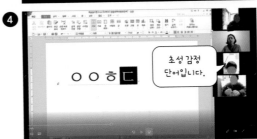

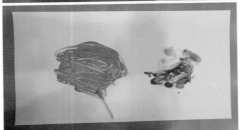

마무리

- 놀이치료자는 감정 단어 PPT 자료를 화면 공유로 올려 준다.
- 놀이치료자는 술래를 정하고 술래가 오늘 체험한 감정을 초성만 이야기하도록 한다(사진 4).

  "감정 초성 게임을 하겠습니다."

  "술래는 지금 감정을 초성만 이야기해 줍니다."

  "술래가 아닌 분들은 술래의 감정을 맞히면 됩니다."

- 집단원은 술래가 말하는 초성을 듣고 술래의 감정을 맞혀 본다.

  "다른 사람이 내 감정을 맞혀 주면 기분이 어떤가요?"

  "내가 다른 사람의 기분을 맞히는 것은 어떤 감정인가요?"

나가기

2. 오늘의 MVP(p. 121 참조)

5) 치료과정에서의 활용 Tip

- 손에 묻히는 것을 싫어하는 친구를 위해 일회용 장갑을 준비한다.
- 이미지의 뜻을 모르는 친구들에게는 감정 단어를 사용하여 설명한다.
- 물감을 사용하므로 물감에 대한 주의사항을 알려 준다. 물감을 조절하지 못해 화면을 이탈하게 될 때 휴지와 물티슈를 사용하여 대처하는 방법도 알려 준다.
- 물감을 사용하므로 마무리 단계의 시간을 좀 더 할애하여 주변 정리를 할 수 있도록 도와준다.
- 쓰레기 봉지를 준비하여 쉽게 정리할 수 있도록 한다.
- 풀과 물감을 섞는 과정에서 충분히 이완될 수 있도록 시간적인 여유를 준다.
- 나이가 어린 경우 넓은 트레이나 쟁반에 풀과 물감을 섞어서 충분히 촉감 작업을 해 주는 것이 좋다. 작품을 만들지 않아도 괜찮다고 이야기해 주고 느낌을 나눌 수 있도록 격려한다.

6) 워크시트지

1. 내가 좋아하는 색깔은 어떤 것일까요?

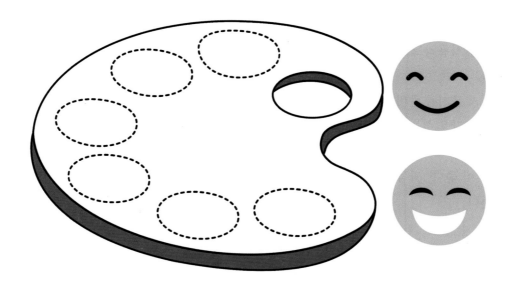

2. 싫어하는 색깔은 어떤 것일까요?

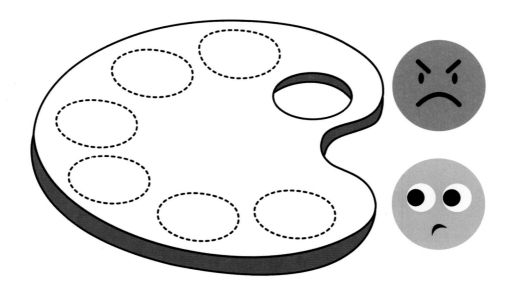

4 소중한 나의 공간

1) 놀이키트와 사용 예시

- 워크시트지, 도화지 2장, 풀, 가위, 색종이, 스티커, 색연필

▶

2) 치료목표

- 자기와 환경 알아차림

3) 치료개요

- 다양한 종이로 집 꾸미기를 통한 안전한 공간을 탐색하고 현재 자신의 환경과 접촉한다.

4) 치료과정

들어가기

10. 입 모양 보고 단어 맞히기(p. 109 참조)

도입 및 워밍업

- 재료 및 환경을 점검하고 서로 확인한다.
- 놀이치료자는 화면을 [보기]-[갤러리]로 설정하여 순서를 정하고, 정한 순서대로 [추천 비디오] 기능으로 한 사람씩 지목한다(사진 1).
- 놀이치료자는 집단원이 워크시트지를 준비하여 학교와 집에서 느껴지는 감정을 감정 단어

에서 고르도록 안내한다(사진 2).

"감정 단어를 보고 한 가지 이상 이야기해 보도록 합니다."

"학교와 집 둘 다 해도 좋고, 하나만 해도 좋습니다."

• 집단원은 요즘 집에서는 어떤 감정을 느끼는지 가족들과는 어떤 감정이 드는지 이야기할 수 있도록 한다.

"학교에서는? 집에서는? 가족과는? 친구와는? 어떤지 생각해 보고 이야기하고 싶은 장소나 상황을 선택하여 말해 주면 됩니다."

"용기 있게 자신의 이야기를 할 수 있는 친구가 있나요? 어려우면 채팅으로 할 수 있어요."

놀이치료과정

① 놀이치료자는 집단원이 다양한 준비물을 오감으로 탐색하도록 촉진한다(시각, 후각, 미각, 촉각, 청각)(사진 3).

"다양한 종이의 느낌은 어떤가요? 스티커를 관찰해 봅니다."

② 놀이치료자는 집단원에게 자신이 살고 싶은 공간을 생각해 보라고 한다.

"자신이 살고 싶은 곳은 어디일까 상상해 보세요."

③ 놀이치료자는 집단원에게 누구와 함께 살고 싶은지 생각해 보도록 한다.

"누구와 살고 싶은지 생각해 보세요. 그 이유는 무엇일까요?"

"혼자 살고 싶은 사람 있나요? 그 이유는 무엇일까요?"

④ 집단원은 도화지에 자신이 살고 싶은 자신만의 공간을 스케치한다.

"색연필로 스케치해도 좋고, 스케치 없이 색종이를 직접 잘라서 붙여도 좋습니다."

"자신의 공간 밖에는 어떤 풍경이 있으면 좋을까요? 풍경을 표현해 보세요."

⑤ 집단원은 색종이를 사용하여 붙이고, 채색 도구로 꾸민다(사진 4).

⑥ 놀이치료자는 집단원이 자신만의 공간을 밖으로 확장하여 꾸며도 좋다고 촉진한다.

마무리

• 놀이치료자는 화면을 [보기]-[갤러리]로 설정하여 순서를 정하고, 정한 순서대로 돌아가면서 집단원이 자신의 작품을 설명하게 한다.

• 설명을 듣고 있는 집단원은 채팅을 이용하여 작품의 제목을 지어 준다.

"친구가 만든 작품의 제목을 지어 주세요."

• 발표한 집단원은 다른 집단원이 채팅으로 올려 준 작품 제목 중에서 가장 마음에 드는 것을 선택한다.

나가기

3. 접어 게임(p. 122 참조)

5) 치료과정에서의 활용 Tip

• 집단원이 작업 속도에 차이가 있으면 남은 재료로 자신이 원하는 것을 만들 수 있도록 한다.

• 색종이나 스티커 이외에 조화, 풀이나 작은 나무, 조약돌, 폼폼이 등 입체적인 재료를 활용하거나 플레이콘 등을 활용하여 작업할 수도 있다.

• 나이가 어리거나 그림 표현이 힘든 집단원의 경우 색종이를 접어 세모, 네모 도형을 만든 후 도형을 조합하여 사물을 표현하도록 유도할 수 있다.

• 발표를 어려워하는 집단원의 경우 제시어를 주거나 질문을 자세히 하여 나중에 명료하게 정리해 주도록 한다.

• 종이접기를 활용하거나 집단원이 가지고 있는 작은 피겨를 사용할 수도 있다.

6) 워크시트지

1. 요즘 나는 이래요.

오늘 학교에서 나는 어땠나요?

요즘 친구랑은 어떤가요?

요즘 우리 집 분위기는 어떤가요?

요즘 가족들과는 어떤가요?

2. 각기 다른 상황에서 요즘 나의 기분을 이야기해 보세요.

기쁨		두려움	분노		슬픔	
감동적인	열중한	걱정스러운	답답한	싸늘한	괴로운	우울한
감사한	자랑스러운	긴장한	미운	지루한	그리운	좌절한
기대되는	자신 있는	깜짝 놀란	분한	피곤한	막막한	후회스러운
기쁜	재미있는	당황한	억울한		미안한	
놀라운	편안한	두려운	짜증 나는		서운한	
든든한	평화로운	무서운	귀찮은		슬픈	
만족스러운	홀가분한	불안한	무관심한		실망스러운	
사랑스러운	활기찬	혼란스러운	부끄러운		안타까운	
신나는	황홀한		부러운		외로운	

5 달콤한 나, 새콤한 너

1) 놀이키트와 사용 에시

• 워크시트지, 마시멜로 5개 이상, 꿈틀이 3개 이상, 이쑤시개 10개, 산적 꼬챙이 5개, 비행접시 사탕 5개 이상, 테이프 젤리 20cm, 사인펜(초코펜)

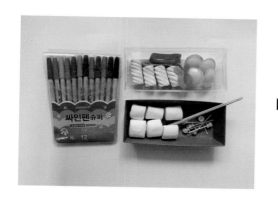 

2) 치료목표

• 자기와 신체 알아차림

3) 치료개요

• 마시멜로, 젤리, 사탕 등의 간식을 사용하여 인물을 만들어 투사된 나를 알아차린다.

4) 치료과정

들어가기

'8. 오늘의 감정은 무슨 색일까?' 중 감정 물건 찾기(p. 107 참조)

도입 및 워밍업

• 재료 및 환경을 점검하고 서로 확인한다(사진 1).

• 놀이치료자는 [소회의실]을 설정하여 집단원이 소회의실에서 워크시트지에 맛 탐구 과정을 체험하게 한다(사진 2).

"두 명씩 소회의실에서 맛 탐구 과정을 체험합니다. 워크시트지를 작성하면서 하나하나 맛을 보도록 하세요."

"색은 어떤가요? 맛은 어떤가요? 향기는 어떤가요? 모양은 어떤가요?"

"이 중에서 내가 가장 좋아하는 것이 있다면 무엇인가요?"

• 집단원은 전체 화면으로 돌아와 [소회의실]에서 만난 집단원의 이야기를 대신 발표한다. 이 때 놀이치료자는 화면을 [보기]-[갤러리]로 설정하여 전체 상황이 한눈에 보이도록 한다.

"여기는 없지만 비슷한 종류 중에서 내가 즐겨 먹는 것이 있다면 무엇일까요?"

"친구가 소개한 간식을 먹어 본 사람 있나요?"

놀이치료과정

① 놀이치료자는 집단원이 다양한 준비물을 오감으로 탐색하도록 촉진한다(시각, 후각, 미각, 촉각, 청각).

② 집단원이 이쑤시개나 꼬챙이 막대를 사용하여 얼굴, 몸, 팔, 다리 등을 연결해 꾸미도록 안내한다(사진 3).

③ 집단원은 사인펜으로 표정이나 필요한 부분을 그려 준다.

"내가 만든 작품을 보면 어떤 이미지가 떠오르나요?"

"내가 만든 작품의 표정을 보면 어떤 기분일 것 같은가요?"

"친구들이 만든 작품을 보면서 어떤 생각이 드나요?"

④ 집단원은 자신이 만든 인형에 이름을 붙여 주고 화면에 보이는 순서대로 자신의 작품을 이야기한다(사진 4).

"가장 재미있게 만든 친구는 누구일까요? 그 이유는 무엇일까요?"

⑤ 집단원은 작품을 만들고 남은 재료가 있다면, 마시멜로와 젤리를 연결하여 생각나는 것을 만들어 본다.

"무엇을 만들 수 있는지 생각해 보세요. 남은 재료로 마음껏 표현해도 좋아요."

마무리

• 놀이치료자는 감정 단어 PPT 자료를 화면 공유로 올려 준다.

• 집단원은 오늘의 기분을 맛으로 표현한다.

"오늘 작업이 끝난 기분을 맛으로 표현한다면 어떤 맛일까요? 그 이유는 무엇일까요?"

"좋은 기분은 어떤 맛일까요? 좋지 않은 기분은 어떤 맛일까요?"

나가기

20. ○○에 가면(p. 139 참조)

5) 치료과정에서의 활용 Tip

- 식품을 사용하여 회기를 진행할 때는 아동이 관심이 많은 매체라 몰입될 가능성이 충분하므로 도입 부분을 길게 하지 않는다.
- 전체 화면에서는 오히려 다른 집단원이 자신을 주목하지 않을 것이라는 생각에 재료를 마음껏 먹어 조절이 어려울 수 있다. [소회의실]로 이동하여 활동하는 것이 조절이나 집중 면에서 훨씬 효과적이다.
- 재료는 작품을 만들고 남을 만큼 충분히 준비한다.
- 먹는 행동에 대해 제한 설정은 하지만 조금씩 허용하면서 안정감을 느끼도록 한다.
- 이쑤시개나 꼬챙이는 위험할 수 있으므로 경계 설정을 한다.
- 고학년일 경우 초콜릿 펜을 사용하여 꾸미기를 할 수 있다. 초콜릿 펜은 더운물을 이용하여 녹여 주어야 하므로 위험하다고 판단되거나 나이가 어린 경우는 사용하지 않는다.
- 놀이치료자가 모델링을 할 경우에는 집단원의 수준을 생각하여 표현한다. 너무 잘 만들어서 집단원이 불안해하지 않도록 유의한다.

6) 워크시트지

탐색하기

색은?
모양은?
맛은?
향기는?
촉감은?
또 다른 느낌은?

색은?
모양은?
맛은?
향기는?
촉감은?
또 다른 느낌은?

6 꿈 이야기 베틀

1) 놀이키트와 사용 예시

• 워크시트지, 드림캐처/털실, 깃털 3개, 칼라오링, 스티커, 사인펜

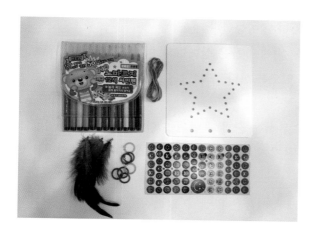

2) 치료목표

• 자기와 타인의 감정 알아차림

3) 치료개요

• 무서운 꿈 이야기 나눔을 통해 부정적 감정을 표현하고 감정을 효과적으로 다룰 수 있는 상징적인 의미의 드림캐처를 만든다.

4) 치료과정

들어가기

20. 추억 소환(p. 119 참조)

도입 및 워밍업

• 재료 및 환경을 점검하고 서로 확인한다.

• 놀이치료자는 '내가 꿨던 꿈 중에서~' 이야기하기를 하겠다고 설명하고 집단원을 임의로

두 명씩 소회의실로 이동시킨다.
• 집단원은 워크시트지를 사용하여 [소회의실]에서 이야기를 나눈다.
 "워크시트지에 있는 상황 중에서 내가 실제로 경험한 것이 있나요?"
 "워크시트지 상황 중에서 내 주변 사람이 경험한 것이 있나요?"
 "그런 경험들이 나는 어떻게 느껴지나요?"

놀이치료과정

① 집단원은 [소회의실]에서 [전체 회의실]로 다시 이동한다(사진 1).
② 집단원은 [전체 회의실]로 돌아와 [소회의실]에서 들은 상대방의 이야기를 나눈다. 놀이치료자는 자원하는 사람을 먼저 발표할 수 있도록 한다.
 "친구가 경험한 무서운 꿈 이야기를 들려주세요."
③ 놀이치료자는 집단원이 나눔을 마친 후 무서운 꿈과 관련된 드림캐처에 대해 설명한다. 드림캐처는 아메리카 원주민들이 악몽을 걸러 주고 좋은 꿈만 꾸게 해 준다는 의미로 만들었던 토속 장신구이다.
④ 놀이치료자는 집단원이 무서울 때 어떻게 무서움을 없앨 수 있는지 물어보고 집단원이 손 들면 발언권을 주고 발표하도록 유도한다.
 "무서울 때 어떻게 하는지 알려 줄 사람 있나요?"
⑤ 집단원은 발표자들의 이야기를 듣고 효과적이라고 생각하면 고개를 끄덕끄덕, 아니라고 생각하면 고개를 좌우로 살랑살랑 흔들어 반응해 준다(사진 2).
 "친구들의 이야기 중에서 가장 효과적인 것은 무엇일까요?"
 "고개를 끄덕이거나 좌우로 흔들어 자신의 의견을 표현해 주세요."
⑥ 집단원의 이야기를 듣고 드림캐처를 만들어 본다. 먼저, 별 모양 꼭짓점 구멍 옆에 자신의 이름과 친구들의 이름 또는 별칭을 써 주고 그림이나 글을 써서 꾸민다(사진 3).
 "악몽을 꾸더라도 위로해 줄 친구가 있다면 안심하고 다시 잠들 수 있을 거예요."
 "친구들이 모두 무서운 꿈을 꿔도 무섭지 않게 지켜 줄 거예요."
⑦ 집단원은 별 모양이 그려진 종이 꼭짓점 한쪽 끝에 실을 끼운 후 실이 빠지지 않게 스티커로 고정한다.
⑧ 집단원은 모든 점에 실을 꿴 바늘을 통과시켜 빈 점이 없도록 실을 엮어 준다.
⑨ 집단원은 하단 구멍에 오링을 연결하여 깃털을 달고 스티커 등을 붙여 완성한다(사진 4).

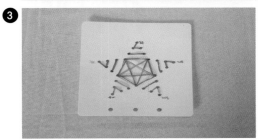

마무리

- 집단원은 드림캐처를 갖게 된 기분을 채팅창에 적어 올린다.

  "서로에게 듣고 싶은 말을 해 주세요."

  "드림캐처는 어디에 걸어 놓으면 좋을까요?"

  "드림캐처를 선물한다면 누구에게 주고 싶은가요?"

- 놀이치료자는 채팅창에 올라온 메시지를 읽어 준다.

나가기

12. Air Hug(p. 131 참조)

5) 치료과정에서의 활용 Tip

- 원하는 만큼만 두려움을 표현할 수 있음을 인식하고 강요하거나 압력을 주지 않는다.
- 무서운 이야기를 하고 나서의 기분이 어떤지 나눔을 해 본다.
- 자주 나타나는 무서운 귀신이나 유령을 클레이로 만들고 그것을 원하는 대로 다뤄 주면서 무서움을 처리하는 방법도 사용할 수 있다.
- 나이에 따라 무서울 때 그것을 해결할 수 있는 수호인형 또는 나를 보호할 수 있는 무기 등을 만들어 활용할 수 있다.

6) 워크시트지

1. 너는 무엇을 두려워하니?

내가 무서워하는 것들

천둥 번개	높은 곳	거미와 벌레
불길하고 무서운 꿈	사람들 앞에서 말하는 것	고양이와 개
고함치는 것	새로운 사람을 만나는 것	무시무시한 야생동물
놀림받는 것	좁은 공간에 갇히는 것	어둠
낯선 사람	유령, 괴물, 귀신	전쟁
의사 선생님	피	나쁜 일이 생기는 것
실수하는 것	총, 폭력	싸움하는 것
시험을 치는 것	시끄러운 소리	부모님과 떨어져 혼자 있는 것

2. "난 _____이(가) 무섭다."

7 즐거운 파티

1) 놀이키트와 사용 예시

• 워크시트지, 클레이 30g 정도, 5색 이상, 이쑤시개나 산적 꼬챙이 5개, 가위, 컬러 종이접시

 ▶

2) 치료목표

• 다양한 자기감정 표현하기

3) 치료개요

• 클레이로 음식 만들기를 하면서 음식과 관련된 긍정적인 감정과 부정적인 감정을 표현하 도록 한다.

4) 치료과정
들어가기

6. 이어 그리기(p. 105 참조)

도입 및 워밍업

• 재료 및 환경을 점검하고 서로 확인한다.

• 집단원은 워크시트지를 보면서 좋아하는 음식과 싫어하는 음식을 ○, ×로 표현한다(사진 1).
"그림에 있는 음식 중에서 어떤 음식을 좋아하나요?"

"그림에는 없지만 좋아하는 음식이 있다면 채팅으로 알려 줘도 좋습니다."

- 놀이치료자는 워크시트지를 가장 먼저 작성한 집단원이 누구인지 물어보고 [추천 비디오] 기능을 사용하여 워크시트지를 먼저 완성한 발표자를 지목한 후 먹어 봤던 간식에 대해 이야기한다.

"어떤 음식을 좋아하나요?" / "무엇 때문에 좋아하게 되었나요?"

"우리 동네 맛집 자랑을 해 주세요."

"엄마나 할머니, 아빠 등 우리 가족이 만든 음식 중에 가장 맛있는 것은 무엇인가요?"

- 발표한 사람은 다음 발표자를 지목한다.

놀이치료과정

① 집단원은 자신이 가장 좋아하는 음식을 다른 집단원에게 소개한다.

"언제 누구와 함께 먹었는지 기억하나요?"

② 집단원은 자신이 가장 좋아하는 음식을 클레이로 만들어 본다(사진 2).

③ 놀이치료자는 작업이 빨리 끝난 집단원부터 [추천 비디오] 기능을 사용하여 자신이 만든 음식을 설명할 수 있도록 한다(사진 3).

"내가 좋아하는 것을 친구들도 좋아하나요?"

"다른 친구들이 만든 것 중 가장 특별해 보이는 것이 있다면 누구의 무엇인가요?"

④ 집단원은 다른 집단원의 설명을 듣고 그들이 좋아하는 음식을 골라서 만든다.

⑤ 집단원은 자신이 만든 음식과 친구들이 좋아하는 음식을 종이 접시에 담아 상차림을 한다.

"여기 있는 친구에게 내가 만든 음식을 선물로 줄 거예요."

"한 사람씩 친구의 이름을 부르고 음식을 설명하며 나눔을 합니다."

⑥ 놀이치료자는 [보기]-[갤러리]로 설정하고, [호스트 비디오 순서 따르기]를 선택하여 집단원이 같은 화면을 볼 수 있도록 하며, 집단원에게도 [보기]-[갤러리]로 설정하도록 안내한다. 순서를 정하고 순서가 된 집단원은 [추천 비디오] 기능으로 화면에 올려 발표하게 한다.

"자신이 좋아하는 음식은 무엇인가요?"

"나머지 음식은 여기 있는 친구들 중에서 누가 좋아하는 음식인가요?"

"이름이 호명된 친구는 지금 기분이 어떤지 [채팅]이나 [반응]으로 표현해 주세요."

⑦ 놀이치료자는 집단원이 기분 좋을 때 먹는 음식과 기분 나쁠 때 먹는 음식에 대해 이야기하도록 촉진한다.

"친구들이 좋아하는 음식을 만든 기분은 어떤가요?"

마무리

• 집단원이 돌아가면서 먹방 유튜버가 되어 맛을 표현한다(사진 4).

"내가 좋아하는 먹방 유튜버가 있나요? 좋아하는 이유는 무엇인가요?"

"먹방 유튜버를 흉내 낼 수 있는 사람 있을까요?"

나가기

6. 텔레파시 게임(p. 125 참조)

5) 치료과정에서의 활용 Tip

• 클레이는 가위로 자르는 것도 가능하고 뾰족한 물건이나 도구를 사용할 수도 있다.

• 서로 음식을 나누는 시간은 꼭 갖도록 한다. 서로 거리가 떨어져 있으므로 나눔의 시간이 생략되면 집단의 의미가 없어지게 되니 주의한다.

• 집단의 인원이 많은 경우 소회의실을 이용하여 나눔을 해도 좋다.

• 소회의실에서 나눔을 할 경우 놀이치료자는 여러 방을 왔다 갔다 하면서 집단원이 적극적인 표현을 하도록 격려하거나 보조 놀이치료자가 있는 경우에는 방을 나누어 활동에 참여한다.

• 채팅창의 글은 놀이치료자가 읽어 주고 서로의 피드백을 들을 수 있도록 한다.

• 유튜버가 되어 맛 표현하기는 놀이치료자가 시범을 보여 집단원이 자신감을 갖도록 한다.

6) 워크시트지

다음은 내가 좋아하는 음식들입니다.

1. 내가 좋아하는 음식은 ○, 싫어하는 음식은 ×로 표시해 보세요.

2. 그림에 없는 것들 중에 내가 좋아하는 것은 무엇일까요?

3. 내가 지금 먹고 싶은 음식은 무엇일까요? 클레이를 활용하여 만들어 보세요.

8 나는야 디자이너

1) 놀이키트와 사용 예시

- 워크시트지, 앞치마, 스티커 1장, 유성펜 8색 이상, 가위, 투명테이프

 ▶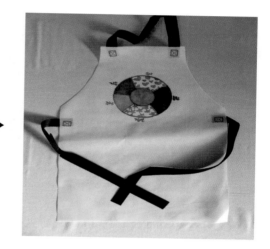

2) 치료목표

- 타인 감정 수용하기

3) 치료개요

- 집단원이 좋아하는 색과 모양을 알아보고 앞치마 채색을 하면서 타인의 존재와 감정을 인식한다.

4) 치료과정

들어가기

7. 부분 보고 전체 맞히기(p. 106 참조)

도입 및 워밍업

- 재료 및 환경을 점검하고 서로 확인한다.

- 놀이치료자는 화면을 [보기]−[갤러리]로 설정하여 순서를 정한다.
- 집단원은 워크시트지의 그림을 그리고 잘라 손가락 종이인형을 만든다.
- [보기]−[갤러리]로 정한 순서대로 [추천 비디오] 기능으로 한 사람씩 화면에 크게 보이도록 지목해 준다(사진 1).

  "내가 좋아하는 친구는 어떤 이유로 좋아하나요?"

  "내 친구를 소개해 주세요. 자기가 만든 인형을 보여 주며 설명해 주세요."

  "현재 친구가 없다면 내가 좋아하는 스타일의 친구를 상상해서 이야기해도 좋아요."

놀이치료과정

① 놀이치료자는 [화면 공유]−[화이트보드]로 설정하고 [주석작성] 기능을 활성화하여 각자가 좋아하는 색과 모양을 그리도록 한다(사진 2).

② 집단원은 다른 친구들이 좋아하는 색과 모양을 기억해 둔다.

③ 집단원은 유성펜 중에서 가장 마음에 드는 색을 골라 앞치마에 놀이치료자가 미리 그려 놓은 두 개의 원 중에서 안쪽에 있는 원에 자신을 자유롭게 표현한다(사진 3).

④ 집단원은 안쪽 원이 완성되면 자신이 꾸민 것을 [보기]−[갤러리]를 활용하여 다른 집단원에게 보여 준다. 놀이치료자는 집단원이 꾸민 색과 모양을 차례대로 다시 한번 집단원에게 이야기해 준다(채팅으로 기록 가능).

⑤ 집단원이 표현한 색과 모양을 기억하고 바깥 원을 집단원의 수만큼 칸을 나누어 다른 집단원이 표현한 색과 모양으로 똑같이 꾸며 준다.

  "친구들이 선택한 색과 모양을 잘 기억했군요."

  "똑같이 표현되었네요."

⑥ 집단원이 유성펜으로 두 개의 원을 모두 채색하였다면, 스티커를 붙이거나 유성펜으로 자유롭게 꾸며 완성한다(사진 4).

  "자유롭게 꾸민 부분이 특별하네. 친구들에게도 보여 줄까요?"

❶ 워크시트지를 잘라 '내 친구'를 소개해 주세요.

❷ 친구들이 좋아하는 색과 모양을 잘 기억하세요.

마무리

• 놀이치료자는 완성된 작품을 [보기]-[갤러리]를 활용하여 소개하고 집단원은 착용할 수 있도록 한다.

"원이 하나만 있다면 어떤 느낌일까요?"

"가운데 원만 채워지고 바깥 원이 모두 비어 있다면 어떤 느낌일까요?"

• 놀이치료자는 집단원과 다음 시간부터 함께 착용하기를 약속한다.

"친구들의 앞치마를 보면서 가장 마음에 드는 것은 누구의 것인가요?"

"마음에 드는 이유는 무엇인가요?"

나가기

8. 릴레이 스토리텔링(p. 127 참조)

5) 치료과정에서의 활용 Tip

• 발표를 유도하기 위해 강화물을 주는 방법을 활용할 수 있는데, 편의점에서 살 수 있는 초코우유나 요구르트 드링크와 같은 것을 카카오톡 선물하기를 활용하여 보낼 수 있다.

• 똑같은 옷을 함께 입는다는 의미로 공동체 의식에 도움을 줄 수 있다. 앞치마뿐 아니라 티셔츠나 가방을 사용해도 좋다.

• 이후 진행되는 프로그램에서는 모두 착용할 수 있도록 약속한다.

• 집단원이 선택한 색이나 모양을 잘 기억할 수 있도록 놀이치료자는 여러 번 이야기해 주거나 그림을 그려서 모델링해 준다.

• 유성펜을 진하게 색칠할 경우 잉크가 새어 나와 바닥이나 책상을 오염시킬 수 있기 때문에 작업용 비닐을 키트에 동봉한다.

6) 워크시트지

내 친구를 소개합니다

다음은 친구들에게 소개하고 싶은 내 친구의 모습입니다.

1. 얼굴 그림에 내 친구의 눈, 코, 입을 그려 넣고, 그 친구의 머리 모양대로 오려 줍니다.

2. 그림을 오린 후 테이프를 동그랗게 말아 손가락에 오려 낸 그림을 붙이고 화면으로 비춰 줍니다.

내 친구가 좋은 이유는?

행동	
말	
성격	
표현	

9 스트레스!! 부숴 버려~

1) 놀이키트와 사용 예시
• 워크시트지, 우드락 8절 2장, 가위, 테이프, 이쑤시개 20개, 유성펜

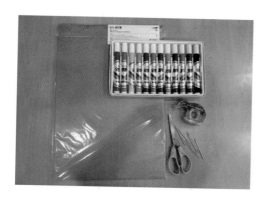 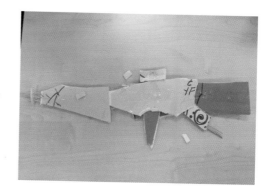

2) 치료목표
• 부정적인 감정 표현하기

3) 치료개요
• 스트레스 원인에 대해 이야기 나눔 후, 우드락 부수기를 하여 해소하고, 대처 기술을 알아 차리도록 돕는다.

4) 치료과정
들어가기

9. 초성 게임(p. 108 참조)

도입 및 워밍업
• 재료 및 환경을 점검하고 서로 확인한다.
• 놀이치료자는 [보기]-[갤러리]로 설정하고, [호스트 비디오 순서 따르기]를 선택하여 집단원이 같은 화면을 볼 수 있도록 하며, 집단원에게도 [보기]-[갤러리]로 설정하도록 안내한

다(사진 1).

- 집단원은 워크시트지를 보고 최근 힘들게 하는 상황에 동그라미를 치고 기분을 적도록 한다. 기분을 적은 후 순서대로 돌아가면서 최근에 가장 스트레스받은 상황을 이야기한다.

  "워크시트지 그림 중에서 최근에 경험한 일이 있다면 어떤 것일까요?"

- 이야기 순서가 된 집단원은 놀이치료자가 [추천 비디오]로 띄워 준다.

  "그때 나는 어떤 기분이었나요?"

  "누군가가 나를 도와줄 수 있다면 어떻게 도와줬으면 좋을까요?"

놀이치료과정

① 집단원은 자신의 스트레스 상황을 우드락에 적거나 그림으로 그린다(볼펜이나 크레파스 사용)(사진 2).

② 집단원은 스트레스받을 때의 기분을 말로 이야기한다.

  "스트레스받을 때 하고 싶은 말은 무엇인가요? 말로 할 수 없는 것은 글로 적어 보세요."

③ 집단원은 볼펜이나 연필로 우드락을 찌르거나 긁으면서 기분을 표현한다.

  "스트레스 해소를 우드락에 해 봅니다. 화를 내고, 소리를 질러도 좋습니다."

  "우드락을 부수는 기분은 어떤가요?"

④ 놀이치료자는 집단원이 좀 더 과격하게 우드락을 꺾거나, 부수어 표현할 수 있도록 촉진한다(사진 3).

⑤ 집단원은 부서진 조각을 관찰한다.

  "부서진 조각을 테이프로 붙이거나 이쑤시개를 이용하여 원하는 작품을 만들 수 있어요."

⑥ 놀이치료자는 집단원이 부서진 조각을 사용하여 만들기를 할 수 있도록 촉진한다(사진 4).

⑦ 놀이치료자는 입체로 표현하거나 평면으로 표현하는 것이 모두 가능하다고 안내한다.

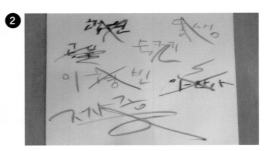

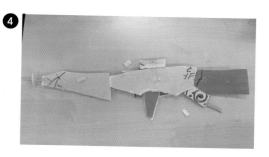

마무리

- 놀이치료자는 화면을 [보기]-[갤러리]로 설정하여 순서를 정하고 활동 후 느낀 감정을 이 야기한다.

  "우드락이 소리 내며 부서질 때 느껴지는 감정은 어떤 것인가요?"

- 화면에 보이는 순서에 따라 서로의 스트레스 해소법을 나눌 수 있도록 한다.

- 놀이치료자는 집단원이 부정적인 감정을 표현하면서 격한 말이나 행동이 나올 수 있음을 인식하고, 비밀 유지에 대한 것과 부정적인 감정을 표현할 수 있는 곳과 그렇지 않은 곳에 대한 현실적인 경계 인식을 도와준다.

  "오늘 우리가 이곳에서 나눈 이야기는~~?? 비밀입니다."

나가기

5. 칭찬 샤워(p. 124 참조)

5) 치료과정에서의 활용 Tip

- 격하게 표현하는 것을 불편해하는 사람이 있을 수 있다는 것을 인식하고, 불편한 마음을 공감해 주는 것과 서로 억압의 수준 및 표현 에너지가 다르다는 것을 알게 한다.

- 남아들은 부서진 우드락 조각으로 스트레스받을 때 자신을 지킬 수 있는 무기를 만들어 보 라고 하면 반응이 좋으니 활용해 보기를 바란다.

- 활동 후 남은 쓰레기를 치울 수 있도록 쓰레기 봉지를 준비한다.

- 활동 후 현실로 돌아올 수 있도록 마무리 단계에서 이완 작업을 하는 것도 좋다.

6) 워크시트지

1. 다음은 나를 힘들게 하는 것들입니다.

공부해요

친구와 싸워요

부모님이 싸워요

선생님이 무서워요

친구들이 나를 싫어해요

나는 못생겼어요

2. 나를 가장 힘들게 하는 것은 무엇일까요?

3. 힘들 때는 어떤 기분이 드나요?

답답한	미운	분한	억울한	짜증 나는	괴로운	막막한
서운한	실망스러운	안타까운	좌절	후회스러운	지루한	피곤한
무서운	불안한	혼란스러운	귀찮은	무관심한	부끄러운	싸늘한

10 색으로 만나는 우리

1) 놀이키트와 사용 예시

- 워크시트지, 캔버스 1호 2개, 아크릴물감, 면봉 10개, OHP 필름

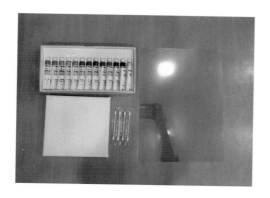 ▶

2) 치료목표

- 나와 타인 관계 인식하기

3) 치료개요

- 캔버스에 아크릴물감을 사용하여 그리기 또는 꾸미기를 하면서 나와 타인의 조화와 공동체를 인식한다.

4) 치료과정

들어가기

12. 공통점 찾기(p. 111 참조)

도입 및 워밍업

- 재료 및 환경을 점검하고 서로 확인한다.
- 놀이치료자는 집단원에게 소회의실에서 2분 동안 탐정놀이를 할 것이라고 말해 준다(사진 1).

   "여러분은 소회의실에서 내가 만난 파트너와 이야기를 할 겁니다. 이야기를 나누는 동안 여러분은 상대방에

대해 세 가지 이상 탐색을 해야 합니다. 상대방에게 내가 궁금한 것을 물어보는 겁니다. 예를 들어, 몇 살인지, 어디 사는지, 무슨 색을 좋아하는지 등등"

- 놀이치료자는 집단원을 전체 화면으로 돌아오게 한 다음 발표할 팀을 지정한다. 놀이치료자는 소회의실에서 만난 상대방에 대해서 알려 달라고 한다. 많은 것을 알아낸 사람이 이기는 것으로 한다.

"소회의실에서 만난 상대방이 누구인가요? 무엇을 알아냈나요? 혹시 상대방에게 들었던 당황스러운 질문은 없었나요? 내가 말해 주고 싶은 것은 없었나요? 말해 주고 싶지 않은 것은 없었나요?"

- 집단원이 모두 발표할 수 있도록 순서대로 돌아간 뒤 본활동으로 들어간다.

놀이치료과정

① 놀이치료자는 집단원에게 캔버스를 탐색하는 시간을 갖겠다고 안내한다. 이때 놀이치료자는 집단원이 캔버스를 탐색하는 상황을 한눈에 볼 수 있도록 화면을 [보기]–[갤러리]로 설정한다.

"캔버스를 관찰해 보세요. 문질러 보아요. 뒤집어 보아요. 무엇으로 만들었을까요?"

② 집단원은 물감을 탐색해 보도록 하며, 놀이치료자는 아크릴물감에 대한 주의사항을 알려 준다(Tip 참조).

③ 집단원은 다른 집단원이 좋아하는 색을 기억하여 캔버스에 물감을 짠다(사진 2).

"친구가 좋아하는 색을 기억해 보세요."

"여러 친구가 좋아하는 색이 화면에 들어가야 하니 위치를 잘 생각해 주세요."

④ 집단원은 면봉이나 나무젓가락을 사용하여 캔버스를 꾸며 주거나 OHP 필름을 덮어 아래, 위, 옆으로 살살 움직여 가며 물감의 모양이 변화하는 것을 보면서 작품을 완성한다.

"따로따로 색을 표현해도 좋고, 색을 섞어도 좋습니다."

"자유롭게 표현합니다. 형태가 나와도 좋고, 아무런 형태가 없어도 좋습니다."

⑤ 집단원은 다른 하나의 캔버스에 내 마음을 자유롭게 표현해 준다.

⑥ 두 개의 캔버스를 놓고 감상한다.

"각기 다른 두 개의 작품은 어떤 느낌인지 이야기해 봅니다."

⑦ 놀이치료자는 서로의 작품 제목을 지어 줄 것이라고 말하고 채팅창에 제목을 올려 달라고 이야기한다(사진 4).

"작품에 제목을 붙인다면 어떤 제목이 좋을까요?"

"제목을 정하지 못한 친구가 있다면 다른 집단원이 좋은 제목을 말해 줄 수 있습니다."

마무리

- 놀이치료자는 작품 경매하기를 한다고 이야기한다.
- 집단원 중 한 명이 작품사진을 올리고 자신의 작품에 대해 설명하면 다른 집단원이 채팅창에 가격을 쓴다. 놀이치료자는 시간을 정해 가장 많은 금액을 써 준 친구에게 낙찰하도록 한다.

  "나는 유명한 작가입니다. 자기 작품에 대해 설명해 주세요."

  "내 그림을 경매시장에 내놓는다면 얼마에 내놓고 싶은가요?"

나가기

11. 기합 장풍 쏘기(p. 130 참조)

5) 치료과정에서의 활용 Tip

- 아크릴물감은 옷이나 가구 등에 묻으면 재빠르게 물로 빨거나 나중에 마른 후에 떼어 내야 한다는 것을 알려 준다.
- 집단원의 인원이 너무 많아 정해진 캔버스 안에 모두 넣기 힘들다면 팀을 나눈다.
- 캔버스는 너무 크지 않은 것으로 준비한다. 작을수록 물감 양을 조절하기 쉽다.
- 나이가 어려 물감 양을 조절하기 어려운 경우 약병에 소량을 덜어서 발송한다.

11 함께 꾸미는 이야기

1) 놀이키트와 사용 예시

- 워크시트지, 양말 손 인형 만들기 세트(수면양말, 부직포, 눈알, 솜, 가위, 양면테이프)

2) 치료목표

- 상황 속에서 관계 촉진하기

3) 치료개요

- 내가 만든 퍼펫 인형을 활용한 상황극을 꾸미면서 나와 타인의 관계 경험을 한다.

4) 치료과정

들어가기

2. 릴레이 하나, 둘, 셋(p. 101 참조)

도입 및 워밍업

- 재료 및 환경을 점검하고 서로 확인한다.
- 집단원은 워크시트지의 상황 그림을 보고 그림 속의 대상이 되어 이야기를 지어 본다(사진 1).
- 놀이치료자는 발표자가 자원할 수 있도록 격려하고 [추천 비디오]로 화면에 올려 준다.
  "그림을 보고 비슷한 상황을 경험한 사람이 있다면 이야기해 주세요."

"경험한 상황에서 어떤 기분이었나요?"

"그때 상대방에게 꼭 이야기하고 싶었던 말은 무엇인가요?"

놀이치료과정

① 놀이치료자는 집단원이 재료 키트를 하나하나 꺼내어 촉감을 탐색해 보도록 촉진한다.

② 집단원은 양말을 접어 양말 코로부터 약 10cm 정도 안쪽으로 자른다.

③ 집단원은 재료 키트 중에서 입종이를 양말 위에 올려 주고 양말로 종이를 감싸며 붙여 준다(사진 2).

④ 집단원은 붙인 종이 위에 펠트를 덮어 붙인다.

⑤ 집단원은 펠트지를 귀, 코, 혀 모양으로 오린다.

⑥ 집단원은 양말에 솜을 넣어 얼굴을 봉긋하게 하고 귀, 코, 혀를 붙인다(사진 3).

⑦ 집단원은 양말에 손을 넣어 인형의 입을 움직여 보고 완성한다.

⑧ 집단원은 워크시트지의 그림 중 하나를 선택하고, 그림에 따라 팀을 나눈다.

⑨ 놀이치료자는 팀별로 [소회의실]로 보내어 배역을 정하게 한다.

⑩ 팀을 나눈 집단원은 소회의실에서 각자 맡은 역할과 대사를 하면서 인형극을 꾸며 본다.

⑪ 집단원은 모두 소회의실에서 전체 회의실로 돌아와 준비된 인형극을 공연한다(사진 4).

"그림을 보고 원하는 배역을 2~3개 이상 정해 봅시다."

"친구들끼리 서로 상의해서 배역을 정해 봅시다. 대사도 서로 논의해서 결정해 주세요."

"서로서로 대사를 말해 줘도 좋습니다."

"남은 시간을 확인하여 공연할 팀을 정하여 공연합니다."

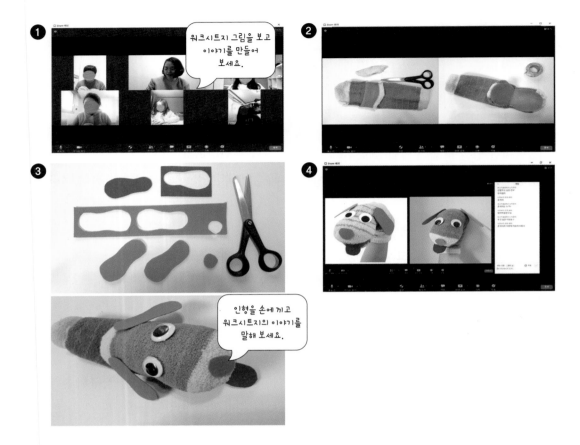

마무리

- 놀이치료자는 빈칸에 감정 넣기를 할 것이라고 안내한다.
- 놀이치료자는 3칸, 4칸, 5칸을 빈칸으로 만들어 PPT를 [화면 공유]로 올려 주고, 집단원은 느껴지는 기분에 대해 손을 들고 먼저 말한다.

  "지금 자신이 느끼는 기분을 세 글자로 표현해 봅니다. 집단원은 손을 들고 말해 주세요."

  "글자 수를 점점 늘려 가면서 표현해 봅니다."

나가기

10. 파도타기(p. 129 참조)

5) 치료과정에서의 활용 Tip

- 양말 인형키트는 맘아트에서 세트로 구매할 수 있다.
- 양말 인형을 사용하여 인형극을 꾸미는 것은 인형에게 투사하여 자신이 하고 싶은 이야기를 할 수 있도록 하기 위함이지만 자기개방이 잘되는 집단이라면 인형 없이 대본만으로 상황극을 해도 좋다.
- 인형극 상황을 녹화하여 회기를 마친 후에 동영상으로 만들어 공유해도 좋다.
- 저학년의 경우, 인형극 상황과 대사를 정해 주는 것이 좋고, 고학년이면 집단지성에 맡겨서 하는 것이 좋다.
- 워크시트지의 그림은 놀이치료자의 재량에 따라 집단이나 개인에게 어울리는 그림을 선택할 수 있다.
- 워크시트지 그림을 보고 배역을 결정할 때에는 사람뿐만 아니라 물건이나 환경도 의인화시켜 대사를 만들 수 있도록 한다.
- 인형을 만들 때, 판매사에서 제작한 양말 인형 만들기 동영상을 짧게 시청한 후 만들어도 좋다.
- 저학년의 경우 놀이치료자가 양말 자르기, 종이에 양면테이프 붙이기, 입펠트지에 양면테이프 붙이기, 귀와 코 펠트지 오리기, 혀 펠트지 오리기 등을 작업해서 보내는 것이 좋다.
- 아동의 나이와 수준에 따라 밑작업의 분량을 놀이치료자가 정하고 어느 정도 완성하여 키트로 보내는 것을 추천한다.
- 보통 인형을 붙일 땐 글루건을 사용하지만, 안전을 위해 강력 양면테이프를 추천한다.
- 인형을 예쁘게 만드는 것보다는 인형을 매개로 자신의 감정과 욕구를 표현하는 것이 중요하므로 시간을 잘 활용하여 짧은 인형극을 할 수 있도록 한다.

6) 워크시트지

- 다음은 우리가 만나는 상황 그림입니다. 어떤 상황인지 이야기해 볼까요?
- 사람, 사물, 환경을 의인화하여 이야기를 만드세요(소년: "네가 있어 다행이야.", 곰인형: "걱정 마.").

1. 소년:
2. 곰인형:
3. 작은 배:
4. 해:
5. 달:
6. 밤하늘:
7. 밝은 하늘:
8. 티셔츠:
9. 바지:

1. 소녀:
2. 소년:
3. 소녀 책상:
4. 소년 책상:
5. 소녀 의자:
6. 소년 의자:
7. 책:
8. 소녀 티셔츠:
9. 소년 티셔츠:

1. 우는 소년:
2. 보라 옷 소년:
3. 연두 옷 소년:
4. 소녀:
5. 학교:
6. 구름:
7. 우는 소년 책가방:
8. 땅:
9. 소년의 눈물:

12 마음 담은 오르골

1) 놀이키트와 사용 예시

• 병 모양 오르골 1개, 네임 스티커 2컷, 폼폼이 30개, 메모지 5장, 연필, AAA 건전지 3개

 ▶

2) 치료목표

• 공동체 속에서 의사소통하기

3) 치료개요

• 오르골 만들기를 통하여 듣기 좋은 말, 듣기 싫은 말을 찾고 효과적인 상호작용을 연습한다.

4) 치료과정

들어가기

11. 소리 듣고 맞히기(p. 110 참조)

도입 및 워밍업

• 재료 및 환경을 점검하고 서로 확인한다.

• 놀이치료자는 화면 공유로 듣기 좋은 말과 싫은 말 표를 올려 준다.

• 놀이치료자는 표를 보고 자신이 들었던 말 중 가장 좋았던, 또는 가장 싫었던 이야기를 다 같

이 나눌 것이라고 이야기해 준다. 이때 놀이치료자는 화면을 [보기]−[갤러리]로 하고 손가락으로 위, 아래, 왼쪽, 오른쪽을 표시하여 다음 순서를 정한다(사진 1).

"듣기 좋은 말은 어떤 말인지, 듣기 싫은 말은 어떤 말인지 생각해 봅니다."

"듣기 좋은 말은 누가 많이 말하는지, 듣기 싫은 말은 누가 주로 하는지 이야기해 봅시다."

"지금까지 내가 들었던 말 중에 가장 기분 좋았던 말은?"

"지금까지 내가 들었던 말 중에 가장 끔찍한 말은?"

놀이치료과정

① 놀이치료자는 화면을 [보기]−[갤러리]로 설정하여 전체 상황이 한눈에 보이도록 하고, 재료를 오감으로 탐색하도록 한다.

"오르골 음악은 어떤 느낌이 드나요?"

② 집단원은 각자 오르골 소리를 듣고 내 소리가 어떻게 들리는지 이야기한다.

③ 집단원은 자신이 가장 좋아하는 색의 폼폼이를 선택한다(사진 2).

"다양한 색의 폼폼이가 모두 섞여 있는 것을 보니 어떤 느낌이 드나요?"

④ 집단원은 듣기 좋은 말 중에서 가장 좋은 말을 메모지에 세 가지 이상 적고 메모지를 작게 접어 둔다(사진 3).

⑤ 집단원이 자신이 선택한 좋아하는 색에 관해 이야기하고, 듣기 좋은 말을 이야기할 수 있도록 놀이치료자가 발표를 촉진한다.

⑥ 집단원은 발표하는 사람이 선택한 색의 폼폼이와 접은 메모지를 병에 모두 담는다(사진 4).

"한 가지 색과 여러 가지 색이 있는 것은 어떤 차이가 있나요?"

"내가 느끼는 색과 친구들이 느끼는 색의 같은 점과 다른 점을 발견해 봅시다."

⑦ 집단원은 모두 돌아가면서 듣기 좋은 말과 좋아하는 색을 발표하며 병을 채운다.

⑧ 집단원은 오르골병 하단의 마개를 닫고 제목을 정해 라벨에 써 넣은 후 붙인다. 라벨지는 스티커이므로 손톱으로 뒷장을 잘 벗긴 후 원하는 곳에 붙인다.

"제목을 정하기 힘든 경우 친구들이 정해 줄 수 있습니다."

①

친구에게 듣고 싶은 말	친구에게 듣기 싫은 말
넌 정말 성격이 좋은 것 같아.	잘난 체 좀 하지 마.
네 연필 예쁘다.	너랑은 말이 안 통해.
와 너 진짜 달리기 잘한다.	니가 뭘 알아 꺼져.
이거 어떻게 한 거야? 대박!	넌 못하잖아. 얘! 넌 그것도 못하나?
역시 우리 팀은 네가 필요해.	돼지 같이 많이도 먹네!
친구들 중에서 네가 제일 좋아.	뭘 봐, 재수 없어.
넌 내 절친이야.	넌 안 줘, 비켜.
고마워.	재랑 같은 편 하기 싫어.
너 잘할 수 있어! 다시 해 봐!	하는 일마다 마음에 안 들어.
너랑 놀고 싶어. 같이 놀래?	(외모나 이름으로 놀릴 때)
(내 말을 잘 들어주는 친구)	(보란 듯이 자기들끼리 수군거릴 때)

②

③
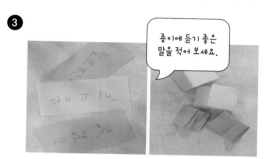

④

마무리

• 놀이치료자는 [모두에게 추천]으로 술래를 정하고, 술래는 자신의 기분을 몸으로 표현한다.

• 집단원은 술래의 기분을 맞힌다.

　"술래가 된 친구는 직접 감정 단어를 말해 줄 수는 없습니다. 자신의 기분을 몸으로 표현합니다."

　"친구들이 자기의 감정을 맞혀 주면 술래가 다른 친구를 정해서 술래를 넘겨줍니다."

나가기

13. 뒤죽박죽 인사말 찾기(p. 132 참조)

5) 치료과정에서의 활용 Tip

• 오르골의 음악을 듣고 감상하면서 재미있는 이름을 적어 붙여 준다. 붙이는 곳은 자유롭게 선택하도록 한다.

• 집단원은 오르골 LED 조명을 켜고 카메라에 비추면서 같은 모습이 연출되는 화면을 감상하고, 사진을 촬영하여 공유한다.

• 오르골에 사용될 건전지는 미리 준비해서 발송한다.

함께 모여 한걸음

1) 놀이키트와 사용 예시

• 한지등(높이 25cm 이상), 한지 색종이 1매, 풀, 가위, 채색도구, LED 초

 ▶

2) 치료목표

• 공동체에서의 관계 연결하기

3) 치료개요

• 한지등에 한지 색종이와 채색 도구를 사용하여 꾸미기를 하면서 집단원을 생각하고 공동체 안에서 안정감과 지지를 경험한다.

4) 치료과정

들어가기

3. 돼지 다리, 새 다리(p. 102 참조)

도입 및 워밍업

• 재료 및 환경을 점검하고 서로 확인한다.
• 놀이치료자는 [소회의실] 기능을 사용하여 집단원을 두 명씩 짝지어 방을 만들고, 화면 공

유로 마음표를 공유한다. 표를 보고 친구들에게 마음을 선물한다(사진 1).
• 놀이치료자는 [소회의실] 기능을 짧게 1분 정도 설정하여 모든 집단원이 1:1로 만날 수 있도록 한다.
  "친구들이 준 마음을 보고 느낀 감정이 있다면 무엇인가요?"
  "여기에 있는 친구들은 제외하고 내가 다른 사람에게 마음을 선물한다면 누구에게 어떤 마음을 선물하고 싶은가요?"

놀이치료과정

① 놀이치료자는 [추천 비디오] 기능으로 한 사람씩 화면을 확대해 주인공을 만든다.
② 집단원은 주인공이 되면 자기 손을 화면에 비춰 주고 집단원은 주인공이 원하는 색의 한지를 선택하여 주인공의 손을 그려 준다(사진 2).
  "주인공이 되는 기분은 어떤가요? 친구들이 내 손을 그릴 때 기분은 어떤가요?"
③ 집단원은 돌아가면서 주인공이 되고 모두의 손 모양이 그려지면 가위로 손 모양을 잘라 준다.
④ 집단원은 손 모양을 자른 후 해당 집단원의 이름을 자른 손 모양에 써 준다.
⑤ 집단원은 서로 하나되는 의미를 담기 위해 한지 색종이를 가로로 두 번 접은 후, 참고사진과 같이 그림을 그리고 가위로 오려서 등에 붙여 준다(사진 3).
⑥ 집단원은 한지등의 부자재를 잘 펴서 쇠고리를 끼워 모양을 잡아 주고 잘라 놓은 손 모양과 사람 모양을 한지등 부자재에 풀을 사용하여 붙여 준다.
  "등은 어떤 때에 사용하나요? 등이 필요한 때는 언제인가요?"
  "친구들의 손이 내 등불을 꾸며 주고 있는데 기분이 어떤가요?"
⑦ 집단원은 손 모양과 오려 낸 사람 모양을 모두 붙인 후 남아 있는 한지나 사인펜을 사용하여 자유롭게 등을 꾸며 준다.
  "아무것도 없는 등과 예쁘게 꾸며진 등은 어떤 차이가 있나요?"
⑧ 집단원은 LED 등을 켜서 감상한다(사진 4).

❶

인내심	표현력	겸손함	집중력	친절함	열심	용서
책임감	지혜	재미 있음	예의	용기	믿음 직함	따뜻함
배려심	신중함	도전	성실	이해심	자유 로움	솔직함
잘 들어 줌	사랑	도와줌	즐거움	자신감	건강함	공감

❷

친구들의 손을 보고
한지에 그린 후
오려 주세요.

❸
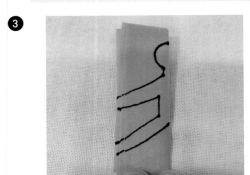

❹

마무리

• 집단원은 모두 LED 등을 켜고 화면으로 완성 작품이 보일 수 있도록 한다.

• 놀이치료자는 [보기]–[갤러리]를 활용하여 순서를 정하고, 정한 순서대로 집단원이 소원을 한 가지씩 이야기한다.

"옛날에 달을 보고 소원을 빌었던 것처럼 오늘은 내가 만든 등을 켜고 지금 떠오르는 소원을 이야기해 봅니다."

"여러분의 소원은 무엇인가요?"

"재미있는 것도 좋고, 어려운 것도 좋습니다. 지금 이루어질 수 있는 것도 좋고, 나중에 이루어질 수 있는 것도 좋습니다."

나가기
18. 두근두근 모션하기(p. 137 참조)

5) 치료과정에서의 활용 Tip
- 가위질이 어려운 아동의 경우 집단원이 좋아하는 색을 물어봐서 손으로 한지를 찢어 붙여도 좋다.
- 등을 조립할 때에는 주의사항을 말해 준다. 혹시 찢어지면 안심시키고 한지로 붙이면 된다고 이야기해 준다.
- 가위질이 어려운 경우 너무 많은 친구의 손을 본뜨지 않는다. 2~3장을 겹쳐 자르는 방법도 있다.
- 손그림을 그리기 어려운 경우, 집단원의 특징을 생각하여 한지에 얼굴 그림을 그리고 오려 붙이기를 할 수도 있다.
- 손그림이 아니어도 집단원끼리 서로 의사소통을 하여 등을 꾸밀수 있도록 한다. 예를 들어, "나는 분홍색 하트 모양으로 표현해 줘."라고 자기가 원하는 것을 집단원에게 말할 수 있는 기회를 준다.
- 카메라에 손을 보이게 들고, 가위질을 하기 편하도록 화면에 손가락이 잘 비춰지게끔 제한 설정을 한다.
- 작업 후 모두 불을 켜고 감상한다.
- 사인펜이나 물감으로 작업을 하면 한지등이 젖으면서 찢어질 수 있으니 주의한다.
- 나이에 따라 밑작업을 해서 보내 준다.
- 손 모양 그리기, 자르기 등은 놀이치료자가 시연을 보여서 모델링을 한다.

14   서로에게 주는 메달

1) 놀이키트와 사용 예시

• 워크시트지, 리본, 동전 모양 초콜릿 10개, 스티커, 테이프

 ▶

2) 치료목표

• 공동체에서의 관계 다지기, 종결 감정 나누기

3) 치료개요

• 집단원 간에 서로의 장점을 피드백하여 메달을 만들어 수여하면서 종결의 의미를 되새긴다.

4) 치료과정

들어가기

13. 다 함께 찍는 먹방(p. 112 참조)

도입 및 워밍업

• 재료 및 환경을 점검하고 서로 확인한다.
• 놀이치료자는 '가위바위보 ○○를 이겨라!'를 해서 이긴 사람만 초콜릿을 맛볼 수 있다고 안내한다.
• 집단원은 가위바위보를 하여 놀이치료자를 이기고 초콜릿을 먹는다.

- 놀이치료자는 이때 음악을 사용하여 종결의 분위기를 고조시킨다. 음악은 [화면 공유]-[고급]-[컴퓨터 소리만 공유]를 선택하여 공유한다(사진 1).
- 집단원은 워크시트지를 보면서 집단원에게 주고 싶은 상을 생각한다.
- 놀이치료자는 집단원을 3~4명씩 [소회의실]로 1~2분 정도 이동하게 하여 서로에게 주고 싶은 상 이름을 전달한다(사진 2).

  "상은 어떤 사람들이 받을까요? 또 어떤 사람들이 줄까요?"

  "지금까지 내가 실제로 받았던 상 중에서 기억나는 것이 있나요?"

  "받고 싶은 상은 어떤 것이었나요? 이 외의 상은 어떤 것인가요?"

  "여기에 적혀 있지 않은 상 중에서 받고 싶은 상이 있나요?"

놀이치료과정

① 놀이치료자는 집단원을 [소회의실]에서 전체 회의실로 이동하게 하여 워크시트지에 있는 친구들에게 받은 상의 이름을 오리게 한다.

② 집단원은 오려 낸 상 이름을 동전 초콜릿 한쪽 면에 투명테이프를 사용하여 붙인다(사진 3).

③ 집단원은 소회의실에 참여한 집단원의 인원수만큼 메달을 여러 개 만든다.

④ 집단원은 상 이름을 붙인 반대쪽에 다양한 모양의 스티커를 붙이거나 유성펜으로 그림을 그려 꾸민 후 완성한다.

⑤ 집단원은 리본을 잘라 양쪽 끝을 묶어 원 모양을 만든 후 투명테이프를 사용하여 메달에 붙인다.

⑥ 놀이치료자는 발표자 보기를 하여 순서를 정하고, 집단원은 정한 순서대로 자신의 메달을 화면으로 보여 주며, 다른 집단원은 박수를 쳐서 격려한다.

  "여러 개의 메달을 받는 기분은 어떤가요? 가장 마음에 드는 상은 어떤 상인가요?"

  "부상을 준다면 어떤 것을 받고 싶은가요? 그것이 받고 싶은 이유는 무엇일까요?"

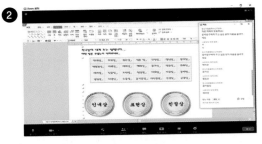

마무리

• 놀이치료자가 '같은 상 이름 모여라'를 할 것이라고 설명하고 상 이름을 하나씩 호명한다.
같은 상을 받은 집단원은 손을 든다.

"같은 상 이름 모여라~ 인내상"

• 놀이치료자는 같은 상을 받은 친구들의 공통점 찾기를 진행한다고 하며, 집단원에게 공통
점을 찾아 말해 달라고 한다.

"같은 상을 받은 이유는 무엇이라고 생각하나요?"

"지금 받은 상이 마음에 든다면 어떤 이유인가요?"

"지금 받은 상 이외에 받고 싶은 상이 있다면 어떤 것일까요?"

나가기

15. Up & Down(p. 134 참조)

5) 치료과정에서의 활용 Tip

- 도입에서 이긴 사람뿐 아니라 진 사람도 먹을 수 있도록 놀이치료자는 아이디어를 생각한다(예쁜 사람 먹기, 머리 긴 사람 먹기, 파란 옷 입은 사람 먹기 등).
- 저학년의 경우에는 초콜릿을 넉넉히 준비하고 다 먹지 않도록 주의사항을 적어 준다.
- 집단원의 수준에 맞게 상 이름을 적어 준다.
- 자신이 받고 싶은 상을 아무것도 적혀 있지 않은 메달에 적어 자기 자신에게 선물할 수도 있다.
- 헤어짐에 대한 아쉬움과 상실감을 충분히 표현할 수 있도록 한다.
- 구성원이 집단을 통해 변화된 것이 무엇인지 관찰하고 서로 피드백할 수 있는 시간을 갖는다.
- 함께했던 작업을 같이 공유하는 시간도 필요하므로 그동안 했던 작품이나 테마를 기억하도록 한다.
- 자신의 상을 읽으며 축하하는 시간을 갖는다.
- 지난 회기 때 찍어 놓았던 작품 사진이 있다면 공유하여 서로 느낌을 나눌 수 있도록 한다.
- 종결에 활용할 시 놀이치료자가 그동안 했던 작품이나 놀이명을 PPT 파일로 만들어 [화면 공유]를 하고 집단원은 가장 재미있었던 활동에 스티커 붙이기를 해도 좋다(사진 4).

6) 워크시트지

친구들이 내게 주는 상

인내상	표현상	겸손상	집중상	친절상	열심상	용서상
책임감상	지혜상	재미상	예의상	용기상	믿음상	온화상
배려상	신중상	도전상	성실상	이해상	자유상	솔직상
경청상	사랑상	도움상	즐거움상	자신감상	건강상	공감상

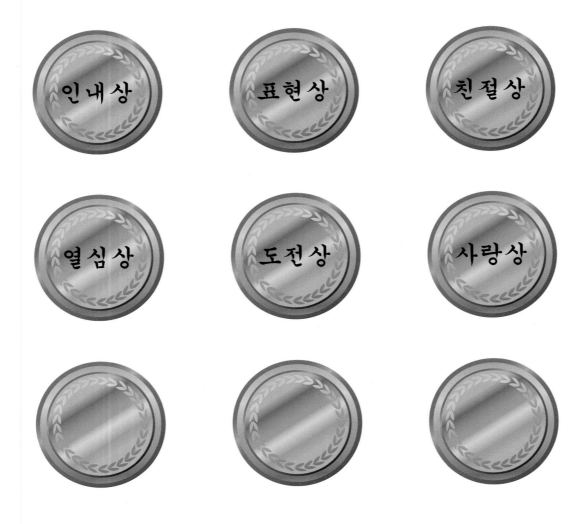

제**6**장

청소년을 위한
자아정체성 프로그램

1. 청소년기의 자아정체성

청소년기의 가장 중요한 발달 과업은 자아정체성 확립이다. 자아정체성이란 '나는 누구인가'에 대한 총체적인 느낌 및 사고를 뜻하는 심리학적 용어이다. 청소년기에는 자신의 위치, 역할, 능력 등의 자아정체성에 관하여 최초로 내면적 질문을 하는 시기이므로 자아정체성의 확립을 위한 노력의 중요성이 강조된다. 이러한 자아정체성은 갑작스럽게 생겨나는 것이 아니며, 어릴 적 아동기의 동일시 경험에서부터 시작되어 조금씩 부분적이고 점차적으로 이루어진다. 즉, 정체성 형성 과정은 아동기에 그 뿌리를 두고 청소년기를 거쳐 일생을 통해 이룩되어야 할 중요한 과제이자 도전이라고 할 수 있다.

빠르게 변화하는 현대사회의 청소년은 불안한 가정환경, 사회적응문제, 학업 스트레스 등의 원인으로 서로 간의 부족한 소통과 관계 맺음의 문제를 겪으며, 이는 자아정체성 형성을 어렵게 만든다. 자아정체성 형성의 어려움은 내적으로는 은둔형 외톨이, 자해나 자살, 학업중단의 모습으로 나타날 수 있으며, 외적으로는 감정조절의 어려움, 폭력, 가출, 비행과 같은 모습들로 나타난다. 이러한 어려움으로 자아정체성의 역할 혼미가 생기면 자신의 일생을 계획하고 설계하려는 욕구가 부족해지며, 부정적 정체감이 형성되므로 다양한 문제행동을 일으키게 된다. 뿐만 아니라, 청소년기에는 성장 호르몬의 변화로 신체적·정신적 변화에 혼란을 경험하며 심한 감정 기복과 충동성 조절과 같은 정서·행동적 문제를 경험한다. 최근 우리나라에서도 아직 미성숙한 청소년의 문제와 더불어 소년법 개정이 필요하다고 목소리가 커질 만큼 집단 학교폭력, 성폭력과 같은 강력범죄, 사이버 범죄와 같은 청소년 범죄가 사회를 뜨겁게 달구고 있다. 요즘 청소년의 겉모습은 성인과 다를 바 없이 화장이나 옷차림 등으로 꾸며 매우 성숙해 보이지만 성인과 달리 정신은 미성숙하고 불안정한 상태에 놓여 갈등과 불안을 동반하기 때문에 올바른 자아정체성을 확립하는 것은 그들의 가장 중요한 발달 과업이라 말할 수 있는 것이다.

청소년기는 아동기를 지나 성인으로 가는 발달의 중간단계로서, 기존의 의존적인 삶에서 벗어나 독립된 인격체로 성장하기 위해 자신을 강하게 단련시키는 과정을 겪어야 한다. 청소년이 안정된 자아정체감을 형성하기 위해서는 신체적 성숙과 성적 성숙, 사고능력의 발달, 정서적인 안정성 확보, 부모나 또래 집단으로부터의 자율성과 개성화를 확보할 수 있어야 한다. 그리고 다양한 역할 실험을 통하여 자신의 특성을 이해하고, 타인의 견해를 수용하며, 경험을 통해 다양한 지식을 습득하는 과정이 필요하다. 궁극적으로 '자기다움'에 대한 확립이 이루어져야 한다. 이러한 과정을 거쳐 자아정체성이 잘 형성된다면, '나는 누구이고, 어떤 사람이다.'에 대해 비교적 명료하고 견고한 이해를 할 수 있으며, 자신의 개별성과 통합성 그리고 지속성을 유지하는 상태를 갖게 된다. 즉, 자기만의 독특한 총체로 통합할 수 있게 된다.

이처럼 청소년이 올바른 자아정체성을 확립하고 자신만의 방향을 설정할 수 있도록 적극적이며 전문적인 도움이 필요하다. 위기를 경험하고 있는 역할 혼미 상태의 청소년이 안정된 자아정체성을 형성할 수 있도록 다양한 심리적 프로그램이 필요하다. 청소년기 이전에 부정적 경험에 대해 재회복 과정을 도우며 자기성장의 토대를 구축할 수 있도록 기회를 제공해야 한다. 또한 집단 활동을 통해 사회적 관계에 안정감과 신뢰감을 주어 자신을 확장시킬 수 있도록 도와야 한다. 청소년이 사회의 일원으로서 적응하며 조화로운 삶을 영위할 수 있도록 전문적인 접근과 지원이 필요하다.

2. 청소년기 비대면 자아정체성 프로그램

본 프로그램은 청소년이 자기탐색 및 이해의 과정을 거쳐 수용 및 개방의 자세를 경험하고, 궁극적 목표인 자아정체성 확립을 위해 놀이치료자가 어떤 노력을 해야 하는지에 중점을 두고 구성되었다.

단계	회차	치료목표	치료개요
말랑말랑한 나! : 매체를 활용한 심리적 이완 및 표현	1. 성장하는 나무 심기	신뢰감 형성 및 프로그램에 대한 기대감 향상	자라나는 성장나무를 심으며, 프로그램 및 자기변화에 대한 기대감 표현하기
	2. 말랑말랑 내 감정	심리적 이완 및 자유로운 감정 표현	슬라임의 촉감을 느끼며 감각을 인식하고 현재 자신의 감정을 표현하기
	3. 마음 비우기	정서적 이완 및 표현	점토를 만지면서 신체적 이완 및 느낌 표현하기
지금 여기 나! : 자기탐색 및 이해	4. 나를 담은 손	자아감각력 향상 및 긍정적 신체상	석고 손을 본뜨며, 자신의 신체와 자화상에 대한 인식 돕기
	5. 나와 닮은 돌	자신의 내적·외적 모습 탐색 및 표현	자신의 모습을 닮은 돌을 찾고 특징을 살려 자화상 표현하기
	6. 이럴 때 나의 감정은?	일상생활에서 경험하는 자신의 정서 이해 및 표현	마인드맵을 통해 일상생활에서 경험하는 다양한 정서를 이해하며, 페인트볼로 부정적 감정 해소 및 표현하기
	7. 나의 소중한 감정 보물상자	긍정적 감정인식 및 수용	자신이 경험한 감정 중에서 오래도록 간직하고 싶은 감정 네 가지를 감정 단어, 이미지로 콜라주 표현하기
그래서 그랬구나! : 자기수용 및 개방	8. 어린 시절의 나	내면의 아이 경험 및 자기위로와 수용	어린 시절을 회상하며 자신만의 아기 인형을 만들고 그 시절 필요했던 자원이나 자신에게 주고 싶은 선물 표현하기
	9. 안전 놀이터	스트레스 대처 및 사회적 관계 이해	자신을 상징하는 동물 피겨를 선택하고 아이클레이를 활용하여 안전한 놀이터 꾸미기
	10. 스트레스 팡팡 날리기	스트레스 해소 및 조절	최근 경험하고 있는 고민이나 스트레스에 대해 탐색해 보며 스트레스 해소 및 조절하기

그게 바로 나! : 성장자원 증진 및 자기 통합	11. 나 이런 사람이야	긍정적 자원 인식 및 긍정성 향상	자신이 생각하는 자신의 강점과 타 인이 인식하는 집단원의 강점을 찾 고 서로의 피드백을 통해 자신의 긍 정성 찾기
	12. 나의 든든한 영양분	긍정적 미래 및 성장 가능성 찾기	자신을 나무로 표현하고 그 나무가 잘 자랄 수 있도록 필요한 자원들을 자연물을 활용하여 꾸며 주기
	13. 인생 자서전	자아정체성 확립 및 자 기통합	자신의 인생을 표현할 수 있는 이미 지와 인생의 주요 자서전을 만들고 제목 짓기
	14. 10년 후로 미래 여행	희망적 미래상 및 긍정 성 향상	현재까지 잘 버텨 준 자신을 위한 선물로, 자신이 원하는 10년 후를 상상하며 미래여행 표현하기

1   성장하는 나무 심기

1) 놀이키트와 사용 예시

- 뚜껑이 있는 투명 컵, 종이철끈, 요소, 식용색소, 티스푼, 매직, 네임펜, 칼, 꾸미기 재료 등

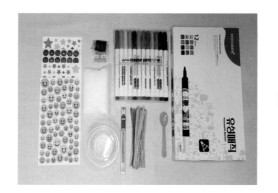 ▶

2) 치료목표

- 친밀감 및 프로그램에 대한 기대감 형성
- 자아정체성 인식 및 변화하고 싶은 자신의 모습 표현

3) 치료개요

- 성장나무를 관찰하며 앞으로의 나의 긍정적인 변화에 대한 즐거움을 경험할 수 있도록 한다.

4) 치료과정

들어가기

12. 공통점 찾기(p. 111 참조)

도입 및 워밍업

- 놀이치료자는 놀이키트 및 치료적 환경을 점검한다.
- 놀이치료자는 비밀보장과 관련된 동의서를 읽어 주고, 집단원의 동의 후 활동을 진행한다.

- 집단원이 프로그램에 대한 기대와 원하는 개인의 목표 등에 대해 자유롭게 채팅창에 적어 나눠 본다. 놀이치료자는 프로그램에 대한 흥미를 유발하고, 앞으로 변화하며 성장하는 자신의 모습을 기대할 수 있도록 유도한다.

  "나 자신에 대해 알아 가는 과정이 즐거운 시간이 되길 바랄게요."

놀이치료과정

① 치료자는 [보기]-[갤러리]로 설정하여 전체 상황이 한눈에 보이게 만들어 놓고, 만드는 과정이 잘 보일 수 있도록 메인 카메라 이외에 스마트폰이나 태블릿과 같은 보조 카메라를 활용하여 손 모양과 재료가 보이도록 조정한다.

② 나무의 기둥을 만들어 주는 과정으로서, 준비된 종이철끈에서 3개를 제외하고 약 30~40개를 모아 준다. 하나로 모아 주고, 나무 기둥을 4등분으로 나누어 1/4 지점의 가장 아래쪽에 종이철끈 1개를 이용해 단단히 묶어 준다(사진 1).

③ 나무의 가지를 만들기 위해, ②번의 작업물 중에서 15개 정도를 아래로 내려서 펼쳐 준다. 펼쳐진 종이철끈을 약 2~3개씩 모아 꼬아서 4~5개의 나뭇가지를 만들어 준다(사진 1).

④ 나뭇가지 위로 남은 종이철끈을 모아 2/4 지점에 종이철끈 1개를 이용해 단단히 묶어 중간 기둥을 만든다.

⑤ ③번과 같은 방법으로 종이철끈을 펼치고 꼬아서 4~5개의 나뭇가지를 만들어 준다.

⑥ 종이철끈의 3/4 지점을 묶어 마지막 기둥을 만들어 주고, 위와 같은 방법들을 반복하여 모든 종이철끈이 다 내려질 때까지 나뭇가지를 만들어 성장나무를 완성한다(사진 1).

  "종이 철끈을 모아 꼬아주면 여러 가지 모양이 만들어져요."

  "지금은 앙상한 가지 모양만 있는 시작이지만, 시간이 지나면 여기에 무엇인가 피어날 거예요."

⑦ 뚜껑이 있는 투명 컵을 활용해 성장나무의 화분을 만든다. 채색도구와 꾸미기 재료를 활용하여 자유롭게 꾸며 준다. 뚜껑이 막혀 있다면 ⑥번에서 완성된 성장나무가 들어갈 수 있도록 칼로 구멍을 뚫어 준다(사진 2).

⑧ 꾸민 성장나무 화분에 티스푼으로 요소 약 15~20숟가락을 넣어 주고, 원하는 색의 색소를 넣는다. 그 후 약 2/3의 물을 넣고 요소가 녹을 때까지 젓는다(사진 2).

⑨ 성장나무 화분의 뚜껑을 닫고 미리 만들어 놓은 성장나무(종이철끈)를 꽂는다(사진 3).

최소 일주일 정도의 시간이 흘러야 변화가 생겨요!

나뭇가지에 잎이 자랄 때마다 나도 조금씩 성장하는 것 같아요.

마무리

- 완성된 작품을 보며 성장나무의 이름을 정해 본다.

  "나무의 이름에는 어떤 의미가 있나요?"

- 집단원은 발표 순서를 정하고, 정한 순서에 따라 한 명씩 작품을 소개한 후 간단한 소감을 발표한다. 이때 발표자를 [모두에게 추천]으로 설정하고 화면을 [핀고정] 시켜 주며, 나머지 집단원은 채팅창에 자유롭게 반응을 올린다. 놀이치료자는 몇 가지를 선택하여 반응을 읽어 준다(사진 4).

- 놀이치료자는 시간이 흐르면 성장나무 가지에 무엇이 피어날 것이라는 점을 안내한다. 워크시트지를 활용하여 매일 성장나무의 변화를 관찰하며, 관찰일지를 써 보도록 안내한다.

  "이 나무가 어떻게 성장하기를 바라나요?"

  "앞으로 진행될 프로그램 또는 자신의 미래에 대해 어떤 기대감을 가지고 있나요?"

  "관찰일지를 작성해서 변화하는 과정을 기록해 주세요."

나가기

1. 가위바위보 ○○를 이겨라!(p. 120 참조)

5) 치료과정에서의 활용 Tip

- 매 회기 관찰일지를 확인하여 성장 과정을 함께 나눌 수도 있고, 마지막 종결 때 최종적으로 성장한 나무를 다시 관찰하고 변화된 모습과 그동안 성장한 자신의 마음 상태를 공유하여 나눠 볼 수 있다.
- 앞으로 프로그램에 대한 기대, 자신의 소원 등을 종이에 적어 성장나무 나뭇가지에 매달아 줄 수 있다.
- 청소년은 괜찮을 수 있지만, 발달수준이나 연령에 따라 칼 사용이 위험한 경우에는 놀이키트 제공 시 구멍이 뚫린 투명 컵 뚜껑을 보내 준다.
- 요소 결정체가 생기기까지 약 1주일 이상의 시간이 소요되므로, 집단원에게 천천히 관찰일지를 작성할 수 있도록 격려한다.
- 포털 사이트에서 요소결정 나무 만들기 세트 검색으로 구매할 수 있다. 본회기는 (http://expt2014.com/product/detail.html?product_no=3889&cate_no=44&display_group=1&cafe_mkt=naver_ks&mkt_in=Y&ghost_mall_id=naver&ref=naver_open&NaPm=ct%3Dl3bjyh00%7Cci%3D0AG0002oT8fwwRrqr0WE%7Ctr%3Dpla%7Chk%3D11e6ee2704846243d5087b89327fdcdb9b0a6e15)에서 구매하였다.

성장나무 만들기 놀이치료자 참고 영상:

https://www.youtube.com/watch?v=IP3WaOIucSM

6) 워크시트지

성장 관찰 기록지
MY GREEN PLANT

성장 시작일:　　　년　　　월　　　일
최종 관찰일:　　　년　　　월　　　일

당신의 나무가 어떻게 성장하길 바라나요?
하루하루 소망을 담아 관찰해 주세요.
마지막 날, 당신의 마음도 무럭무럭 성장한 걸 발견할 수 있을 거예요! ^^

01 날짜: 시간:	나무의 상태	나의 마음 상태

02 날짜: 시간:	나무의 상태	나의 마음 상태

03 날짜: 시간:	나무의 상태	나의 마음 상태

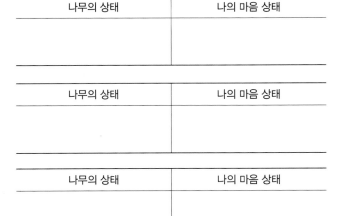

[최종 나무의 모습]　　　　　　　　[최종 변화된 나의 모습]

2 말랑말랑 내 감정

1) 놀이키트와 사용 예시

• 물풀(착풀 50~170mL 이하의 용량), 렌즈세정액(리뉴), 베이킹소다, 뚜껑이 있는 플라스틱 컵, 숟가락, 물, 클레이, 글리터, 폼폼이

 ▶

2) 치료목표

• 심리적 이완 및 안정감 경험
• 감정표출을 통한 카타르시스 경험

3) 치료개요

• 슬라임을 활용해서 자신의 감각을 인식하고 현재 자신이 느끼는 감정을 자유롭게 표현한다.

4) 치료과정

들어가기

5. 감정 단어 빙고 게임(p. 104 참조)

도입 및 워밍업

• 놀이치료자는 집단원이 앞서 '들어가기' 활동을 통해 새롭게 알게 된 감정 단어가 있는지

확인한다. 놀이치료자는 미리 준비한 감정 단어카드를 화면 공유를 통해 보여 준다. 같은 감정이라도 경험에 따른 느낌이 다를 수 있으므로 몇 가지의 감정을 꼽아 자신이 경험했던 비슷한 감정에 대한 느낌을 채팅창에 공유하며 함께 나눠 본다. 예) 두근거리는, 가슴 벅찬, 뭉클한 등

놀이치료과정

① 놀이치료자는 매체를 통해 감정을 표현해 볼 것이라고 설명한다.

② 집단원은 놀이키트에 제공된 플라스틱 컵에 착풀, 렌즈세정액 4~5스푼, 베이킹소다 한 꼬집을 함께 넣어 준다.

③ 숟가락으로 계속해서 저어 재료들이 섞여 뭉쳐지도록 만든다.

④ 어느 정도 점성이 생겨 뭉쳐진 상태라면, 꺼내어 손으로 만지며 반죽한다(사진 1).

⑤ 집단원이 매체를 손으로 만져 느껴지는 감각을 [음소거 해제] 상태로 하고 자유롭게 말할 수 있도록 한다(사진 2).

"슬라임의 느낌은 어떤가요? 어떤 것이 생각나요?"

"자신이 만져 본 느낌과 가장 유사하다고 느껴지는 것은 무엇인가요?"

"색깔, 끈적임의 정도, 손가락과 손바닥으로 만졌을 때의 느낌 등 자유롭게 관찰하며 탐색해 주세요."

⑥ 모두 [보기]-[갤러리]로 화면을 설정한다. 집단원이 충분히 만지며 감각에 집중하도록 하고, 이때 손가락으로 찍어 보기, 두 손으로 비벼 보기, 바닥에 내리쳐서 풍선 만들기 등의 다양한 방식으로 놀이를 한다.

⑦ 놀이치료자는 집단원이 최근 자신이 경험한 감정이나 심리적 상황을 떠올려 보도록 유도한다. 떠오른 여러 감정 중에 가장 우세한 감정 세 가지만 선택하여 각 감정을 나타내는 색을 표현한다. 그와 어울리는 다양한 재료를 활용해도 좋다.

"최근 느낀 감정 중 자주 느끼거나 강력하게 느낀 감정이 있다면 그중 세 가지의 감정을 떠올려 보세요."

"그 감정과 어울리는 느낌의 재료들을 섞어도 좋아요."

⑧ 완성된 감정들은 플라스틱 통에 각각 담아 꾸며 준다(사진 3).

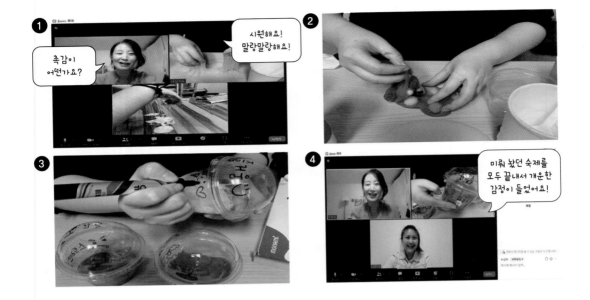

마무리

- 놀이치료자는 화면을 [보기]-[갤러리]로 설정하고 순서를 정하여 집단원의 작품을 발표한다(사진 4).

  "최근 경험한 세 가지의 강렬한 감정은 무엇인가요?"

  "표현된 작품이 자신의 감정을 잘 나타내고 있나요?"

  "당신이 최근 경험한 감정에는 이런 것들이 있군요."

  "완성된 작품을 보니 어떤 느낌이 드나요?"

- 집단원은 오늘 활동에 대한 매체의 느낌을 채팅창에 감정 단어, 색깔, 느낌 등으로 자유롭게 적어 본다. 놀이치료자는 채팅창에 올라온 글들을 함께 공감하고 공유할 수 있도록 읽어 주며 활동을 마무리한다.

  "오늘 사용한 매체의 느낌은 어땠나요?"

  "오늘 활동을 통해 자신의 감정을 자유롭게 표현해 보았나요?"

  "작품과정이나 완성된 작품은 만족스러운가요?"

나가기

5. 칭찬 샤워(p. 124 참조)

5) 치료과정에서의 활용 Tip

• 자신이 평소에 잘 느끼지 못하는 감정들을 색과 형태로 표현해 보는 기회를 제공한다.

• 비슷한 감정이나 경험을 한 집단원끼리 소회의실을 이용해 느낌을 공유해 볼 수도 있다.

• 향이 있는 핸드크림을 첨가하거나, 소리나 촉각을 느낄 수 있는 파츠 등을 섞어 오감을 깨우는 데 활용할 수 있다.

3 마음 비우기

1) 놀이키트와 사용 예시

- 점토, 신문지(바닥에 깔 것), 찰흙판, 물감, 포스터물감, 붓, 물통, 비닐, 니트릴 장갑, 물티슈

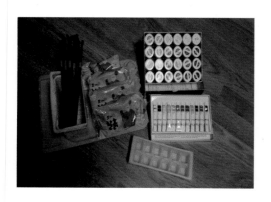 ▶

2) 치료목표

- 정서적 표출 및 이완 경험
- 표현 욕구 충족
- 현재의 '나'에 대한 인식

3) 치료개요

- 점토를 접촉하면서 신체를 이완하고, 내 안에서 버리고 싶은 세 가지를 찾아 점토로 이미지를 만든다.

4) 치료과정

들어가기

8. 오늘의 감정은 무슨 색일까?(p. 107 참조)

도입 및 워밍업

- 놀이치료자는 [화면 공유]-[고급]-[컴퓨터 소리만 공유]를 선택하여 잔잔한 음악을 공유

후 복식 호흡을 통해 몸과 마음을 이완하도록 돕는다.

- 놀이치료자는 집단원이 충분히 점토를 탐색한 후 자신의 기억에서 버리고 싶은 것을 생각해 볼 수 있는 기회를 제공한다(사진 1).

놀이치료과정

① 놀이치료자는 [화면 공유]–[고급]–[컴퓨터 소리만 공유]를 선택하여 집단원이 활동에 적합한 다양한 음악을 들으며 자유롭게 점토를 탐색할 수 있도록 한다(제2장 4. 비대면 놀이치료에 효과적인 협업 툴 참조).

② 집단원은 눈을 감은 후, 1분 이상 점토를 손으로 만지며 탐색해 본 후 눈을 뜨고 1분 이상 점토를 탐색해 본다(사진 1). 집단원이 점토 탐색 시 놀이치료자는 [보기]–[갤러리]를 통해 전체 작업과정을 한눈에 보며 집단원이 탐색하는 과정을 살핀다.

"눈을 감고 점토를 탐색했을 때 느낌은 어떤가요?"

"눈을 뜨고 점토를 탐색했을 때 느낌은 어떤가요?"

③ 집단원은 점토를 활용하여 자신의 기억 중 버리고 싶은 것을 표현해 본다(사진 2).

④ 집단원은 점토를 나누어 버리고 싶은 기억을 다양한 형태로 표현해 본다(사진 3).

"버리고 싶은 기억은 무엇인가요? 버리고 싶은 기억을 점토로 표현해 보며 어떤 느낌이 들었나요?"

"버리고 싶은 기억을 다양한 형태로 표현해 보며 어떤 느낌이 들었나요?"

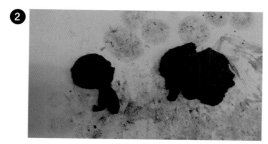

마무리

- 활동을 하며 느낀 점을 나눈 후 놀이치료자는 미리 생성한 패들렛 링크 주소를 집단원에게 공유한다.
- 집단원은 생성된 패들렛에 '버리고 싶은 것'을 사진으로 찍어 게시한다.
- 집단원은 다른 집단원의 게시글에 댓글을 달거나 '좋아요'를 눌러 서로 지지와 격려를 할 수 있도록 한다.
- 놀이치료자는 집단원이 작성한 게시물을 [게시물 내보내기]에서 이미지 혹은 PDF 등의 형식으로 저장하고 ZOOM 화면으로 공유한다.
- 소감을 나누고 마무리한다.

나가기

11. 기합 장풍 쏘기(p. 130 참조)

5) 치료과정에서의 활용 Tip

- 점토를 만지는 것을 불편해하는 집단원에게는 비닐과 니트릴 장갑을 활용해 매체를 탐색할 수 있도록 한다.

4 나를 담은 손

1) 놀이키트와 사용 예시

• 핸드크림, 석고붕대, 가위, 미지근한 물, 아크릴물감, 붓, 일회용 플라스틱 컵, 일회용 팔레트, 작업용 비닐

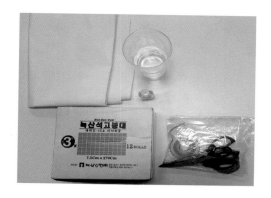 ▶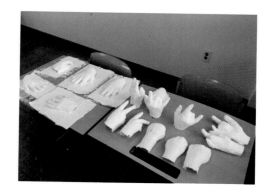

2) 치료목표

• 손의 의미 탐색 및 이완
• 자아감각력 향상 및 긍정적 신체상 향상

3) 치료개요

• 석고로 본뜬 나를 담은 손을 감상하며, 자신의 신체와 자화상에 대한 인식을 돕는다.

4) 치료과정

들어가기

3. 돼지 다리, 새 다리(p. 102 참조)

도입 및 워밍업

• 놀이치료자는 [화면 공유]−[고급]−[컴퓨터 소리만 공유]를 선택하여 잔잔한 음악을 공유 후 복식호흡을 통해 몸과 마음을 이완하도록 돕는다(제2장 4. 비대면 놀이치료에 효과적인 협

업 툴 참조).

• 놀이치료자는 집단원이 자신의 또 다른 얼굴인 손을 충분히 탐색할 수 있도록 돕는다.

"자신의 손을 바라봐 주세요."

"자신의 손과 이야기를 나눠 보세요."

"자신의 손에 이름을 붙여 주세요."

• 놀이키트에 제공된 핸드크림을 집단원이 자신의 손에 바르면서 스스로에게 격려의 말과 사랑의 말을 하며 고마운 마음을 표현할 수 있도록 안내한다(사진 1).

"수고했어."

"사랑해."

"최선을 다하는 나에게 고마워."

• 놀이치료자는 집단원이 손을 탐색하며, 지금까지 내 손이 했던 자랑스러운 일에 대해 채팅 창에 적어 보도록 한다. 이때 놀이치료자는 집단원이 올린 글을 읽어 준다.

놀이치료과정

① 놀이치료자는 집단원에게 놀이키트에 제공된 석고붕대를 가위를 사용하여 약 5cm의 크기로 자르도록 안내한다. 손가락과 손등 크기에 맞추어 잘라 놓는다(손가락 1개당 5개 이상, 손등 10개 이상 여분으로 준비하기)(사진 2).

② 집단원은 자신이 표현하고 싶은 손의 모양을 선택한 후 간직하는 의미에서 석고 손 본뜨기를 한다.

③ ①번에 미리 잘라서 준비한 석고붕대를 한 장씩 물에 적신 후 포즈를 취한 손 위에 올려 석고붕대의 결이 매끈해질 때까지 물을 적셔 가며 문질러 준다(사진 2).

④ 여러 장을 겹쳐 빈틈 없이 꼼꼼하게 붙인다. 손 모양대로 모두 붙인 후, 석고붕대가 굳을 때까지 잠시 기다린다.

⑤ 석고붕대가 건조된 후, 주먹을 펴듯 꼼지락꼼지락하며 살살 빼내어 완성한다.

⑥ 2회기로 나누어 아크릴물감, 꾸미기 재료 등을 활용하여 자랑스러운 나의 손을 꾸며 본다.

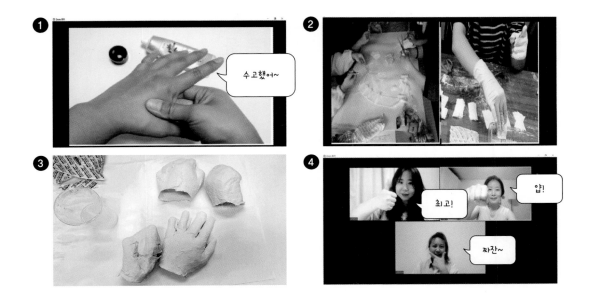

마무리

- 집단원은 작품에 제목을 붙여 본다.
- 놀이치료자는 [보기]−[갤러리]를 사용하여 순서를 정하고, 순서에 따라 돌아가며 한 명씩 작품을 소개한 후 간단한 소감을 발표한다. 이때 발표를 들은 나머지 집단원은 채팅창에 자유롭게 반응을 올려 보도록 한다.

  "지금까지 나의 손이 한 자랑스러운 일은 무엇인가요?"

  "앞으로 이 손으로 하고 싶은 일은 무엇인가요?"

  "아주 멋진 손이구나."

나가기

12. Air Hug(p. 131 참조)

5) 치료과정에서의 활용 Tip

- 도입 시 유튜브에서 알맞은 음악을 엄선해 소리 공유를 한다.
- 긴장감 완화 및 이완을 위해 손 탐색 시, 충분히 탐색할 수 있도록 제공하는 것이 중요하다.
- 집단의 연령 및 수준에 따라 작업 회기를 2회기로 나눠 첫 회기는 손 만들기, 두 번째 회기는 채색하기를 하거나 전체 손이 아닌 손가락만을 활용한 작업도 가능하다.

5 나와 닮은 돌

1) 놀이키트와 사용 예시

- 전자기기, 에그스톤, 유성매직, 모루, 글루건, 채색도구

 ▶

2) 치료목표

- 자신의 내적 · 외적 모습에 대한 탐색 및 표현
- 자신만의 가치 및 자아존중감 향상
- 자기인식 및 수용

3) 치료개요

- 여러 개의 에그스톤 중에서 자신의 모습을 닮은 돌을 찾고 나의 특징을 살려 자화상을 표현해 본다.

4) 치료과정

들어가기

4. 숨은 그림 찾기/틀린 그림 찾기(p. 103 참조)

도입 및 워밍업

- 놀이치료자는 화면을 [보기]−[갤러리]로 설정하여 순서를 정하고 순서대로 서로에게 인사하며 반가움을 표현하도록 제안한다.

- 놀이치료자가 두 가지 물건을 제시하면 집단원이 두 가지 물건의 공통점 찾기를 한다. 진 행 순서는 화면에 보이는 순서대로 진행한다.

  "두 가지 물건의 공통점을 찾아보세요."

  "너무 깊게 생각하지 말고 떠오르는 대로 이야기해 보세요."

- 집단원은 두 가지 물건의 공통점을 하나의 문장으로 만들어 본다. 문장은 공통점의 의미와 내용을 가지고 만든다. 예) "새싹과 탁상시계는 시간이 필요해요.", "병아리와 은행나무는 노란 매력을 갖고 있어요.", "공기청정기와 에어컨은 시원한 바람이 나와요."

놀이치료과정

① 놀이치료자는 돌 작업을 통해 자신을 발견하고 자연 매체를 활용하여 표현해 보는 시간임을 안내한다.

② 집단원은 놀이키트에 제공된 다양한 모양의 돌멩이를 탐색한다. 이때 눈을 감고 손으로 만 져 보고, 비벼 보거나 냄새를 맡아 보기도 하며 다양한 감각을 활용하여 충분히 탐색한다.

③ 집단원은 자신과 닮았다고 생각되는 돌멩이를 하나 선택한 후 자신이 선택한 돌멩이에 대 해 이야기를 나눠 본다. 이때 놀이치료자는 [모두에게 추천]으로 발표자를 모두가 잘 볼 수 있게 설정한다.

④ 집단원은 자신의 내면이나 보이는 모습에 대해 생각해 보고 자신과 닮은 돌멩이에 자화상 을 그려 본다. 이때 화면은 자신의 얼굴만 비추게 한다.

⑤ 놀이치료자는 활동이 끝난 후 집단원이 누구의 자화상인지 서로 맞혀 보고, 왜 그렇게 생 각하는지 나눠 보도록 한다. 집단원은 이를 통해 사회적 자아형성에 도움이 된다. 돌멩이 를 선택하게 된 이유, 자신과 닮은 점, 마음에 드는 점 등의 느낌을 집단원이 자유롭게 나 눌 수 있도록 안내한다.

⑥ 완성된 작품을 소개하며 활동 소감을 나눈다. 이때 놀이치료자는 [모두에게 추천]으로 발 표자를 모두가 잘 볼 수 있게 설정한다.

마무리

- 놀이치료자는 [보기]-[갤러리]를 사용하여 순서를 정하고, 정한 순서에 따라 집단원은 돌아 가며 한 명씩 완성된 작품을 자유롭게 소개한다. 특히 표현된 자화상을 보며 연상되는 이미 지나 자신의 개성이 잘 표현되었는지 등을 탐색하도록 유도한다.

- 발표를 들은 나머지 집단원은 채팅창에 자유롭게 반응을 올려 보도록 한다. 이때 놀이치료

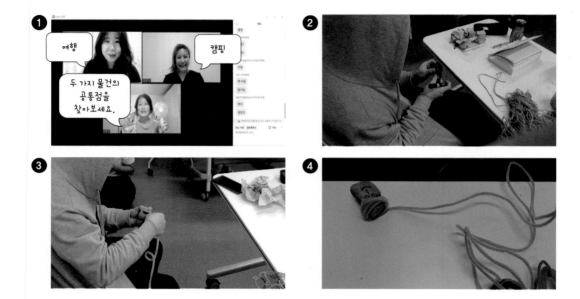

자는 집단원이 올린 글을 읽어 준다.

- 놀이치료자는 [보기]-[갤러리]를 사용하여 집단원 모두가 카메라에 돌멩이 자화상을 비춰 볼 수 있도록 한다.
- 돌멩이 자화상을 촬영하여 놀이치료자에게 메시지로 전달하면, 그것을 모아 하나로 편집 하여 집단원의 자화상이 한 화면에 보일 수 있도록 제시한다.

나가기

15. Up & Down(p. 134 참조)

5) 치료과정에서의 활용 Tip

- 집단원이 자화상의 개념을 잘 이해하고 있는지 파악하고, 자화상의 다양한 표현 방법을 발 견할 수 있도록 촉진한다.
- 무조건 외면으로 보이는 모습만이 아닌, 숨은 의미나 자신이 생각하는 가치관, 창의적 표 현 등 자유롭게 집단원이 투사하여 표현할 수 있도록 수용한다.
- 도입 및 워밍업에서 집단원에게 직접 주변의 물건 중 자신과 닮은 물건을 찾아와 소개해 보도록 한다. 예) "전등과 나는 주변을 환하게 밝히니까"
- 돌멩이를 놀이키트에 제공 시 지름 15~60mm 크기의 다양한 에그스톤을 혼합 후 소포장 (1kg)하여 제공한다.

6 이럴 때 나의 감정은?

1) 놀이키트와 사용 예시

• 잼보드, 4절 사이즈 이상 도화지, 페인트볼, 에어캡이나 안전봉투, 뿅망치, 채색도구

2) 치료목표

• 일상생활에서 경험하는 자신의 감정 변화 탐색 및 정서 이해
• 안전한 방법으로 감정 표현 및 표출

3) 치료개요

• 일상생활에서 경험하는 다양한 강점을 마인드맵으로 표현하고, 자신이 직접 경험한 감정을 페인트볼을 이용하여 안전한 방법으로 표현한다.

4) 치료과정

들어가기

8. 오늘의 감정은 무슨 색일까?(p. 107 참조)

도입 및 위밍업

• 놀이치료자는 미리 '오늘의 감정'이라는 주제의 프레젠테이션 슬라이드를 만들어 놓고, [화면 공유]하여 집단원이 [주석기능]으로 자신이 해당하는 '오늘의 감정'에 스탬프를 찍어

표현하도록 안내한다.

• 오늘 활동에 필요한 ZOOM과 잼보드 프로그램에 대해 안내하며, 놀이치료자는 잼보드 링크를 채팅창에 공유한다. 전체 집단원이 ZOOM과 잼보드를 화면에서 어떻게 배치할 것인지 정하고 공통으로 설정한다.

놀이치료과정

① 잼보드 화면 공유를 통해 한 가지의 주제를 선정하고 이에 연결되는 부주제들을 작성한다(제2장 4. 비대면 놀이치료에 효과적인 협업 툴 참조). 처음에는 놀이치료자가 제시하고, 이후에는 떠오르는 주제를 자유롭게 선정한다(사진 1). 예) 학교-시험, 선생님, 친구들 등

② 각 주제와 부주제를 보며, 자신이 경험한 감정을 잼보드 '스티커 메모'를 활용하여 추가해 준다(사진 1).

③ 앞서 찾은 내용을 함께 보며 긍정적인 것과 부정적인 것이 무엇인지 잼보드의 그리기 도구를 활용해 표시한다(사진 2).

④ 놀이치료자는 완성된 마인드맵을 캡처한다. 집단원은 잼보드 실행을 중단하고 ZOOM 화면으로 돌아온다.

⑤ 놀이치료자는 완성된 마인드맵을 화면 공유하여 보여 주고, 집단원은 표시된 것들 중에서 자신이 경험하고 있는 부정적 감정으로서 가장 힘들며 스트레스받는 내용을 탐색한다. 그리고 놀이키트에 제공된 4절 도화지와 채색도구로 색, 그림, 단어 등 자유롭게 감정을 표현한다.

　예) 학교에서 가장 힘들 때 드는 감정, 친구와 다퉜을 때 드는 감정, 시험을 망쳤을 때 드는 감정 등

⑥ 평소 스트레스를 받거나 부정적인 감정이 들었을 때의 해소법을 채팅창에 적어 나눠 본다. 자신의 감정을 해소할 수 있는 대처법이 있다면 채팅창에 적어 다른 집단원에게도 소개해 준다.

　"자신만의 스트레스 해소법이 있다면 집단원에게 소개해 주세요."

　"조금이라도 기분이 좋아지거나 흥분된 감정을 진정시킬 수 있는 방법에는 무엇이 있을까요?"

⑦ 놀이치료자는 집단원에게 재미있으며 안전한 방법으로 스트레스를 해소할 시간을 갖자고 안내하며, ⑤번 작품을 에어캡 봉투 안에 넣어 물감이나 페인트볼을 뿌려 주고 새어 나오지 않도록 덮어 테이프로 잘 고정시킨다.

⑧ 부정적 감정들을 뿅망치나 손바닥으로 두드리며 물감이 터져 모두 덮일 때까지 마구 터트

린다(사진 3).

"우리의 스트레스를 팍팍 풀어 봅시다! 온몸을 이용해 힘껏 에어캡이 터지도록 뿅망치로 두드려 주세요!"

⑨ 에어캡 물감이 덮인 작품을 하나로 모아 공 모양을 만든다(사진 4).

⑩ 완성된 공을 어떻게 다루고 싶은지에 대해 채팅창에 자유롭게 적는다.

⑪ 집단원 주변에 다치거나 깨질 수 있는 물건이 없는지 확인하게 하며, 놀이치료자가 제시하는 시간 동안 타이머를 맞추거나 크게 숫자를 세며 ⑩번에서 하고 싶은 행동을 잠시 할 수 있도록 수용한다.

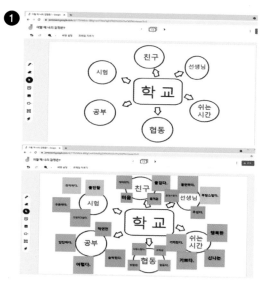

마무리

- [화면 공유]-[고급]-[컴퓨터 소리만 공유]를 선택하여 차분한 음악을 통해 마무리의 느낌을 살려 준다(제2장 4. 비대면 놀이치료에 효과적인 협업 툴 참조). 화면 안으로 보일 수 있게 돌아오도록 안내하며 천천히 호흡하며 흥분된 에너지를 진정시켜 주는 작업을 한다.
- 놀이치료자는 [보기]-[갤러리]를 사용하여 순서를 정하고, 순서에 따라 돌아가며 한 명씩 작업과정에 대한 느낌을 나눠 본다.
- 평소 스트레스를 받거나 부정적인 감정이 들었을 때의 자신만의 해소법을 채팅창에 적어 나눠 본다.

  "평소 스트레스를 해소하는 나만의 방법이 있나요?"
- 안전한 방법으로 감정을 표현하거나 해소할 수 있는 대처법 또는 비결을 채팅창에 적어 다른 집단원에게도 소개해 준다.

  "부정적인 감정을 조금이나마 해소할 수 있는 나만의 비결이 있다면 소개해 주세요."

  "자신의 감정을 잘 조절하며 적절하게 표현할 수 있는 방법에는 무엇이 있을까요?"

나가기

9. 다섯 글자로 말해요(p. 128 참조)

5) 치료과정에서의 활용 Tip

- 청소년의 경우 비속어를 사용하여 자신의 공격적인 욕구를 표현할 수 있는데, 이를 놀이치료자가 알아차리고 안전한 범위 안에서 충분히 수용하는 태도를 가져야 한다.
- 마인드맵에서 표현된 생각이나 감정에서 공감하는 영역들을 놀이치료자가 읽어 주며 자신만이 경험하고 있는 어려움이 아니라는 보편성을 경험하도록 돕는다.
- 평소 부정적 감정을 다루는 스트레스 해소법 및 대처기술을 함께 살펴볼 수 있다.
- 청소년의 경우 힘이 강하여 에어캡이 얇으면 찢어지거나 터질 수 있으니 두 장 이상을 겹쳐서 붙이는 것을 안내한다.
- 채팅창 및 스티커 메모 기능을 활용하여 자유롭게 감정을 표현하고 소통할 수 있도록 돕는다.

7 나의 소중한 감정 보물상자

1) 놀이키트와 사용 예시
- 구글 프레젠테이션, 감정 단어 카드, 다양한 이미지 사진

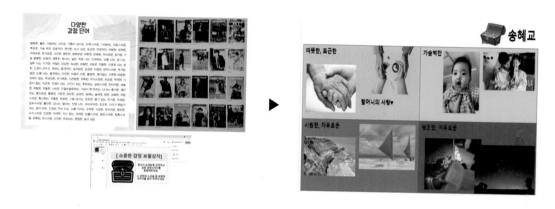

2) 치료목표
- 다양한 감정 탐색 및 긍정적 감정 인식 향상
- 자기 및 타인 이해
- 자기표현 및 수용

3) 치료개요
- 자신이 경험한 감정 중 오래도록 간직하고 싶은 감정을 네 가지 선정하여, 감정단어나 다양한 이미지로 편집한 후 콜라주로 표현한다.

4) 치료과정
들어가기

14. 사진으로 나를 소개해요(p. 113 참조)

도입 및 워밍업
- 현재 자신이 있는 공간에서 가장 아끼고 소중하게 여기는 물건을 제한시간 내에 찾아오도록

한다. 이때 놀이치료자는 2~3분 정도의 적당한 시간을 제시하고 타이머로 시간을 제한한다.
- 타이머가 울리면 다시 화면으로 돌아와 화면에 자신의 얼굴이 보이도록 앉는다.
- 모두 화면을 [보기]-[갤러리]로 설정하고, 가장 늦게 도착한 사람 순서대로 자신이 가져온 물건에 대해 소개한다. 이때 놀이치료자는 발표자가 고정될 수 있도록 [모두에게 추천]을 설정한다. 발표하는 집단원은 물건에 담긴 소중한 의미를 소개하고, 다른 집단원은 비슷한 경험을 했거나 공감한다면 ZOOM 프로그램 [반응] 이모티콘을 활용할 수 있다.

놀이치료과정

① 놀이치료자는 미리 준비한 다양한 감정 단어 카드를 [화면 공유]하여 집단원에게 보여 준다. 집단원은 감정 단어 카드를 보며 자신이 경험하였던 긍정적인 감정 단어에는 무엇이 있는지 탐색하도록 한다(사진 1).

② ZOOM 프로그램 화면을 잠시 아래 작업표시줄로 내려놓고, 놀이치료자가 공유한 구글 프레젠테이션 화면을 키운다(제2장 4. 비대면 놀이치료에 효과적인 협업 툴 참조). 이때 놀이치료자는 미리 구글 프레젠테이션에 오늘 활동의 주제와 집단원의 이름이 적힌 슬라이드를 준비해야 한다(사진 2).

③ 집단원에게 ①에서 탐색한 자신이 경험하였던 긍정적인 감정 중에서 오래도록 간직하고 싶은 감정 네 가지만을 꼽아 자신의 이름이 적힌 슬라이드에 감정 단어, 이미지, 색, 그림 등 다양한 도구를 활용하여 자유롭게 표현하도록 제시한다.

"당신이 경험했던 감정들 중에서 앞으로도 오래도록 간직하고 싶은 감정이 있다면 네 가지만 꼽아 표현해 주세요."

"그 감정의 느낌과 비슷한 이미지를 인터넷에서 찾아오거나, 직접 그림을 그려 볼 수도 있어요."

"당신이 느끼는 감정과 최대한 비슷하게 표현하도록 노력해 보세요."

④ 이때 집단원이 인터넷에서 이미지를 찾아 오려 온다면, 원하는 이미지만 가져올 수 있도록 배경을 지워 주는 사이트를 활용할 수 있음을 안내한다(제2장 4. 비대면 놀이치료에 효과적인 협업 툴 참조).

⑤ 집단원이 작품을 완성하면 다시 ZOOM 프로그램으로 돌아오도록 한다. 이때 놀이치료자는 각 슬라이드 화면을 캡처해서 보여 줄 수 있으며, 구글 프레젠테이션 화면을 그대로 ZOOM 프로그램에서 [화면 공유]하여 모두와 함께 보면서 이야기를 나누는 것도 좋다(사진 4).

마무리

- 놀이치료자는 [화면 공유]를 통해 모두에게 완성된 각 슬라이드를 순서대로 보여 준다. 놀이치료자가 보여 주는 슬라이드에 해당되는 집단원은 자신의 작품을 발표한다. 이때 놀이치료자는 발표자를 [핀고정]하고 [모두에게 추천]으로 모두가 발표자를 잘 볼 수 있게 설정한다. 집단원은 자신이 경험했던 일에 대한 어떤 감정을 간직하고 싶었는지, 자신이 오래도록 간직하고 싶은 감정들을 표현하면서 느낀 점에 대해 자유롭게 발표하도록 한다.

"첫 번째 네모칸에 꾸며진 간직하고 싶은 감정은 언제 느꼈던 감정인가요?"

"또 어떨 때 이러한 감정을 비슷하게 느꼈던 것 같나요?"

"작업하는 과정에서 어떤 느낌이 들었나요?"

"당신의 소중한 감정들을 오래도록 간직하길 바랄게요."

나가기

8. 릴레이 스토리텔링(p. 127 참조)

5) 치료과정에서의 활용 Tip

- 실제 자신이 가지고 있는 휴대전화의 사진을 활용해도 좋으며, 최대한 자신의 감정과 비슷한 느낌을 살릴 수 있는 재료를 다양하게 활용하도록 안내한다.

- 놀이치료자는 자신의 긍정적 감정을 불러일으키기 힘든 상태의 집단원에게 잊고 있었던 기억이나 감정의 느낌을 불러일으킬 수 있도록 촉진한다.
- 집단원이 힘들거나 부정적인 감정에 휩싸일 때, 보물상자에 담아 뒀던 감정들을 꺼내 보면 힘을 얻을 수 있을 것이며 긍정적 자원이 될 수 있음을 안내하고 격려한다.

6) 워크시트지

다양한
감정 단어

행복한, 좋은, 사랑하는, 고마운, 기쁨이 넘치는, 만족스러운, 기대하는, 자랑스러운, 뿌듯한, 가슴 벅찬, 감동적인, 편안한, 보고 싶은, 포근한, 안정적인, 차분한, 침착한, 여유로운, 한가로운, 고요한, 평온한, 평화로운, 따뜻한, 온화한, 자비로운, 정겨운, 가슴 뭉클한, 보람찬, 애틋한, 화나는, 싫은, 짜증 나는, 미워하는, 심통 나는, 샘 나는, 질투 나는, 지겨운, 귀찮은, 답답한, 속상한, 좌절한, 괴로운, 억울한, 신경질 나는, 분한, 신경이 곤두선, 욱하는, 충격적인, 상처받은, 섭섭한, 비참한, 변덕스러운, 역겨운, 슬픈, 눈물 나는, 울컥하는, 미안한, 마음이 아픈, 불쌍한, 재미없는, 지루한 따분한, 의욕이 없는, 무관심한, 무기력한, 시큰둥한, 위축된, 의기소침한, 외로운, 막막한, 기운이 없는, 피곤한, 걱정이 되는, 고민이 되는, 후회되는, 실망스러운, 안타까운, 싸늘한, 허탈한, 우울한, 서러운, 안절부절못하는, 가슴이 꽉 막히는, 신나는, 즐거운, 재미있는, 흥미로운, 흥분된, 기운찬, 당당한, 궁금한, 설레는, 놀라운, 밝은, 상쾌한, 자랑스러운, 확신하는, 우쭐한, 짜릿한, 스릴 넘치는, 꿋꿋한, 용기 있는, 무서운, 두려운, 공포스러운, 불안한, 겁나는, 떨리는, 진땀 나는, 조마조마한, 초조한, 다리가 후들거리는, 굳어 버린, 긴장된, 주눅 드는, 소름 끼치는, 오싹한, 식겁한, 부끄러운, 창피한, 수치스러운, 민망한, 어색한, 자신 없는, 어려운, 당황스러운, 혼란스러운, 당혹스러운, 위축된, 죄스러운, 난감한, 부담되는, 찝찝한, 숨고 싶은

8   어린 시절의 나

1) 놀이키트와 사용 예시

- 양말, 가위, 솜, 두꺼운 털실

 ▶

2) 치료목표

- 아동기 정서 경험 표현 및 해소
- 어린 시절 재경험 및 정서적 안정감

3) 치료개요

- 어린 시절을 회상하며 자신만의 아기 인형을 만들고, 그 시절 필요했던 자원이나 자신에게 주고 싶은 선물을 표현한다.

4) 치료과정

들어가기

20. 추억 소환(p. 119 참조)

도입 및 워밍업

- 놀이치료자는 [화면 공유]–[고급]–[컴퓨터 소리만 공유]를 선택하여 잔잔한 음악을 공유 후 복식호흡을 통해 몸과 마음을 이완하도록 돕는다(제2장 4. 비대면 놀이치료에 효과적인 협

업 툴 참조).
- 집단원은 자신이 어릴 때 가지고 놀았던 혹은 가지고 싶었던 인형을 생각해 본다.
- 집단원은 '내가 만약 인형이라면?'이라는 주제로 자유롭게 집단원과 함께 나눠 본다. 이때 놀이치료자는 [모두에게 추천] 기능으로 발표자를 모두가 잘 볼 수 있게 설정한다.
- 놀이치료자는 [보기]-[갤러리]를 사용하여 순서를 정하고, 정한 순서에 따라 집단원이 돌아가며 한 명씩 또래 친구들과 어릴 적 유행했거나 자주 사용했던 물건, 유행어, 놀잇감 등 그 시절의 추억을 함께 나눠 본다.
- 발표를 들은 나머지 집단원은 채팅창에 자유롭게 반응을 올려 보도록 하며 이때 놀이치료자는 반응들을 읽어 주어 집단원이 함께 공유할 수 있도록 한다.

놀이치료과정

① 집단원은 놀이키트에 제공된 다양한 재료를 탐색한다. 이때 눈을 감고 손으로 만져 보고, 비벼 보거나 냄새를 맡아 보기도 하며 다양한 감각을 활용하여 충분히 탐색한다.

② 놀이치료자는 집단원에게 '어린 시절의 나'를 양말 인형으로 만들어 볼 것이라고 안내한다. 몇 살의 나에게 전하고 싶은 또는 위로가 되는 메시지를 메모지에 적어 보도록 안내한다.

③ 재료를 가지고 인형을 만든다. 첫째, 양말 목 부분을 위에서부터 7cm 정도 가위로 자른다 (사진 1). 둘째, 몸통 부분에 솜을 꼼꼼히 넣고 미리 적어 두었던 메시지를 함께 넣은 후 윗부분을 털실로 묶는다(사진 2). 셋째, 얼굴과 몸통을 나누어 털실로 묶는다. 넷째, 미리 잘라 두었던 목 부분의 잘라진 면을 털실로 묶어 모자를 만든다. 다섯째, 모자를 씌워 주고 마무리한다(사진 3).

④ 놀이치료자는 [보기]-[갤러리]를 사용하여 순서를 정하고, 정한 순서에 따라 집단원은 완성된 인형의 이름을 지어 준 후 집단원에게 나의 인형을 소개한다.

⑤ 발표를 들은 집단원은 채팅창에 자유롭게 반응을 올려 보도록 하며 이때 놀이치료자는 반응들을 읽어 주어 집단원이 함께 공유할 수 있도록 한다.

마무리

- [보기]-[갤러리]를 사용하여 순서를 정한 후, 돌아가며 한 명씩 작품을 소개하고 간단한 소감을 발표한다. 이때 발표를 들은 나머지 집단원은 채팅창에 자유롭게 반응을 올린다.
- 인형을 감상하며 인형을 만들면서 떠올랐던 기억, 인형과 관계되는 사람, 만든 인형을 주고 싶은 사람 등에 대해서 대화를 나눈다.

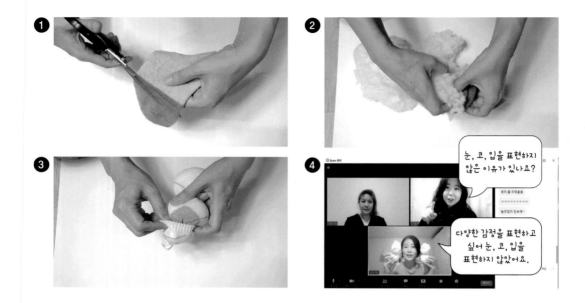

"어릴 때 가지고 놀았던 혹은 가지고 싶었던 인형은 무엇인가요?"

"자신의 인형을 전시하며 눕히거나 다른 물건을 이용하여 표현하고 싶은 대로 자세를 취해 보세요."

- 인형이 자신의 어린 시절에 어떤 의미가 있었는지 살펴본다.

나가기

9. 다섯 글자로 말해요(p. 128 참조)

5) 치료과정에서의 활용 Tip

- 종이인형을 만들어 색칠할 수도 있다.
- 집단원이 내재화된 감정을 잘 표현할 수 있도록 놀이치료자는 [화면 공유]–[고급]–[컴퓨터 소리만 공유]로 잔잔한 음악을 공유하여 안정적이며 편안한 심리적 환경을 구성한다.
- 나눔에서 부정적 피드백이나 조언으로 발표자에게 부정적 영향을 미칠 것이 염려될 경우 놀이치료자는 집단원에게 제한 설정을 할 수 있다.

9   안전 놀이터

1) 놀이키트와 사용 예시

• 동물 그림, 일회용 컬러접시, 아이클레이(흰색, 빨강색, 파랑색, 노란색), 다양한 자연물 재료,
  매직, 8절 도화지, 가위, 딱풀

 ▶

2) 치료목표

• 스트레스 해소 및 대처기술 탐색
• 사회적 환경 및 대인관계 탐색
• 안정감 및 자기위안 증진

3) 치료개요

• 자신을 상징하는 동물 피겨를 선택하고 아이클레이와 자연물을 활용하여 안전한 놀이터를
  꾸미며 안정감과 자기 위안을 증진한다.

4) 치료과정

들어가기

11. 소리 듣고 맞히기(p. 110 참조)

도입 및 워밍업

- 집단원은 놀이키트에 제공된 동물 그림에서 자신과 닮았다고 생각되거나 자신의 띠, 자신을 상징하는 동물을 하나 선택한다.
- 놀이치료자는 [보기]-[갤러리]를 사용하여 순서를 정하고, 정한 순서에 따라 집단원은 돌아가며 한 명씩 자신이 선택한 동물을 소개한다.
- 발표를 들은 나머지 집단원은 채팅창에 자유롭게 반응을 올려 보도록 하며 이때 놀이치료자는 반응들을 읽어 주어 집단원이 함께 공유할 수 있도록 한다.

  "자신을 닮은 동물인가요?"

  "닮고 싶은 동물인가요?"
- 집단원은 도화지에 자신의 동물 그림을 가위로 오린 후 원하는 위치에 올려 둔다.
- 집단원은 나머지 동물을 활용하여 자신의 사회적 환경 및 대인관계를 표현해 보고 도화지 위에 올려 둔다.
- [보기]-[갤러리]를 사용하여 순서를 정하고, 정한 순서에 따라 돌아가며 한 명씩 소개해 본다.
- 잠시 그 장면에 머물러 자신을 둘러싼 환경과 관계를 탐색하고 인식하는 과정을 갖는다.

놀이치료과정

① 집단원은 일회용 컬러 접시에 클레이를 깔아 주고 가장 안정적인 위치에 자신의 동물 그림을 올려놓는다.
② 다양한 자연물 재료 등을 활용하여 안전한 환경과 그 주변을 꾸며 준다. 그곳이 동물의 집이 될 수도 있으며, 휴식 공간이나 동굴, 학교, 바다, 산속 등 다양한 장소로 표현될 수 있다.
③ 완성품을 8절 도화지 위에 올려놓고 도화지에 안전한 공간의 이름을 지어 준다.

마무리

- 놀이치료자는 [보기]−[갤러리]를 사용하여 순서를 정한 후, 집단원은 순서에 따라 완성된 안전 놀이터를 소개하고 간단한 소감을 발표한다. 이때 발표를 듣는 나머지 집단원은 채팅 창에 자유롭게 반응을 올리고 놀이치료자는 반응들을 읽어 주어 집단원이 함께 공유할 수 있도록 한다.

  "그 동물에게 어떠한 환경이 필요한가요?"

  "이 환경은 어떤 느낌을 주나요?"

- 놀이치료자는 [보기]−[갤러리]를 사용하여 순서를 정하고, 순서에 따라 돌아가며 한 명씩 실제 환경에서는 자신만의 안전한 장소나 휴식을 취할 수 있는 공간이 있는지에 대해 나눠 본다.

나가기

10. 파도타기(p. 129 참조)

5) 치료과정에서의 활용 Tip

- 동물 간의 관계 및 정서적 거리감 등을 통해 집단원이 맺고 있는 관계의 친밀감과 정서 상태를 확인할 수 있다.
- 안전한 공간을 표현할 때, 실내/실외 모두 표현될 수 있다.
- 집단원이 실제 스트레스를 해소하거나 안정감을 느낄 수 있는 방식들을 함께 나눠 보는 것이 좋다. 그들의 대처방식 및 표현에 대한 적절성을 확인해 볼 수 있다.

6) 워크시트지

10 스트레스 팡팡 날리기

1) 놀이키트와 사용 예시

• 색종이, 매직, 종이컵, 폼폼이, 풍선, 가위, 테이프

 ▶

2) 치료목표

• 스트레스 해소 및 조절
• 자기인식 및 타인 이해

3) 치료개요

• 최근 자신이 경험하고 있는 고민이나 스트레스를 탐색하고, 종이컵 폭죽 놀이를 통해 스트레스를 해소한다.

4) 치료과정

들어가기

10. 입 모양 보고 단어 맞히기(p. 109 참조)

도입 및 워밍업

• 놀이치료자는 "나는 요즘 ~ 이 고민이야!"라는 문장을 파워포인트 슬라이드로 만들어 화면에 공유한다.

- 집단원은 최근 자신의 스트레스나 고민에 대해 2분 정도 떠올리는 시간을 갖는다.
- 떠올린 스트레스나 고민의 핵심 키워드를 '들어가기'에서 진행한 '입 모양 보고 단어 맞히기'의 스트레스 단어로 바꾸어 게임을 한다.
- 문제를 출제하는 집단원은 핵심 키워드의 음절 수를 알려 준다. 그리고 오디오를 [음소거] 상태에서 입 모양으로 또박또박 말한다.
- 정답을 아는 집단원은 손을 들도록 하고 모르는 집단원이 많다면 다시 한번 보여 주도록 한다. 너무 어려운 단어일 경우 [음소거] 설정을 풀고 힌트를 제공한다.
- 정답을 채팅창에 적도록 한다. 이때 메시지 입력란에만 정답을 적고 엔터키는 놀이치료자의 신호에 맞추어 동시에 쳐서 답이 한번에 채팅창에 올라오도록 한다.

놀이치료과정

① 놀이키트에 제공된 종이컵의 밑면을 잘라 구멍을 뚫어 준다. 제공된 풍선의 입구를 바람이 빠진 상태로 묶고 풍선 위쪽은 1/3 정도를 잘라 준다. 잘린 풍선을 밑면이 잘린 종이컵에 끼워 테이프로 잘 고정시킨다. 이 과정을 거쳐 종이컵 폭죽을 만들어 놓는다(사진 1).

② 색종이에 최근 힘들거나 스트레스받은 내용을 자유롭게 표현한다. 글, 그림, 색, 도형 등으로 표현해 볼 수 있다. 다양한 색의 색종이 여러 장을 활용한다(사진 2).

③ 표현한 색종이를 가위나 손을 이용해 마구 찢어서 ①번에서 만든 '종이컵 폭죽' 안에 넣어 준다. 이때 다양한 색의 폼폼이를 함께 넣어 줘도 좋다(사진 3).

④ 스트레스를 완벽하게 날려 버릴 수 있는 주문을 만들어 준다. 다양한 의견을 채팅창에 올리고 그중에서 하나를 선정하도록 한다.

⑤ 놀이치료자가 숫자 카운트를 외치면, 다 같이 스트레스를 완벽하게 날려 버리는 주문을 외치며 한 손으로는 종이컵을 잡고 나머지 다른 손으로 풍선의 묶음 부분을 아래쪽으로 잡아당겼다가 놓아 '종이컵 폭죽'을 동시에 터트린다. 이때 놀이치료자는 화면을 [보기]-[갤러리]로 설정하여 전체 상황이 한눈에 보이도록 한다(사진 4).

⑥ 놀이치료자는 폭죽 터지는 전체 화면을 캡처하여, 폭죽 터트리는 장면을 집단원과 공유한다.

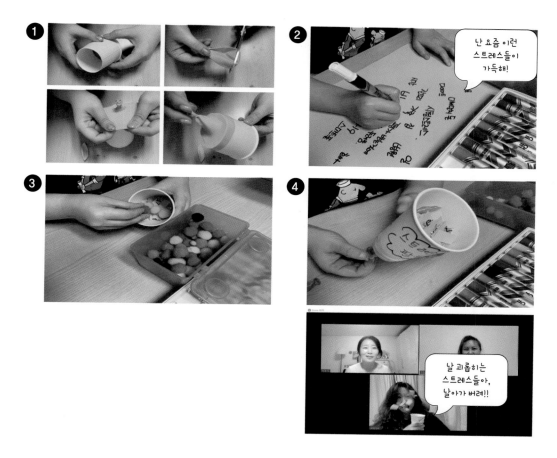

마무리

- 종이컵 폭죽을 터트렸을 때의 느낌과 감정을 공유한다. 특히 활동 전의 상태와 활동 이후의 감정에 변화가 있었는지에 대해 이야기 나눠 본다.

- 놀이치료자는 치료과정 ⑤번의 화면 캡처한 부분을 공유하여, 집단원이 즐거워하는 표정이나 몸짓 그리고 스트레스를 날려 버리는 과정들을 함께 보며, 충분히 즐겁고 스트레스 해소가 되었는지 나눠 본다.

  "집단원의 모습을 보니 아주 힘껏 스트레스를 날려 버리는 것 같았어요."

  "우리의 주문대로 스트레스가 다 날아가 버리고 새로운 시작을 축하하는 장면 같았어요."

  "여러 색의 폼폼이와 색종이가 날리는 모습이 아름다웠어요."

나가기

11. 기합 장풍 쏘기(p. 130 참조)

5) 치료과정에서의 활용 Tip

- 청소년이 신조어나 비속어를 사용하여도 놀이치료자는 수용하는 태도가 필요하며, 자유롭게 표현하면서 그들의 감정을 쏟아 낼 수 있도록 유도한다.
- 충동적이거나 쉽게 흥분을 가라앉히기 힘들어 행동 조절이 안 되는 청소년의 경우 타이머를 이용해 제자리로 돌아올 수 있도록 신호를 한다.

11 나 이런 사람이야

1) 놀이키트와 사용 예시

• 구글 프레젠테이션, 강점 단어판, 채색도구, 꾸미기 재료

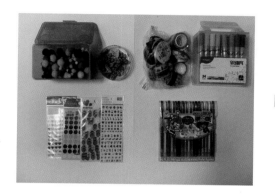

▶

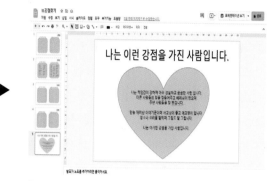

2) 치료목표

• 긍정적 자원 탐색 및 인식
• 집단원 간의 소통 증진

3) 치료개요

• 타인이 찾아 준 장점으로 자신의 긍정성을 새롭게 인식한다.

4) 치료과정

들어가기

7. 부분 보고 전체 맞히기(p. 106 참조)

도입 및 워밍업

• '들어가기' 활동인 '부분 보고 전체 맞히기'를 도입에 활용한다.
• 놀이치료자는 '강점'과 관련된 인물 사진의 부분 화면을 파워포인트 슬라이드로 만들어 두고 화면에 공유한다.

- 사진 속 인물의 강점에 대해 자유롭게 채팅창을 통해 나눠 본다(예: 손흥민-축구를 잘한다, 노력파이다, 달리기가 빠르다, 양발을 쓸 수 있다 등).
- 강점이란 무엇인지에 대해 나눠 보고, 이런 것도 강점이 될 수 있다고 생각되는 점들을 자유롭게 채팅창에 적어 본다.
- 오늘 회기의 본활동은 자신의 강점과 집단원의 강점에 대해 나눠 보는 시간이 될 것임을 안내한다.

놀이치료과정

① 놀이치료자는 구글 프레젠테이션에 참여 집단원의 각 이름이 적힌 슬라이드를 미리 준비하고 집단원에게 ZOOM 채팅창에 구글 프레젠테이션 링크를 보내 준다(제2장 4. 비대면 놀이치료에 효과적인 협업 툴 참조)(사진 1).

② ZOOM 화면과 구글 프레젠테이션 화면을 함께 볼 수 있도록 화면 배치를 설정한다.

③ 슬라이드 한쪽에는 자신이 생각하는 자신의 강점을 적어 본다. 사소한 것이라도 강점이 될 수 있는 것들을 자유롭게 적어 본다. 예) 속눈썹이 길어요, 밥을 잘 먹어요.

④ 구글 프레젠테이션의 각 슬라이드를 이동하며 자신이 생각하는 친구들의 강점을 적어 준다(사진 2).

"평소에 집단원을 보며 아주 사소한 것이라도 강점이라고 생각했던 것이나 부럽다고 생각했던 점들을 자유롭게 적어 주세요."

⑤ 집단원은 다시 자신의 이름이 적힌 슬라이드로 돌아와서 자신의 강점에 대해 살펴보고 소개한다. 가장 마음에 드는 강점과 의외라고 생각되는 강점에 대해 작성해 준 집단원에게 직접 이야기를 들어 보는 과정도 실시한다(사진 2).

⑥ 워크시트지를 활용하여 자신의 강점을 모아 문장을 완성시켜 준다. 구글 프레젠테이션 실행을 중단하고 ZOOM 화면을 확대한다.

⑦ 놀이치료자는 완성된 순서대로 ⑥번의 워크시트지를 화면 공유하며, 순서에 해당되는 집단원이 자신의 '강점'을 발표하도록 한다. 발표가 끝나면 놀이치료자는 음소거 해제 후 집단원이 "맞아, 너는 그런 멋진 사람이야."라며 서로 지지할 수 있도록 안내한다(사진 4).

"맞아요. 당신은 그런 멋진 사람입니다. 긍정적인 자원을 가졌군요!"

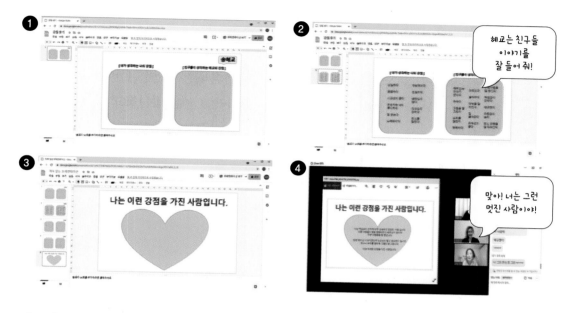

마무리

- 집단원에게 가장 많은 강점 작성을 받은 집단원이 먼저 작업과정에 대한 느낌을 발표한다. 발표가 끝나면 다음 사람을 지목하여 발표를 이어 가도록 한다.
- 최종 완성된 강점판을 집단원에게 선물로 줄 수 있도록 놀이치료자는 공유한다.

나가기

12. Air Hug(p. 131 참조)

– 나가기 활동에서 상대방의 강점을 말해 주며 허그를 해도 좋다.

5) 치료과정에서의 활용 Tip

- 작은 것이라도 강점이 될 수 있으며, 놀이치료자가 민감하게 반응해 주는 것이 필요하다.
- 강점 찾는 것을 어려워할 경우 행복했던 순간, 잘하려고 노력하는 영역 등에 대해 나누며 이 모든 것이 집단원의 강점임을 인식하도록 도울 수 있다.
- 놀이치료자는 듀얼 모니터를 사용하여 전체 화면을 모두 확인해야 하며, 집단원의 경우에는 화면 나누기를 설정하여 ZOOM을 통해 소통하고 구글 프레젠테이션으로 화면을 공유하며 함께 활동할 수 있도록 실시한다.

6) 워크시트지

☆☆ 나는 이런 사람이야! 이런 멋진 강점을 가졌어요!

배려심이 깊어요	순발력이 빨라요	집중력이 뛰어나요	기억력이 좋아요
경청을 잘해요	키가 커요	시력이 좋아요	정직해요
탐구심이 강해요	손재주가 좋아요	창의적이에요	겸손해요
한 개 이상의 외국어를 알아듣거나 말할 수 있어요	손발이 커요/작아요	운동신경이 좋아요	침착해요
피부가 좋아요	어떠한 것을 잘 외워요	할 줄 아는 요리가 한 개 이상 있어요	패션에 관심이 많아요
좋아하고 잘하는 놀이가 있어요	나만의 스트레스 해소법을 가지고 있어요	눈치가 빨라요	정리정돈을 잘해요
외모 중에 자신 있는 부분이 한 곳 이상 있어요	친절해요	추진력이 빨라요	발표를 잘해요
친구들과 협력을 잘해요	사교성이 좋아요	적응을 잘하는 편이에요	튼튼해요

12 나의 든든한 영양분

1) 놀이키트와 사용 예시

• 1~4F 사이즈의 캔버스, 스칸디아모스, 흙, 목공풀, 붓, 아크릴물감, 채색도구, 꾸미기 재료

2) 치료목표

• 성취감 및 자아존중감 향상
• 긍정적 자원 및 성장 가능성 찾기

3) 치료개요

• 자신을 나무로 표현하고, 그 나무가 잘 자랄 수 있도록 필요한 자원들에 대해 탐색하고 오브제를 활용하여 표현한다.

4) 치료과정

들어가기

13. 다 함께 찍는 먹방(p. 112 참조)

도입 및 워밍업

• 놀이치료자는 화면 공유로 미리 준비한 다양한 풍경 사진을 공유한 후, 집단원이 가장 편안하게 보이는 풍경을 [주석기능]-[스탬프]를 이용해 선택하도록 한다.

- 놀이치료자는 가장 많이 선택된 풍경을 [화면 공유]로 크게 설정하여 풍경의 느낌과 어느 부분이 마음에 드는지 등에 대해 언어로 자유롭게 표현하도록 유도한다.

  "이 풍경이 가장 많은 선택을 받은 풍경 이미지입니다. 느낌이 어떤가요?"

  "어떤 부분이 가장 마음에 드나요?"

  "바라보고 있을 때 떠오르는 생각이나 느낌은 어떤가요?"

- 집단원은 풍경 속에 보이는 다양한 나무를 보며 사계절을 견디고 잘 자라기 위해 필요한 자원들에는 무엇이 있을지에 대해 채팅창에 올린다.

  "풍경 속에 보이는 다양한 나무의 종류, 피어나는 열매나 꽃, 계절마다의 모습 등을 보며 나무가 사계절을 견디고 잘 자라기 위해 필요한 자원들에는 무엇이 있을지 이야기해 봅시다."

놀이치료과정

① 직사각형 종이캔버스에 원하는 색으로 배경을 색칠해도 좋다(사진 1). 종이캔버스에 색연필로 자신을 나무로 표현하여 그리도록 한다. 또한 자신의 나무가 건강하고 행복하게 자랄 수 있도록 필요한 자원들을 함께 추가하여 표현하도록 제시한다(사진 2).

  "나무가 잘 자라기 위해서 어떤 자원과 방법들이 필요한가요?"

② 놀이키트에 제공된 다양한 꾸미기 재료와 자연물을 활용하여 나무와 배경을 그리고 필요한 자원들을 더욱 풍부하게 표현하도록 유도한다(사진 3).

③ 작품이 모두 완성되면 제목을 지어 준다.

마무리

- 모두 화면을 [보기]-[갤러리]로 설정하고, 발표 순서를 정하여 순서에 따라 돌아가며 한 명 씩 작품을 소개한다. 특히 표현된 나무의 상태와 자원들을 살펴본다(사진 4).
- 자원을 찾고 그것을 유지 및 이뤄 내기 위한 방법들에 대해서도 채팅창으로 함께 나눠 본다.

나가기

11. 기합 장풍 쏘기(p. 130 참조)
- '나가기' 활동의 장풍 쏘기에서 서로의 미래를 응원하며 힘껏 기를 불어넣어 준다.

5) 치료과정에서의 활용 Tip

- 자신을 나무로 표현한다면 어떤 나무와 닮았는지 생각해 본다. 청소년의 경우 나무의 종류나 표현하고 싶은 나무가 명확하지 않아 어려울 수 있으므로 놀이치료자는 다양한 나무의 종류와 이미지를 준비하여 예시로 보여 주는 것도 좋다.
- 긍정적 자원을 탐색하고 사소한 것이라도 자원이 될 수 있음을 놀이치료자가 촉진해 주는 반응들이 필요하다.
- 자신의 희망과 꿈을 구체화시키며 필요한 자원들에 대한 탐색과 욕구를 인식할 수 있도록 돕는다.
- 스스로 자원을 찾고 성취할 수 있는 방법들을 고민해 볼 수 있도록 돕는다.
- 직접 자원을 찾지 못하여 단순하고 빈약한 상태로 마무리되었다면, 마무리 단계에서 함께 참여한 집단원의 채팅창 피드백을 활용하여 추가·보완함으로써 조금 더 완성도를 높여 줄 수도 있다.

13 인생 자서전

1) 놀이키트와 사용 예시

- 하드보드지, 4절 색지, 가위, 풀, 잡지, 컬러밴드

 ▶

2) 치료목표

- 자아정체성 확립과 자신의 삶 수용
- 자신의 과거, 현재, 미래의 모습 탐색 및 통합

3) 치료개요

- 인생의 주요 사건을 이미지로 모아, 자서전을 만들고 제목을 짓는다.

4) 치료과정

들어가기

14. 사진으로 나를 소개해요(p. 113 참조)

도입 및 워밍업

- 놀이치료자는 [화면 공유]−[고급]−[컴퓨터 소리만 공유]를 선택하여 잔잔한 음악을 공유 후 복식호흡을 통해 몸과 마음을 이완하도록 돕는다.
- 놀이치료자는 집단원이 과거−현재−미래에 대해 생각하도록 한다. 이때 태아기부터 출생,

유아기, 아동기, 청소년기까지를 안내한다.

"태어났을 때부터 유아기, 아동기를 거쳐 현재의 청소년기까지의 자신의 모습을 떠올려 보세요."

"생의 주기에 따라 인상 깊은 사람, 일, 사건, 분위기, 느낌 등을 떠올려 보세요."

놀이치료과정

① 놀이치료자는 [화면 공유]—[고급]—[컴퓨터 소리만 공유]를 선택하여 활동 음악을 공유한다.

② 자신이 기억하는 시기별 주요 사건에 대한 느낌과 감정을 떠올려 보도록 한다.

③ 놀이치료자는 집단원에게 인생 자서전 활동에 대해 간단하게 안내한다.

④ 색도화지가 일곱 면이 나오도록 아코디언 접기로 접는다.

⑤ 인터넷 검색을 활용하여 각각의 도화지 일곱 면에 '태아기, 영아기, 유아기, 아동기, 청소년기'의 삶을 표현할 수 있는 이미지를 선택하여 출력 후 오려 붙인다.

"자신의 삶 전체를 이미지로 묘사하면서 어떤 것을 느꼈나요?"

"자신의 삶의 여정을 살펴보며 힘들었던 상황, 좋았던 상황, 기억, 사람들에 대해 이야기를 나눠 볼까요?"

"이 활동이 현재 자신의 삶에 어떤 영향을 준다고 생각하나요?"

"자신의 삶에서 가장 의지가 되었던 대상은 누구인가요?"

⑥ 자서전의 첫째 면과 마지막 면에 컬러 하드보드지를 붙여 표지를 만든다.

⑦ 마지막 장에 작업한 날짜와 자신의 이름, 사인을 한 후 자서전을 덮고 컬러밴드를 씌어 마무리한다.

마무리

• 놀이치료자는 [보기]-[갤러리]를 사용하여 순서를 정하고, 순서에 따라 돌아가며 한 명씩 작품을 소개하고 간단한 소감을 발표한다. 이때 발표를 들은 나머지 집단원은 채팅창에 자유롭게 반응을 올려 보도록 한다.

나가기

5. 칭찬 샤워(p. 124 참조)

5) 치료과정에서의 활용 Tip

• 이미지 선택에 어려움을 나타낼 경우 그림, 색이나 선, 도형 등으로 자신의 주관적인 느낌을 표현할 수 있도록 촉진한다.

• 집단원이 원하는 방식으로 자서전을 만들 수 있다(입체, 자신의 어린 시절 사진부터 지금까지의 사진 활용, 잡지 활용).

14 10년 후로 미래 여행

1) 놀이키트와 사용 예시

- 구글 프레젠테이션, 자기 사진, 도화지, 다양한 이미지, 사포, 크레파스

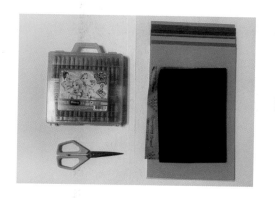 

2) 치료목표

- 자아존중감 향상
- 긍정적 미래상 향상

3) 치료개요

- 자신이 원하는 10년 후의 모습을 상상하며 10년 후 자신에게 주는 선물을 만들고, 미래에 대한 긍정적인 희망을 갖는다.

4) 치료과정

들어가기

1. 나를 따라 해 봐요(p. 100 참조)

도입 및 워밍업

- 영화 〈업〉 스토리의 한 장면 나누기

(주인공은 꿈을 간직하고 있지만 삶을 살아가기 위해 이루지 못하고 미루다 여러 슬픔과 역경을 겪

으며 위기를 기회로 전환하여 새로운 모험을 떠나게 된다.)

• 스토리에 대한 이해가 쉽도록 놀이치료자는 영상을 화면 공유하여 보여 준다. 이때 소리 공유 설정도 함께해야 다른 링크에서 실행되는 영상에 소리도 공유된다.

놀이치료과정

① 영화 〈업〉처럼 어렵고 힘들었지만 지금까지 잘 버텨 온 자신을 위해 미래 여행을 갈 수 있는 시간이 주어진다면, 10년 후 미래의 자신은 어떤 모습일지에 대해 잠시 생각해 보게 한다. 이때 너무 빠르지 않으면서 경쾌한 음악을 들려주며 설렘과 기분 좋은 상상을 할 수 있도록 유도한다.

"지금까지 힘든 일과 어려운 일도 있었지만, 열심히 잘 버텨 준 나 자신에게 선물의 시간을 주려고 해요. 풍선을 타고 멀리 미래로 날아간다면 당신은 어디로, 어떤 모습으로 가고 싶나요?"

② 영화 속 주인공처럼 풍선을 타고 10년 후 미래로 여행을 떠나는 장면을 떠올려 본다. 미래로 날아갈 수 있는 마법의 풍선을 사포에 표현한다(사진 1).

"여러분도 오래도록 간직해 온 꿈이나 미래에 바라는 희망이 있나요?"

"이 거친 사포가 지금까지 버텨 온 나의 과거였다면, 크레파스로 그려진 선명하고 아름다운 색은 미래의 희망이길 바랍니다."

"원하는 크기와 수만큼 마음껏 그려 주세요."

③ 화지에 자기 사진(인물사진이나 자신을 표현하는 다른 이미지로 대체 가능)을 오려 붙이고, 사포에 그려진 풍선을 오려 붙인다. 자신이 풍선을 잡고 날아가고 있는 모습이나 다른 이미지를 활용하여 무엇을 타고 날고 있는 모습 등을 자유롭게 표현한다.

④ 이 작업이 끝나면 구글 프레젠테이션을 활용하여 추가적인 작업을 진행한다(제2장 4. 비대면 놀이치료에 효과적인 협업 툴 참조). 작업한 그림을 사진으로 찍고 이미지를 컴퓨터에 저장한 후 구글 프레젠테이션에서 [이미지 열기] 후 원하는 크기만큼 이미지를 설정하여 붙여넣기를 한다(사진 2).

⑤ 미래 여행을 하는 곳에 대한 배경, 장소, 추가 설명을 해 줄 이미지나 꾸미기 작업을 실시한다(사진 3).

⑥ 미래의 자신이 바라는 자신의 모습을 사진 위에 표현하거나 추가할 수 있다.

마무리

• 완성된 각 슬라이드의 작품들을 놀이치료자가 [화면 공유]하여 보여 주고, 집단원은 한 명
씩 돌아가며 자기 순서에 완성된 작품을 소개한다(사진 4).

• 집단원은 작업과정에서의 느낌과 작품에 대한 만족도, 원하는 미래의 자신의 모습 등을 자
유롭게 표현한다.

"10년 후 자신의 모습은 어때 보여요?"

"표현된 장소, 분위기, 자신의 모습이 만족스럽나요?"

"당신이 꿈꾸는 미래와 희망이 이루어지길 응원합니다."

나가기

4. 물건을 찾아라(p. 123 참조)

5) 치료과정에서의 활용 Tip

• 소회의실을 이용해 가고 싶은 장소가 비슷한 집단원끼리 그룹을 만들어서 함께 미래의 모
습을 꾸며 볼 수 있다.

• 가족들과 하나의 목표를 가지고 미래를 계획하고 방향을 설정해 볼 수 있다.

• 도전/목표를 설정하여 함께 나눠 보는 작업을 실시한다.

• 사포의 거친 면을 통해 크레파스가 갈리면서 그림이 그려지는 과정은 청소년의 스트레스

를 해소하고 풍부한 색의 대비를 통해 더욱 분명하게 색이 도드라진다. 이는 시각적으로 확실함을 더 나타낼 수 있으며, 자신이 표현하고자 하는 미래에 더욱 분명하게 희망을 주는 의미를 담고 있다. 이를 통해 성취감을 느낄 수 있고, 집단 작업에서 화려한 색이 모이며 퍼포먼스적인 효과를 얻을 수 있다.

제**7**장

청소년을 위한
사회적 관계 향상 프로그램

1. 청소년기의 사회적 관계

사회적 관계란 지속적인 사회적 상호작용을 통해 형성된 둘 이상의 사람과 맺는 모든 관계를 말한다. 인간은 개인, 가족, 학교, 모임 등 여러 집단과 지역사회 등에 소속되어 다양한 사회체계와 관계를 형성하고, 상호작용을 하며 성장한다. 누구에게나 타인과의 긍정적인 관계를 맺고자 하는 욕구는 기본적으로 내재되어 있으며, 그 자체로 만족감을 준다(Ryan & Deci, 2000).

특히 청소년기는 다양한 친구를 만나고, 집단에 참여하며 새로운 역할과 관계를 만들어 간다. 그 속에서 사회적 활동, 이성교제, 취미활동, 학업 등과 같은 삶의 다양한 측면을 공유하고 서로에게 영향을 준다. 또한 교환일기, 진실게임, SNS 등의 활동을 하거나 비속어와 신조어를 사용하는 등 자신들만의 의사소통으로 또래집단 간 강한 유대관계를 형성하기도 한다. 이때 협동심, 사회적 규범, 상호평등성 등을 배우고 갈등을 해결하며 집단 내 지위와 역할을 예측하고 평가하는 등 삶에서 필요한 사회적 기술을 학습한다. 뿐만 아니라 자기효능감과 만족감을 경험하며, 사회적 관계를 유지하고 발전시키는 능력을 개발하기도 한다. 또래와의 상호작용과 집단 활동은 정보를 나누고 경험하며, 정서적 지지, 격려와 도움 등의 상호지지를 제공하고, 자아존중감과 사회적 행동 등에 영향을 미친다(오윤선, 황인숙, 2020). 이 시기에 또래와의 관계에서 적극적이고 원만한 관계를 경험하는 것은 사회성 발달 중 하나의 요인이 되고, 긍정적 자아개념을 형성하며 성인이 되어 정상적인 사회생활을 하는 데 있어 원동력이 된다. 따라서 청소년 시기 또래 집단에 소속되어 다양한 인간관계를 경험하는 것은 중요하다.

청소년은 발달상 신체 및 심리적 변화가 크기 때문에 내·외적으로 스트레스와 고민이 많다. 양육자로부터 분리되어 또래와 함께하는 것을 선호하고, 부모와의 평등한 관계로의 전환이 이루어지는 시기의 영향도 있다(임영식, 한상철, 2004). 만약 이 시기에 양육자 혹은 교사 등에게서 자신의 가치 및 이상과 맞지 않는 기성세대의 가치·제도·관습 등을 강요당한다면 심각한 갈등을 초래하게 된다. 또한 양육자와 적절한 상호작용을 하지 못하거나, 관계형성 능력이 부족한 청소년은 행동 통제에 어려움을 겪고, 자존감 손상으로 인하여 우울, 위축, 고립 등 사회적 관계로부터 철회하며 내재화 문제를 보일 수 있다. 더 나아가 또래 관계의 경험마저도 부적절하다면 부정적인 자아 형성은 물론, 사회 적응에도 어려움을 겪게 된다. 이에 반하여 가정에서 관심과 사랑을 받으며 양육자와의 긍정적인 사회적 관계를 형성했다면 어떤 사건이 일어났을 때 상황을 이해하고, 조정하며 합리적 해결책이 무엇인지 더 생각하는 등 충동적이지 않게 사고하며, 사회의 한 구성원으로서 균형 있는 역할을 해 나갈 수 있다(권석만, 2017). 사회적 관계의 측면에서 경험하는 어려움이나 갈등은 타인에 대한 민감한 의식, 자기 중심화 경향, 또래와의 상호작용 등의 문제에서 나타난다. 따라서 청소년기에 필요한 것은 가족을 비롯하여 친구, 학교 등 그들이 소속되어 있는 사회에서 사회적 관계를 어떻게 적응해야 하는가이다.

최근 COVID-19로 인하여 청소년의 학교 등교가 제한되며, 사회적 관계의 박탈감을 경험하는 청소년이 증가하고 있다. 긴 시간 동안 사회적 관계를 하지 못한다면 고립이 지속되고, 정신적 건강과 사회성 발달에 문제를 유발할 수 있다. 이러한 감정적 혼란으로 인해 디지털 몰입이나 게임중독 및 사이버상에서의 언어폭력 등과 같은 문제들로 공격성을 표출하는 사례들이 늘어나고 있다. 그러므로 사회의 급격한 변화를 경험하는 청소년에게는 전문적인 비대면 심리·정서지원 프로그램을 통한 예방과 변화가 필요하다. 특히 사회적 관계를 주제로 한 비대면 심리·정서지원 프로그램은 청소년 개개인의 자아를 발견하고 탐색하며, 자기능력을 개발하여 유능감을 획득할 수 있는 기회를 얻게 한다. 아울러 집단 안에서의 소통을 통해 안정적이고 유연한 대인관계를 경험하고, 부정적인 정서를 조절하며 편안한 상호작용을 경험하게 한다. 또래와의 반복되는 협력 경험은 자기개념을 확고하게 하고, 이타성 수준을 높이며, 공동체 의식을 함양시킨다. 또한 우울이나 불안, 위축, 자살문제를 예방할 수 있으며 더 나아가 위축되고 고립되는 등 사회적 관계에 적응하지 못하고 이탈하는 것을 방지할 수 있다. 현재의 COVID-19 상황뿐만 아니라, 온라인과 디지털 매체에 익숙한 청소년의 특성을 고려하였을 때 청소년이 사회의 한 구성원으로서 역할을 하고, 균형을 가지고 성장하도록 하는 데 있어 사회적 관계 향상을 주제로 한 청소년기 비대면 심리 · 정서지원 프로그램의 활용은 필수 불가결하다.

2. 청소년기 비대면 사회적 관계 향상 프로그램

본 프로그램은 청소년의 사회적 관계 향상에 도움이 될 수 있는 비대면 놀이치료의 실제 기법을 소개하고 있다. 타인과의 상호작용을 통하여 긍정적인 대인관계를 경험하고, 서로의 긍정적인 자원을 찾는 데 도움이 될 수 있도록 구성하였다.

단계	회차	치료목표	치료개요
스타트 업 : 긴장이완 및 친밀감 형성	1. 나 스타그램	관계 및 신뢰감 형성	'나 스타그램' 워크시트지를 활용하여 자기를 표현하고 소개하며 집단원과 소통하기
	2. 마음 톡톡	자신의 욕구, 감정 표현 및 긴장감 완화	플루이드 아트 기법으로 난화 그림을 표현하며 긴장을 완화시키고, 자유롭게 연상하기
나에게 ZOOM IN : 현재의 나의 모습 탐색 및 인식	3. 내 마음은	현재의 나 인식 및 수용	스노우볼을 만들어 현재에 주의를 기울이며, 나의 마음 상태 파악하기
	4. 이게 나야!	나의 외면과 내면에 대한 인식 및 수용	'나의 겉과 속' 워크시트지를 활용하여 나의 겉모습과 내면에 감추어져 있는 나의 모습 탐색하기
	5. 내 안의 감정 컬러	관계 속에서 느끼는 서로의 감정 탐색 및 인식	다양한 감정을 색 소금으로 표현하여 관계 속에서의 감정을 탐색하고 인식하기
	6. 내 걱정 가져가	두려움 극복 및 자신감 향상	자신의 걱정을 담은 인형을 만들며 자신의 상태를 인식하고 집단원과 함께 나누기

해피 투게더 : 너와 나의 관계 탐색 및 수용	7. 너는 멋진 친구야!	타인에 대한 탐색 및 이해	집단원의 얼굴을 그리는 놀이를 통해 서 로를 관찰하고 소통하며 타인에 대한 이 해 돕기
	8. 너와 나의 연결고리	주변 환경 탐색 및 관계 속의 나 점검	관계도를 그리며 현재 관계하고 있는 나 의 주변을 탐색하고, 관계 속에서의 나의 태도 점검하기
	9. 우리는 소통 왕!	의사소통의 중요성 인식	이미지를 소개하고, 소개받은 이미지를 그리는 과정에서 경청의 중요성 인식하 고, 공감과 수용 경험하기
	10. You & Me	나와 타인의 가치관 탐색 및 수용	놀이를 통하여 자신에게 중요한 가치를 탐색하고, 타인의 중요한 가치를 이해하 고 수용하기
	11. 따로 또 같이	상호작용의 중요성 인식 및 소통	함께하는 구호를 만들고 집단 그림을 그 리며 상호작용의 중요성을 인식하고 소통 하기
	12. 너에게 주는 선물	타인에 대한 이해 및 수용, 격려 및 지지	타인을 위한 선물 만들며 타인에 대한 이 해를 높이고, 마음을 표현해 보기
드림 스페이스 : 우리의 긍정적인 자원 찾기	13. 꿈을 모아서	잠재력 찾기, 미래에 대한 긍정적인 자아 상 형성	미래의 긍정적인 씨앗을 만들고, 나의 잠 재력에 대해 생각해 보며, 공동체 안에서 의 나의 중요성을 인식하기
	14. 이렇게 멋진 우리	자아존중감 유지 및 성취감 향상 공동체 안에서의 긍 정적인 나 경험	네온사인 와이어를 활용하여 미래의 나를 표현해 보고, 희망 공유하기

1

나 스타그램

1) 놀이키트와 사용 예시

- '나 스타그램' 워크시트지, 색연필, 사인펜

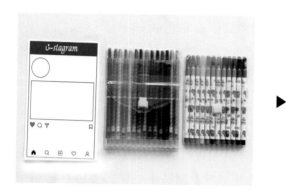

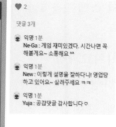

2) 치료목표

- 관계 및 신뢰감 형성 돕기

3) 치료개요

- '나 스타그램' 워크시트지를 활용하여 자기를 표현하고, 집단원에게 소개하며 긍정적인 지지를 경험한다.

4) 치료과정

들어가기

1. 나를 따라 해 봐요(p. 100 참조)

도입 및 워밍업

- 첫 회기는 모두 함께 비밀보장에 대한 동의서를 읽고 집단원의 동의를 받은 후 진행한다.
- 집단원의 주변 환경을 점검하고, 받은 놀이키트의 내용물을 확인한다.
- 놀이치료자는 이번 활동이 SNS와 관련된 것임을 이야기하고 SNS에 대해 집단원에게 설명해 준다.

SNS

SNS란 Social Network Service의 약자로 사람들과 서비스를 주고받는 소통망이다. 특정 관심사나 자신의 활동을 공유하며 사람들과의 관계를 구축해 나가는 공간으로 활용된다.

- 집단원이 평소 즐겨 하는 SNS를 살펴보고 함께 나눈다.
- 이때 놀이치료자는 다양한 SNS 이미지를 미리 준비하거나, 화이트보드를 열고 [주석기능]의 스탬프를 활용하여 집단원의 관심 있는 SNS 선호도를 알아볼 수 있다(사진 1).

놀이치료과정

① 다양한 SNS 중 한 가지의 포맷과 비슷한 '나 스타그램' 워크시트지를 활용하여 자신에 대해 표현한다.

② 놀이치료자가 미리 준비한 이미지를 [화면 공유]하여 활동에 대해 소개한다. 동그란 부분에는 프로필 이미지를 표현하고, 그 옆에 평소 즐겨 쓰거나 새롭게 만들고 싶은 나의 아이디(ID)를 적는다. 네모 칸에는 나를 표현하는 이미지, 나의 관심사 등을 나타내고, 그 아랫부분에는 해시태그를 활용한 설명을 적는다(사진 2).

해시태그

해시태그란 해시기호(#)를 써서 묶는다는 뜻으로, 특정 단어를 쓰면 그 단어에 대한 글을 모아 분류해서 볼 수 있도록 한다. 이는 관심 있는 주제의 내용을 쉽게 찾을 수 있도록 도와주는 장점이 있다. 본활동에서는 해시태그 작업을 통해 자신의 작품을 단어 또는 짧은 문장으로 정리해 볼 수 있다.

---

③ 집단원은 놀이키트에 있는 '나 스타그램' 워크시트지에 자유롭게 표현한다.

④ 집단원은 [음소거 해제]가 되었는지 확인하고, 자신의 작품을 소개한다. 나눔 순서는 놀이치료자가 첫 번째 집단원을 지목한 후, 나눔을 한 집단원이 다른 집단원을 지목하는 방법을 사용할 수 있다.

"프로필 이미지는 무엇을 나타낸 것인가요?"

"나의 아이디(ID)에는 어떤 의미가 있나요?"

"표현한 이미지에 대해 이야기해 주세요."

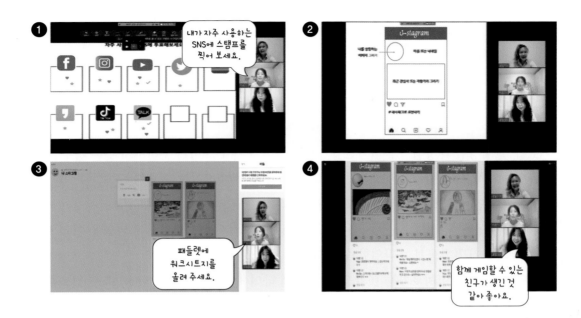

"이 이미지를 표현하게 된 이유는 무엇인가요?"

"이 이미지에는 어떤 이야기가 담겨 있나요?"

"이러한 해시태그를 선택한 이유는 무엇인가요?"

마무리

- 놀이치료자는 미리 생성한 패들렛 링크 주소를 집단원에게 공유한다(제2장 4. 비대면 놀이 치료에 효과적인 협업 툴 참조).

- 집단원은 생성된 패들렛에 자신의 '나 스타그램' 워크시트지를 사진으로 찍어 게시한다. 그 후, 다른 집단원의 게시글에 응원과 공감의 메시지를 댓글로 남긴다. 패들렛에서 댓글 작성 시, 가입이 되어 있지 않으면 익명으로 작성되므로 집단원은 자신의 아이디 또는 이름을 밝히고 작성하도록 한다(사진 3).

- 활동 후, 온라인 놀이치료실로 돌아와 한 명씩 돌아가며 느낀 점을 나눈다. 이때, 놀이치료자는 집단원이 패들렛에 작성한 게시물을 [게시물 보내기]에서 이미지 또는 PDF 파일 형식으로 저장하고, 온라인 놀이치료실에서 [화면 공유]하여 집단원과 함께 나눈다(사진 4).

  "타인에게 댓글을 받은 후, 어떤 느낌이 들었나요?"

  "타인의 작품을 보며 느낀 점은 무엇인가요?"

  "타인에게 댓글을 적어 줄 때의 느낌은 어땠나요?"

나가기

12. Air Hug(p. 131 참조)

5) 치료과정에서의 활용 Tip

- 놀이치료자는 작업 전, SNS에 대한 정보를 습득하는 것이 필요하다.
- 도입 및 워밍업 과정에서 놀이치료자가 SNS 이미지 자료를 미리 준비하지 못한 경우 [화면공유]−[화이트보드]에서 텍스트나 스탬프 등을 활용하여 작업할 수 있다.
- 놀이키트 안에 워크시트지를 꼭 포함해서 보내기를 권장한다. 집단원 모두 전자기기(패드, 디자인 펜 등)로 작업할 수 있는 환경이 확인된다면, 스캔한 워크시트지 파일을 미리 보내고, 전자기기를 활용하여 작업할 수 있다.
- 집단 활용 시 놀이치료자는 댓글을 작성할 때 타인에게 긍정적인 표현을 할 수 있도록 촉진한다.
- 패들렛 업로드를 어려워하는 집단원은 놀이치료자에게 채팅창을 활용하여 사진을 보내도록 하고, 놀이치료자가 대신 업로드해 줄 수 있다.

6) '나 스타그램' 워크시트지

2 마음 톡톡

1) 놀이키트와 사용 예시

- 캔버스, 아크릴 물감, 종이컵(7개 이상), 아이스크림 막대(7개 이상), 착풀, 니트릴 장갑, 바닥에 깔 비닐, 상자

2) 치료목표

- 자유연상을 통한 자신의 욕구 및 감정 표현
- 흥미 유발 및 긴장감 완화

3) 치료개요

- 물감을 활용한 플루이드 아트 기법을 사용하여 난화 그림을 표현하며 긴장을 완화시키고, 자유롭게 연상할 수 있도록 돕는다.

4) 치료과정

들어가기

8. 오늘의 감정은 무슨 색일까?(p. 107 참조)

도입 및 워밍업

- 놀이치료자는 [화면 공유]-[화이트보드]를 선택하여 집단원과 공유한다. 집단원은 [주석작성]-[그리기]를 활용하여 원하는 색을 각자 하나씩 선택한다. 이때 집단원이 선택한 색이

겹치지 않도록 적어 놓는다.

- 그 후, 자신의 마음이 가는 대로 자유롭게 선을 그린다. 이때 선의 굵기를 모두 동일하게 하는 것이 좋다.
- 그려진 난화 속에서 나에게 보이는 이미지를 찾아본다. 한 명씩 돌아가며 자신이 찾은 이미지를 [그리기]를 활용하여 색칠하고, 모두에게 이야기한다(사진 1).

  "이것이 무엇으로 보이나요?"

  "평소 이것에 대해서는 어떤 생각을 가지고 있나요?"

- '마음 톡톡' 작업을 소개하고, 받은 놀이키트의 내용물을 확인한다. 그 후, 플루이드 아트에 대해 알려 준다.

플루이드 아트

플루이드(fluid)란 액체 상태의 물질이 자유로이 움직이는 유동체라는 뜻이다. 플루이드 아트(fluid art)란 변형이 쉽고 흐르는 성질의 아크릴 물감 등 다양한 재료를 사용하여 자신만의 감성을 담은 아름다운 예술 작품을 만들 수 있는 현대 추상미술의 한 분야이다.

놀이치료과정

① 물감 작업 시 기기 작동이 어려울 수 있으므로, 미리 [음소거 해제] 후 작업할 수 있도록 한다.

② 작업 전 바닥에 비닐을 깔고 손에는 니트릴 장갑을 낀 후, 놀이키트에 있는 아크릴 물감 중 가장 마음에 드는 색 3~5가지를 고른다.

  "이 색은 당신에게 어떤 느낌을 주나요?"

  "이 색을 고른 이유는 무엇인가요?"

  "세 가지 색 이외에 더 고르고 싶은 색이 있나요? 그 이유는 무엇인가요?"

③ 선택한 물감 한 개와 착풀을 1(물감):2(착풀) 비율로 종이컵에 붓고, 막대로 섞는다. 선택한 다른 물감들도 같은 방법으로 만든다.

④ 새 종이컵 1개에 ③에서 만든 물감을 원하는 순서대로 붓는다. 5겹 이상의 물감을 쌓아 물감층을 만들 수 있도록 권한다(사진 2).

⑤ 캔버스에 ④의 종이컵을 뒤집어 물감을 붓고, 캔버스를 움직이며 물감이 캔버스 전체에 채워질 수 있도록 한다(사진 3).

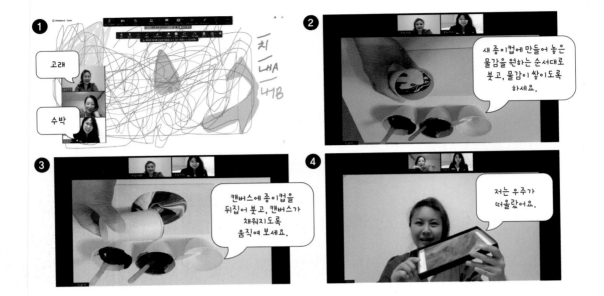

마무리

- 완성된 이미지에 제목을 붙이고, 떠오르는 이미지, 느낌 등을 생각해 본다.
- 완성된 작품은 상자에 넣고, 작업했던 공간을 깨끗하게 정리한 후, 나눔의 시간을 갖는다. 나눔 시, 놀이치료자는 발표자에게 [모두에게 추천] 기능을 사용하여 모든 집단원이 집중할 수 있도록 한다. 발표자는 [음소거 해제]가 되었는지 확인하고, 자신의 작품을 화면에 비추며 소개한다(사진 4).

  "작업을 하며 어떤 기분이 들었나요?"

  "물감이 움직일 때 느낌은 어땠나요?"

  "완성된 작품을 보며 떠오르는 이미지가 있나요?"

  "이 작품의 제목은 무엇인가요?"

- 다른 집단원은 채팅창에 작품에 대한 긍정적인 피드백을 올린다. 분위기에 따라 놀이치료자는 "푸른색이 자유로운 느낌을 주네요.", "긍정적인 에너지가 솟아나는 기분이 드네요." 등 먼저 이야기하며 반응을 유도할 수 있다.
- 놀이치료자는 집단원이 작품을 상자에 넣어 하루 정도 마르는 시간을 갖도록 안내한다.

나가기

5. 칭찬 샤워(p. 124 참조)

5) 치료과정에서의 활용 Tip

- 물감이 마르는 데 약 하루의 시간이 소요되므로 평평한 곳, 바람이 잘 통하는 곳 등에 놓을 것을 권유한다. 또한 작품이 손상되지 않도록 가족에게도 미리 알릴 것을 안내한다.
- 시간이 부족하여 빠르게 말려야 하는 상황이라면 드라이기 사용을 권장한다.
- 너무 많은 양의 물감을 사용하면 실패할 수 있으니 양 조절에 주의한다.
- 놀이치료자는 집단원의 기능적 수준과 특성 등을 고려하여 캔버스의 크기를 선택한다.

3 내 마음은

1) 놀이키트와 사용 예시

• 담을 용기(210mL), 파츠, 스팽글, 글리터, 물(1,500mL), 글리세린(40mL), 착풀(20mL), 컵, 물약통, 나무스틱, 매직, 네임펜, 꾸미기 재료

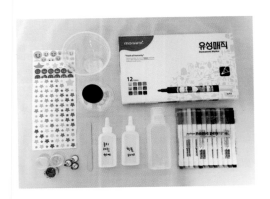 

2) 치료목표

• 현재에 주의를 기울이며, 자신의 모습 인식하고 수용하기
• 신체이완 및 긴장감 완화

3) 치료개요

• 스노우볼을 만들어 현재에 주의를 기울이고 나의 마음 상태를 파악하며, 고요하게 만드는 연습을 한다.

4) 치료과정

들어가기

5. 감정 단어 빙고 게임(p. 104 참조)

도입 및 워밍업

• 놀이치료자는 '6-1) 바디스캔' 워크시트지를 참조하여 집단원이 자신의 신체를 머리부터

발끝까지 탐색하도록 한다.

• 놀이치료자는 집단원을 집중시킬 수 있는 음악을 공유하여 집중을 돕는다(제2장 2. ZOOM 온라인 놀이치료실 세팅하기 참조).

• 집단원은 호흡하며 신체를 이완한다. 호흡하기 전과 호흡한 후의 자신의 느낌을 나누어 본다(사진 1).

"오늘 나의 신체 상태는 어떤가요?"

"신체에 집중하며 호흡을 할 때 어떤 느낌이 들었나요?"

"호흡을 하기 전과 후, 신체에 어떤 변화가 느껴졌나요?"

놀이치료과정

① 작업 환경을 점검하고 준비된 재료를 확인한다. 물 1,500mL를 미리 준비해 놓을 수 있도록 한다. 재료를 탐색하며 자신이 원하는 파츠를 골라 본다. 자신이 고른 파츠를 화면에 비추며 다른 집단원과 공유한다.

"이 파츠를 선택한 이유는 무엇인가요?"

"이 안에 넣고 싶은 다른 것이 있나요? 있다면 그 이유는 무엇인가요?"

② 빈 컵에 글리세린 40mL, 착풀 20mL, 물 1,500mL를 담고 나무 스틱으로 저어 준다(사진 2).

③ 스노우볼 용기에 ②를 모두 담고, ①에서 고른 파츠와 스팽글, 글리터 등을 넣은 후, 뚜껑을 닫는다(사진 3).

④ 완성된 스노우볼의 겉 부분을 자유롭게 꾸며 준다. 용기를 꾸밀 때, 투명 용기가 어느 정도는 보일 수 있도록 안내해야 한다.

⑤ 현재 나의 마음 상태는 어떤지 생각해 보고 스노우볼을 흔들어 본다. 흔들고 기다렸다가 가라앉는 것을 바라보기를 반복하며 스노우볼을 탐색한다. 집단원은 스노우볼에 대한 느낌을 채팅창에 올려 공유한다(사진 4).

"파츠, 스팽글, 글리터 등의 입자가 흩날릴 때 어떤 느낌이 들었나요? 입자가 가라앉는 것을 기다리는 동안 어땠나요?"

"최근 당신의 마음을 흔드는 일은 무엇이었나요? 당신은 왜 마음이 흔들렸다고 생각하나요?"

"타인에 의해 마음이 동요된 경험이 있나요? 그 이유는 무엇이었나요?"

마무리

• '6-2) 고요하게 하기' 워크시트지를 활용하여 스노우볼을 함께 탐색한다.

• 집단원은 [음소거 해제]가 되었는지 확인하고, 작품을 소개하며 활동의 느낀 점을 나눈다. 이때, 나눔을 하는 집단원에게 [모두에게 추천]을 적용하여 집중을 높일 수 있다.

  "호흡하며 스노우볼을 관찰할 때 느낌은 어떠하였나요?"

  "스노우볼이 흔들릴수록 고요하게 만들기 위해서는 어떻게 하면 좋을까요?"

나가기

11. 기합 장풍 쏘기(p. 130 참조)

5) 치료과정에서의 활용 Tip

• 재료를 하나하나 구매하기 어려울 경우, 포털 사이트에 '스노우볼 만들기'를 검색하면 다양한 사이트에서 재료키트를 구매할 수 있다.

• 글리터를 너무 많이 넣으면 서로 엉켜 지저분해질 수 있으니 주의한다.

• 휴대전화 조명등 위에 작품을 올리면 입자가 더 선명하게 보이고 작품의 완성도가 높아지므로, 마무리 작업 시 함께 활동해 보는 것을 추천한다.

• 바디스캔, 고요하게 하기 작업 시, 명상음악을 활용하는 것이 좋으며 보유하고 있는 음악이 없다면 포털 사이트, 유튜브 등에서 '명상음악'을 검색한 후 선택하여 사용할 수 있다.

6-1) '바디스캔' 워크시트지

1. 자리에 편안하게 앉아 긴장된 목과 어깨에 힘을 뺀다.
2. 자연스럽게 눈을 감고 편안하게 숨 쉬는 것을 반복하며 나의 숨결에 따라 몸의 감각을 느껴 본다.
3. 머릿속에 예쁜 나비 한 마리를 상상하며 그려 본다. 나비의 형태, 색깔, 크기 등 그 어떤 것도 상관없다.
4. 이제 예쁜 나비가 나에게 날아온다는 상상을 하며 나의 몸 한 부분에 내려앉았다고 생각한다. 나비가 앉은 부분의 긴장은 더욱 풀리고, 편안해지며 기분 좋아진다고 상상한다.
5. 계속해서 편안하게 호흡하며 발가락을 시작으로 머리까지 천천히 나비가 이동한다고 생각한다.
   발가락 ▶ 발 ▶ 무릎 ▶ 허벅지 ▶ 엉덩이 ▶ 반대쪽 발가락 ▶ 발 ▶ 무릎 ▶ 허벅지 ▶ 골반 ▶ 복부 ▶ 등 ▶ 가슴 ▶ 어깨 ▶ 목 ▶ 얼굴 ▶ 머리 등의 순서를 활용하여 천천히 옮겨 간다.
6. 신체 전체를 모두 살펴보았다면 편안하게 호흡하며, 지금 이 순간 숨 쉬고 있다는 사실에 주의를 기울여 본다.
7. 편안하게 이완을 한 다음 준비가 되었을 때, 서서히 눈을 뜬다.
8. 호흡에 주의를 기울였던 것을 다시 내 공간과 마음으로 가지고 온다. 이때, 계속해서 숨을 쉬는 것을 잊어서는 안 된다.
9. 가볍게 스트레칭하며 지금 여기로 돌아온다.

6-2) '고요하게 하기' 워크시트지

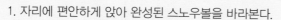

1. 자리에 편안하게 앉아 완성된 스노우볼을 바라본다.
2. 스노우볼이 멈춰 있을 때, 용기에 가라앉은 입자를 확인해 본다.
3. 그 후 스노우볼을 흔들고, 입자가 모두 가라앉을 때까지 살펴본다.
4. 스노우볼을 살펴볼 때, 편안하게 호흡하며 고요하게 관찰한다.
5. 놀이치료자는 입자가 스트레스, 격해진 감정 등을 상징한다는 것에 대해 집단원에게 알려 준다.
6. 스노우볼이 흔들리는 것처럼 스트레스나 격해진 감정에 압도당했다가 잠시 멈추고 가만히 내버려 두면 다시 평온한 상태로 돌아온다는 것을 경험할 수 있도록 하는 것이 중요하다.
7. 스노우볼을 흔들었다가 고요하게 만드는 활동을 반복한다.

4 이게 나야!

1) 놀이키트와 사용 예시

• '나의 겉과 속' 워크시트지 2장, 매직, 색연필, 사인펜, 연필, 지우개, 가위, 풀, 꾸미기 재료

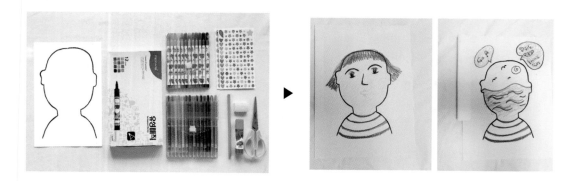

2) 치료목표

• 내면에 감추어져 있는 자신의 모습을 표현하고 인식하기
• 나를 수용하고 이해하기

3) 치료개요

• '나의 겉과 속' 워크시트지를 활용하여 겉모습과 내면에 감추어져 있는 나의 모습을 탐색하고 표현해 본다.

4) 치료과정

들어가기

14. 사진으로 나를 소개해요(p. 113 참조)

도입 및 워밍업

• [비디오 필터]를 활용하여 자신이 꾸미고 싶은 겉모습을 연출해 본다(제2장 2. ZOOM 온라인 놀이치료실 세팅하기 참조).
• 놀이치료자는 [모두에게 추천]을 사용하여 한 사람씩 화면을 비춰 주고, 집단원은 채팅창

에 화면에 비춰진 집단원의 모습에 대해 긍정적인 피드백을 작성한다(사진 1).

놀이치료과정

① 내가 현재 가지고 있는 생각이나 감정, 하고 싶은 것 등을 채팅창에서 나눈다. 집단원의 적극성에 따라 놀이치료자가 먼저 이야기를 할 수 있으며, 집단원이 이야기할 때에는 빠르게 집단원의 채팅 글에 언어로 반응해 준다. "날씨가 더워서 바다에 가고 싶어요.", "코로나 끝나면 마스크 벗고 다니고 싶어요. 너무 답답해요." 등 평소 생각하는 것들을 이야기하면 된다.

② 남이 잘 알지 못하는 나, 나의 속마음 등 내가 아는 나에 대해 워크시트지 1장에 이미지로 표현해 본다. 이때 상반신 옷도 함께 꾸며 준다(사진 2).

③ 남은 한 장의 워크시트지를 얼굴 부분만 남기고 접은 후 펼친다. 접힌 선을 따라 가위로 잘라 준다. 그 후, 내가 생각하는 나의 겉모습에 대해 표현하고, 종이의 모퉁이를 약 1~2cm 접어 풀로 칠한 후 ②의 위에 종이를 책처럼 넘길 수 있게 붙인다. 그림을 붙일 때 ② 그림의 외곽선과 잘 이어지는지 확인한다(사진 3).

④ 완성된 이미지에 제목을 붙이고, 나의 겉과 속을 표현한 것에 대해 생각해 본다. 집단원은 자신의 작품 제목을 채팅창에 올려 준다.

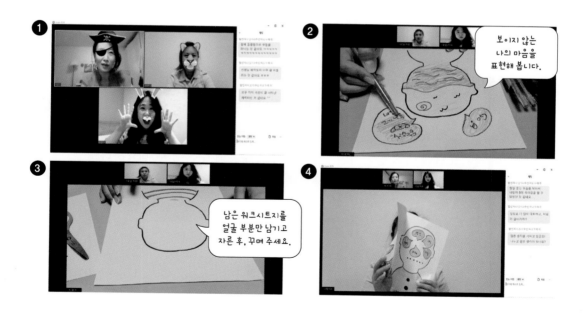

마무리

• 놀이치료자는 채팅창에 올라온 작품 제목 순서대로 이름을 불러 작품을 소개할 순서를 정한다.

• 작품을 소개하는 집단원은 [음소거 해제]가 되었는지 확인하고, 자신의 작품을 화면에 비추며 소개한다. 이때 다른 집단원은 채팅창을 활용하여 실시간으로 피드백을 준다 (사진 4).

"작품의 제목은 무엇인가요?"

"무엇을 표현한 것인가요?"

"평소 사람들은 '나'에 대해 어떤 이야기를 하나요?"

"내가 생각하는 '나'는 어떤 사람인가요?"

"내가 좋아하는 '나'의 모습은 무엇인가요? 그 이유는 무엇인가요?"

"변화하고 싶은 나의 모습은 무엇인가요? 그 이유는 무엇인가요?"

"평소 나만 알고, 남들이 모르는 나의 모습은 무엇이 있나요?"

"나만의 특별함은 무엇이라고 생각하나요? 그 이유는 무엇인가요?"

나가기

3. 접어 게임(p. 122 참조)

5) 치료과정에서의 활용 Tip

• 놀이치료과정 ③ 작업 시, 놀이치료자가 제시한 방법이 아닌 다른 아이디어로 작업할 경우 적극적으로 수용해 준다.

• 집단원이 자기표현에 대해 방어적일 때, 그 자체로 수용해 주는 것도 필요하다.

6) '나의 겉과 속' 워크시트지

5 　　　　　　　　　　　　**내 안의 감정 컬러**

1) 놀이키트와 사용 예시

• 담을 용기, 굵은소금, 파스텔, 매직, 네임펜, 비닐봉지, 일회용 수저, 꾸미기 재료

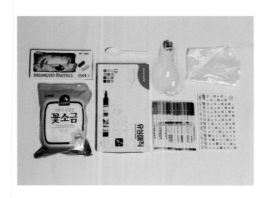 ▶

2) 치료목표

• 자신의 감정과 타인의 감정 인식하기
• 타인에 대한 공감 능력 기르기

3) 치료개요

• 관계 속에서 느끼는 다양한 감정을 색 소금으로 표현하고 인식한다.

4) 치료과정

들어가기

9. 초성 게임(p. 108 참조)

도입 및 워밍업

• 놀이치료자는 [화면 공유]-[화이트보드]를 공유하고 집단원 수에 맞춰 도형을 그린다.
• 집단원은 각자 자신의 도형을 골라 이름을 적고, 도형 안에 약 30초~1분의 시간 동안 [텍스트]를 활용하여 내가 아는 감정에 대해 적어 본다.

- 공통적으로 적은 감정으로는 무엇이 있는지 살펴본다(사진 1).

  "오늘 기분은 어떤가요? 왜 이런 기분을 느끼는 것 같나요?"

  "평소 자주 느끼는 감정은 무엇인가요? 그 이유는 무엇이라고 생각하나요?"

  "어떤 상황에서 이러한 감정을 느끼나요?"

놀이치료과정

① 도입 및 워밍업 작업에서 나눈 감정을 생각하며, 평소 타인과 관계를 하며 자주 느끼는 감정을 3~5개로 분류하고 각 감정에 색을 정해 본다.

② 비닐봉지를 두 장씩 겹쳐 ①에서 정한 감정 색 수만큼 만든다. 그 후, 평소 타인과의 관계에서 느끼는 감정의 비율을 생각하여 감정 순위를 매겨 본다.

③ 감정 순위에 따라 소금의 양을 정한다. 소금의 양을 많이 할 경우 약 3주먹, 적게 할 경우 약 1주먹 정도로 조절하면 되는 것을 안내한다. 정해진 소금을 선택한 감정 색 파스텔과 함께 소분한 비닐봉지에 넣고 흔들어 준다(사진 2).

④ ③에서 만든 감정 색 소금을 ②에서 매긴 감정 순위대로 준비된 병에 넣는다. 이때 자신이 느끼는 감정의 정도에 따라 양을 다르게 한다. 소금을 넣을 때는 일회용 숟가락을 활용하거나, 종이로 깔때기를 만들어 사용하면 흘리는 것을 방지할 수 있다.

⑤ 그 후, 용기의 겉 부분을 자유롭게 꾸며 준다(사진 3).

  "가장 많이 사용한 감정색은 무엇인가요? 그 이유는 무엇인가요?"

  "가장 적게 사용한 감정색은 무엇인가요? 그 이유는 무엇인가요?"

  "몇 가지 색의 감정소금을 사용했나요? 각각의 색은 어떤 감정을 나타내나요?"

  "이 감정을 선택하게 된 이유는 무엇인가요?"

  "타인에게 자주 느끼는 감정은 무엇인가요? 어떤 상황에서 타인에게 이러한 감정을 느끼나요? 왜 그런 감정을 느낀다고 생각하나요?"

마무리

- 작품을 소개하는 집단원은 [음소거 해제]가 되었는지 확인하고, 자신의 작품을 화면에 비추며 소개한다. 이때 다른 집단원은 채팅창을 활용하여 실시간으로 피드백을 준다(사진 4).

  "혹시 미처 넣지 못한 감정이 있다면 무엇이 있을까요?"

  "혹시 이 병에서 빼고 싶거나 더하고 싶은 감정 또는 색이 있나요? 그 이유는 무엇인가요?"

  "타인의 감정소금을 통해 알게 된 것은 무엇인가요?"

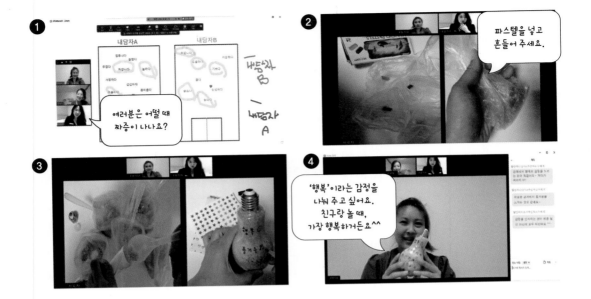

"타인에게 받고 싶은 감정소금은 어떤 것인가요? 그 이유는 무엇인가요?"

"타인에게 나누어 주고 싶은 감정소금은 어떤 것인가요? 그 이유는 무엇인가요?"

"타인과의 관계에서 느끼는 감정 중 어떤 감정을 유지하고 싶나요? 그 이유는 무엇인가요?"

"타인과의 관계에서 느끼는 감정 중 어떤 감정을 버리고 싶나요? 그 이유는 무엇인가요?"

나가기

9. 다섯 글자로 말해요(p. 128 참조)

5) 치료과정에서의 활용 Tip

• 도입 및 워밍업에서 적극적으로 참여한 집단원에게 기프티콘을 활용하여 간식을 제공하는 등의 보상을 주며 참여율을 높일 수 있다.

• 용기는 페트병, 유리병 등 투명한 음료병을 재활용할 수 있다. 용기의 입구가 너무 좁은 것은 좌절의 경험을 줄 수 있으므로 주의한다.

6 내 걱정 가져가

1) 놀이키트와 사용 예시

• 걱정인형 도안, 메모지, 다양한 색실, 다양한 크기의 폼공, 빵끈, 철사, 구멍 뚫린 구슬, 꾸미기 재료(단추, 리본 등), 가위, 강력접착제, 테이프, 사인펜

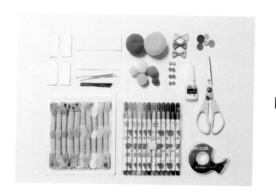 ▶

2) 치료목표

• 걱정에 대해 인식하고 표현해 보기
• 현재 상황에 대한 두려움 극복 및 자신감 향상

3) 치료개요

• 자신의 걱정을 담은 인형을 만들며 현재 나의 상태를 파악하고, 집단 활동을 통해 두려움을 극복하고, 자신감을 향상시킨다.

4) 치료과정

들어가기

2. 릴레이 하나, 둘, 셋(p. 101 참조)

도입 및 워밍업

• '걱정 쓰레기통' 워크시트지를 활용하여 평소 가지고 있는 걱정에 대해 탐색한다. 놀이치료자는 워크시트지를 스캔한 후, [화면 공유]하여 함께 작성할 수 있다(사진 1).

"마음속에 어떤 걱정이 있었나요?"

"걱정이 많을 때 주로 어떻게 행동하나요?"

"타인과 나의 걱정을 공유한 후 마음은 어땠나요? 왜 그런 마음이 들었나요?"

"타인의 걱정에 대해 듣는 것은 어땠나요?"

• '내 걱정 가져가' 프로그램에 대해 소개하며 걱정인형과 더위팔기 유래를 알려 준다.

---

*걱정인형은 과테말라 고산지대 인디언들에게서 전해져 내려온 민속 인형이다. 정확한 기원은 알 수 없지만 걱정이 많아 잠을 이룰 수 없는 사람들은 걱정인형에게 이야기를 한 후, 베개 밑에 걱정인형을 넣어 둔다. 걱정인형은 그 사람의 걱정을 가져가고, 걱정을 가졌던 사람은 평화롭게 잘 수 있다고 한다.

*더위팔기는 정월대보름 날에 타인에게 더위를 팔기 위한 풍속이다. 아이들은 아침 일찍 일어나서 이웃에 사는 친구를 찾아가 그의 이름을 부른다. 무심코 대답을 하면, "내 더위 사가라!" 하고 외친다. 이렇게 하면 먼저 이름을 부른 사람은 더위를 팔게 되고, 대답을 한 사람은 친구의 더위를 산 셈이 된다. 이렇게 하는 까닭은 악귀를 쫓고 건강을 기원하는 민속적 의미 때문이다. 본 프로그램에서는 '내 걱정 가져가'로 응용한다.

놀이치료과정

① 도입 및 워밍업 작업에서 나누었던 나의 고민과 걱정을 메모지에 적고 돌돌 말아서 빵끈으로 고정시킨 후, 걱정인형 만들기를 진행한다.

② 만들 걱정인형의 팔과 다리가 될 것을 예상하여 철사를 ㄱ 자로 구부리고, 위치를 정하여 한 장의 걱정인형 도안에 테이프로 고정시킨다.

③ 남은 도안 한 장을 위에 덮어 주고 테이프로 고정시켜 걱정인형의 형태를 만든다.

④ 걱정인형의 얼굴이 되는 위치에 표정을 그려 주고, 머리가 되는 가장 위쪽 테두리와 뒤통수가 되는 부분에 접착제를 바른 후 폼공을 붙여 준다. 폼공을 반으로 살짝 가르면 쉽게 붙일 수 있다(사진 2).

⑤ 아래 몸통에는 색실을 감아 옷을 만들어 주는 작업을 진행한다. 우선, 원하는 색실을 골라 몸체 중앙에 접착제로 고정시킨 후, 얼굴을 제외한 나머지 부분을 자유롭게 감아 준다. 실의 마무리는 접착제로 해 준다.

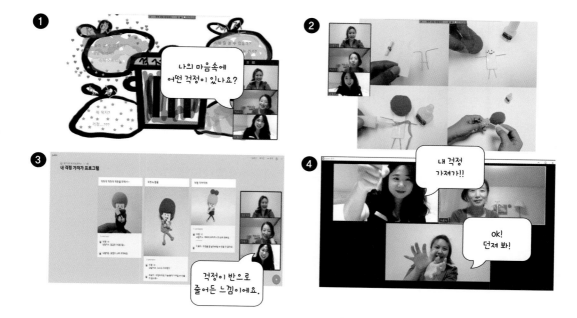

⑥ 손과 발 쪽 철사에 강력접착제를 살짝 바른 후 구슬 또는 폼공을 고정시킨다. 고민을 적은 종이 ①을 걱정인형 팔에 고정시켜 준다.

⑦ 놀이치료자는 미리 생성한 패들렛 링크 주소를 집단원에게 공유한다(제2장 4. 비대면 놀이 치료에 효과적인 협업 툴 참조). 집단원은 생성된 패들렛에 각자 완성된 작품을 사진으로 찍어 게시한다.

⑧ 그 후, 다른 집단원의 게시글에 응원과 공감의 메시지를 댓글로 남긴다. 패들렛에서 댓글 작성 시, 가입이 되어 있지 않으면 익명으로 작성되므로 집단원은 자신의 아이디 또는 이름을 밝히고 작성하도록 한다(사진 3).

마무리

• 활동 후, 온라인 놀이치료실로 돌아와 한 명씩 돌아가며 느낀 점을 나눈다. 이때, 놀이치료자는 집단원이 패들렛에 작성한 게시물을 [게시물 보내기]에서 이미지 또는 PDF 파일 형식으로 저장하고, 온라인 놀이치료실에서 [화면 공유]하여 집단원과 함께 나눈다.

• 그 후, '내 걱정 가져가!' 놀이를 진행한다. 자신의 순서가 되면 집단원 한 명의 이름을 부르고, "○○야, 내 걱정 가져가."라고 말한다. 이때, 이름이 불린 집단원은 걱정을 받아 주는 동작으로 반응해 줄 수 있도록 한다(사진 4).

• 집단원은 놀이가 끝난 후, 도입 및 워밍업에서 진행한 걱정 쓰레기통에 나와 타인의 걱정

을 모두 버린다.

"어떤 감정을 걱정인형 얼굴에 **표현**했나요?"

"걱정인형을 만든 후 어떤 느낌이 들었나요?"

"걱정인형을 만든 후, 걱정에 대한 나의 생각은 어떻게 변화하였나요?"

"타인에게 받은 공감과 응원 메시지를 보며 어떤 생각이 들었나요?"

"가장 마음에 든 응원 메시지는 무엇인가요? 그 이유는 무엇인가요?"

"'내 걱정 가져가!' 놀이를 통해 내가 친구에게 걱정을 보냈을 때 느낌이 어땠나요?"

"'내 걱정 가져가!' 놀이를 통해 친구가 나에게 자신의 걱정을 보냈을 때 느낌은 어땠나요?"

나가기

1. 가위바위보 ○○를 이겨라!(p. 120 참조)

5) 치료과정에서의 활용 Tip

- 걱정인형 도안은 가로 2~2.5cm, 세로 5~5.5cm를 권장한다.
- 도입과정에서 '걱정 쓰레기통' 워크시트지를 활용 시, 청소년의 특성상 비속어가 나올 수 있는데, 이때 놀이치료자는 수용하는 자세가 필요하다.
- '내 걱정 가져가' 집단 활동 시, 나에게 큰 걱정이 타인에게는 별일 아닐 수 있는 것에 대해 이야기를 나누고 '내 걱정 가져가' 놀이에 불편함을 크게 느낀다면 수용해 주어야 한다.
- 놀이키트에 클레이를 제공하면 받침대나 고정대 등을 만들 수 있다.
- 강력접착제는 브러시 타입을 추천한다.
- 패들렛 활용을 어려워하는 집단원은 놀이치료자에게 채팅창을 활용하여 사진을 보내도록 하고, 놀이치료자가 대신 업로드해 줄 수 있다.

6) '걱정 쓰레기통' 워크시트지

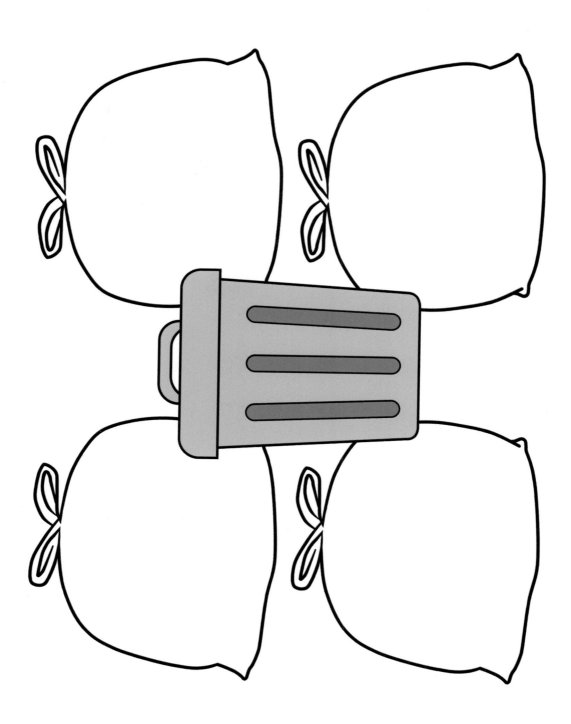

7
너는 멋진 친구야!

1) 놀이키트와 사용 예시
• A4용지, 검정 사인펜 등

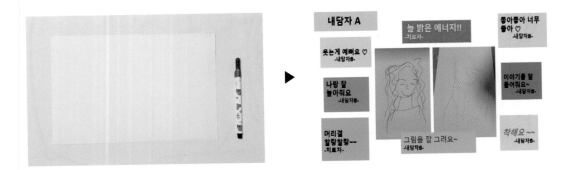

2) 치료목표
• 타인에 대한 탐색 및 이해
• 자기이해 및 긍정적인 자기인식

3) 치료개요
• 집단원의 얼굴을 그리는 놀이를 통해 서로를 관찰하며, 타인에 대한 관심을 높이고, 긍정적인 메시지를 나누며 소통한다.

4) 치료과정
들어가기
15. 무엇이 달라졌을까?(p. 114 참조)

도입 및 워밍업
• '내 눈을 바라봐' 친구의 얼굴을 그리는 놀이를 통해 타인을 관찰하고, 프로그램의 흥미를 유발한다(사진 1).

'내 눈을 바라봐' 그리기 방법

[모두에게 추천]을 활용하여 한 명씩 돌아가며 얼굴이 크게 보이도록 한다. 집단원은 A4용지와 펜을 준비하고 [모두에게 추천]을 활용하여 선택된 집단원을 제외한 나머지 집단원은 화면만 응시하며 선택된 집단원의 얼굴을 종이에 그린다. 이때, 절대 종이를 봐서는 안 되며 오직 얼굴만 바라보며 상대방을 그려야 하는 것을 강조해야 한다.

- 순서대로 선택된 집단원의 그림을 화면에 보여 준다. 그림을 확인할 때에는 [보기]-[갤러리]로 전환하여 모두 다 그림을 볼 수 있도록 한다(사진 2).
- 집단원이 그린 모든 그림은 다음 활동을 위해 각자 사진으로 촬영하여 컴퓨터에 저장해 놓도록 한다.

"활동을 하며 어떤 기분이 들었나요?"

"한 사람을 길게 관찰해 본 경험이 있나요?"

"그림을 그리며 어떤 느낌이 들었나요?"

"타인이 그려 준 그림을 보며 어떤 느낌이 들었나요?"

놀이치료과정

① 놀이치료자는 미리 구글 프레젠테이션에 슬라이드를 만들고 각 슬라이드마다 집단원의 이름을 지정해 각자의 공간을 만들어 놓는다. 집단원에게 채팅창으로 구글 프레젠테이션 링크를 공유하고 접속하도록 한다(제2장 4. 비대면 놀이치료에 효과적인 협업 툴 참조).

② 집단원은 구글 프레젠테이션으로 이동하여 집단원의 이름이 적힌 공간을 찾아 미리 촬영해 놓은 집단원의 얼굴 그림 사진을 삽입해 준다(사진 3).

③ 자신을 제외한 나머지 집단원의 슬라이드에 장점, 칭찬, 응원 메시지 등을 적는다. 이때, 놀이치료자는 긍정적인 피드백을 구체적으로 전하는 방법에 대해 알려 준다. 예를 들어, "넌 멋진 사람이야."보다는 "항상 미소를 짓는 너의 모습이 멋져." 등 구체적으로 전달한다.

④ 한 슬라이드당 약 3분 이상의 충분한 시간을 주고 완성한 후, 다음 슬라이드로 넘어간다. 한 명당 세 개 이상의 장점, 칭찬, 응원 메시지 등을 넣을 수 있도록 촉진하며, 본인의 이름을 밝히도록 한다(사진 4).

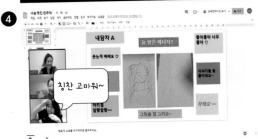

마무리

- 집단원은 나눔 시 [음소거 해제]가 되었는지 확인하고, 활동에 대한 소감을 나눈다.
- 자신의 슬라이드에 타인이 적어 준 장점, 칭찬, 응원 메시지 및 이미지 등을 보고 느낀 점을 이야기하고, 가장 마음에 드는 것을 골라 소개한다.
- 놀이치료자는 나눔을 자발적으로 할 수 있도록 유도하며, 적극성이 낮을 경우 지목한다.

  "타인이 찾아 준 나의 장점, 칭찬, 응원 메시지 및 이미지 등은 어떤가요?"

  "가장 마음에 드는 것은 무엇인가요?" / "내가 듣고 싶은 칭찬은 무엇이 있나요?"

  "타인의 장점을 찾아 주는 과정은 어땠나요?" / "칭찬을 받았을 때 어떤 기분이 들었나요?"

  "내가 주로 사용하는 칭찬은 무엇인가요?" / "나는 주로 어떤 칭찬을 사용하나요?"

  "나에게 용기를 주었던 말은 무엇인가요?" / "다른 집단원에게 궁금한 점은 무엇인가요?"

나가기

2. 오늘의 MVP(p. 121 참조)

5) 치료과정에서의 활용 Tip

- 친구가 그려 준 이미지 외에 자신이 가지고 있는 이미지를 활용하게 할 수 있다.
- 타인을 칭찬하는 것을 어색해하는 집단원에게 놀이치료자가 먼저 몇 가지 칭찬 메시지를 제공하며 모방할 수 있도록 돕거나, 구글 프레젠테이션에 예시를 올려놓고 참고할 수 있도록 한다.

8 너와 나의 연결고리

1) 놀이키트와 사용 예시
• 도화지, 색연필, 사인펜, 매직, 꾸미기 재료

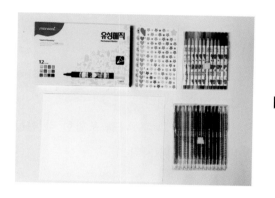 ▶

2) 치료목표
• 주변 환경에 대한 탐색
• 관계하고 있는 인물에 대한 인식
• 관계 속에서 자신의 태도 점검

3) 치료개요
• 관계도를 그리며 현재 관계하고 있는 나의 주변을 탐색하고, 관계 속에서 나의 태도를 점검한다.

4) 치료과정
들어가기
20. 추억 소환(p. 119 참조)

도입 및 워밍업
• '나의 관계 탐색 게임판'과 '나의 관계 탐색 질문 카드' 워크시트지를 활용하여 게임을 진행

하며 나와 관계하고 있는 사람들에 대해 탐색해 본다. 게임방법은 집단원 순서대로 주사위를 굴려 나온 수만큼 게임판의 칸을 이동하고, 선택된 칸의 지시를 따르는 것이다(사진 1).

• 집단원에게 공유할 때, [화면 공유]–[고급]–[화면의 일부]로 공유하면 '나의 관계 탐색 게임판' 워크시트지와 주사위 굴리기를 함께 볼 수 있다. 주사위 굴리기는 인터넷 주소창에 www.를 지우고 m.naver.com을 검색하여 모바일 버전으로 전환한 후, 검색창에 '네이버 간단게임'을 검색하여 진행한다(사진 2).

놀이치료과정

① 도입 및 워밍업 과정에서 탐색한 정보를 토대로 나의 관계도를 만들어 본다.

② 도화지에 나를 표현할 동그라미를 그리고 그 안에 나를 상징하는 이미지를 그린 후, 현재 나와 관계하고 있는 사람을 생각하며 그 주변에 동그라미를 그린다.

③ 동그라미 안에 생각한 대상을 이미지 또는 언어로 표현한다. 그 후, 나를 포함한 각 인물을 표현할 수 있는 명사, 형용사 등을 활용하여 특징을 적어 본다(사진 3).

마무리

- 나눔을 하는 집단원은 [음소거 해제]가 되었는지 확인하고, 자신의 작품을 화면에 비추며 소개한 후, 작업과정 및 작품에 대한 소감을 나눈다.
- 놀이치료자는 집단원에게 가장 가깝게 있는 사람을 스스로 인식할 수 있도록 이야기한다. 이때, '나의 관계 탐색 질문 카드' 워크시트지를 한 번 더 사용할 수 있다(사진 4).

  "'나'의 동그라미는 어디 있나요? 왜 그곳에 그렸나요?"

  "동그라미 속 이미지들에 대해 이야기해 주세요."

  "나와 가장 가깝다고 생각되는 사람은 누구인가요? 그 이유는 무엇인가요?"

  "나와 가장 멀다고 생각되는 사람은 누구인가요? 그 이유는 무엇인가요?"

  "가족이나 자신, 친구 관계에서 일어났으면 하는 변화는 무엇인가요?"

  "나의 감정을 솔직하게 이야기할 수 있는 사람이 있나요? 그 사람은 나에게 어떤 사람이라고 생각하나요?"

  "타인과의 관계를 유지하기 위해 필요한 것은 무엇일까요?"

  "그림 속 나와 타인의 거리는 어떤가요? 이 거리는 무엇을 의미하는 것 같나요?"

나가기

10. 파도타기(p. 129 참조)

5) 치료과정에서의 활용 Tip

- 이미지 표현이 어려운 집단원에게는 동물 이미지 등의 도안을 제공할 수 있다. 만약 동물 이미지를 사용하면, 동물의 상징을 통하여 집단원의 주변 인물에 대한 특성을 탐색할 수 있다.
- 동그라미 그리기를 어려워하는 집단원에게는 다른 도형으로 대체하여 그릴 수 있도록 한다.
- 자신의 이야기를 하는 것이 불편한 집단원이 있을 수 있으므로 놀이치료자는 더욱 집단원의 반응에 민감해야 한다. 자신의 이야기를 공개하는 것에 방어적이라면 있는 그대로 수용해 주고, 활동하며 느낀 점 정도만 나눈다.
- 도입 및 워밍업 활동 시, '나의 관계 탐색 게임판'을 직접 만들거나, 워크시트지를 활용한다.
- 집단원에게 [화면 일부]로 화면은 공유할 때, 놀이치료자의 컴퓨터 화면 모두가 공유될 수 있으므로 활동과 관련된 자료 외에 다른 자료는 열어 놓지 않는 것이 좋다.

6-1) '나의 관계 탐색 게임판' 워크시트지

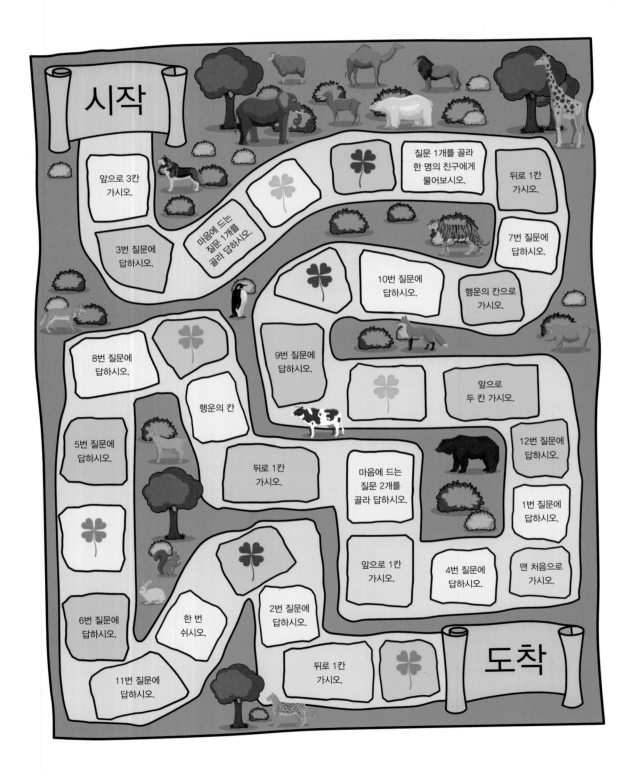

6-2) '나의 관계 탐색 질문 카드' 워크시트지

1. 내가 태어나서 처음으로 사랑을 느낀 대상이 누구라고 생각하나요?

2. 나에게 긍정적인 말을 해 주는 사람이 있나요? 있다면 누구인가요?

3. 나에게 부정적인 말을 많이 하는 사람이 있나요? 있다면 누구인가요?

4. 나의 기쁨과 행복을 나눌 수 있는 사람이 있나요? 있다면 누구인가요?

5. 나의 걱정을 나눌 수 있는 사람이 있나요? 있다면 누구인가요?

6. 슬프거나 무서울 때 이야기를 할 수 있는 사람이 있나요? 있다면 누구인가요?

7. 놀고 싶을 때 함께 놀 수 있는 사람이 있나요? 있다면 누구인가요?

8. 포옹이 필요할 때 끌어안을 수 있는 사람이 있나요? 있다면 누구인가요?

9. 친근하게 생각하는 사람이 있나요? 있다면 누구인가요?

10. 불편하다고 생각하는 사람이 있나요? 있다면 누구인가요?

11. 만약 지구가 지금 당장 멸망한다면 가장 먼저 만나고 싶은 사람은 누구인가요?

12. _____ 하다고 생각하는 사람이 있나요? 있다면 누구인가요?

13. _____

14. _____

15. _____

9 우리는 소통 왕!

1) 놀이키트와 사용 예시
• A4용지, 사인펜, 이미지 2장

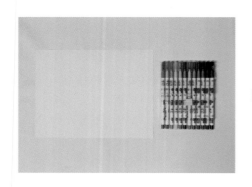 ▶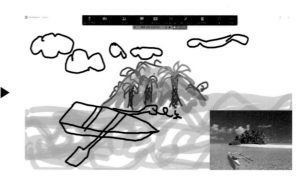

2) 치료목표
• 타인과의 상호작용을 통한 사회적 기술 향상
• 경청과 소통의 중요성 인식하기

3) 치료개요
• 팀별로 주어진 사진을 상대팀에게 언어로 설명하고, 상대팀은 사진에 대한 설명을 들은 후, 그림으로 재연한다. 이 과정을 통해 경청의 중요성을 인식하고, 집단원의 공감과 수용을 경험한다.

4) 치료과정
들어가기
10. 입 모양 보고 단어 맞히기(p. 109 참조)

도입 및 워밍업
• 릴레이로 그리는 활동을 통해 소통의 즐거움을 경험한다. 놀이치료자는 술래 한 명을 제외한 나머지 집단원에게 비공개 채팅으로 단어를 제시하고, 집단원은 순서대로 돌아가며 [화

이트보드]에 [주석작성]-[그리기]를 활용하여 그림으로 단어를 설명한다.

• 제한 시간 약 30~60초를 제공하여 빠르게 진행되도록 한다. 그림을 모두 그리면 술래는 정답을 맞힌다. 비공개 채팅은 [채팅]-[받는 사람]에서 보내려는 대상을 선택하면 된다(사진 1).

"타인의 그림에 이어 그릴 때 느낌은 어땠나요?"

"그림을 보고 정답을 맞히는 것은 어땠나요?"

놀이치료과정

① 활동을 위해 놀이치료자는 집단원이 언어로 설명하기 쉬운 풍경 사진 두 장을 미리 다운받아 준비해 놓는다.

② '우리는 소통 왕!' 활동에 대해 소개하고 상대팀이 사진을 설명하는 동안 각자 들은 것을 기록해 두어야 함을 미리 알린다.

③ A팀과 B팀으로 나누고, 팀이 선정되면 집단원은 [이름바꾸기]를 클릭하여 A팀 ○○○ 또는 B팀 ○○○로 이름을 바꾼다. A팀과 B팀을 나누어 소회의실을 만들고, 놀이치료자는 [소회의실]에 들어가 채팅창에 각각의 사진을 제공한다.

④ 집단원은 [소회의실]에서 사진을 상대팀에게 어떻게 설명할 것인가 논의한다(사진 2).

⑤ [전체 회의실]로 돌아와 먼저 그림을 설명할 팀의 순서를 고르고, 돌아가며 자신의 팀이 받은 사진을 약 10~20초 동안 설명한다. 이때, 화면에 절대 사진을 보여 줘서는 안 되며, 오직 언어로만 그림을 설명한다. 시간이 다 되었다면 놀이치료자는 멈춤을 외치고, 계속 말하는 사람이 있다면 놀이치료자는 [전체 음소거]를 실행한다.

⑥ A팀이 그림에 대해 설명하는 동안 B팀은 각자 들은 것을 기록해 두며, A팀과 B팀의 역할을 바꾸어 같은 방법으로 한 번 더 진행한다.

⑦ 다시 팀별로 [소회의실]로 나누어 각자 메모한 것을 모아 하나의 그림으로 완성시킨다. 이때 [화이트보드]를 공유하여 [주석작성]-[그리기]로 그림을 그린다(사진 3).

⑧ 완성된 그림은 놀이치료자가 각 소그룹에 들어가 컴퓨터에 [Print Screen] 키를 사용하여 캡처 후 공유한다.

⑨ [전체 회의실]로 돌아와 원본사진과 완성된 사진을 비교하여 싱크로율을 확인해 본다(사진 4).

"다른 사람의 설명을 듣고 그림을 그리는 것은 어땠나요?"

"짧은 시간 그림을 언어로 설명하는 것은 어땠나요?"

"모두가 나의 이야기에 집중할 때 느낌은 어땠나요?"

"설명이 끝나지 않았는데, 시간이 지나 멈추라고 했을 때 어떤 기분이 들었나요?"

"소그룹 작업 시, 서로의 의견을 모아 그림을 그리는 것은 어땠나요?"

"완성된 그림과 원본을 비교해 보면 무엇이 빠져 있나요?"

"함께 그림을 그리는 것은 어땠나요?"

마무리
• 나눔을 하는 집단원은 [음소거 해제]가 되었는지 확인하고, 활동의 소감을 나눈다.

"언어로 설명할 때, 어려운 점은 무엇이었나요?"

"타인의 이야기를 들을 때, 어려운 점은 무엇이었나요?"

나가기
6. 텔레파시 게임(p. 125 참조)

5) 치료과정에서의 활용 Tip
• 적극적인 참여를 위해 원본 그림과 가장 비슷하게 그린 팀, 그림에 대해 설명을 가장 잘한 팀 또는 경청을 잘한 팀 등에게 기프티콘을 활용하여 간식을 제공하는 등 보상을 주어 참여율을 높일 수 있다.
• 픽사베이(https://pixabay.com/ko/) 사이트에서 무료 이미지를 다운받아 사용할 수 있다.

10

You & Me

1) 놀이키트와 사용 예시

- A4용지, 포스트잇, 매직, 색연필, 사인펜, 꾸미기 재료

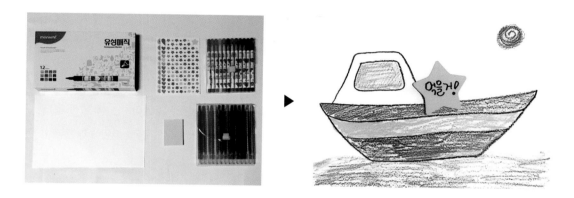

2) 치료목표

- 자신의 중요한 가치를 탐색하고 인식해 보기
- 타인의 중요한 가치를 공유하여 공통점과 차이점을 이해하고 수용하기

3) 치료개요

- 자신의 중요한 가치를 탐색하고 인식하며, 타인과의 공통점과 차이점을 찾아 서로 이해하고 수용한다.

4) 치료과정

들어가기

12. 공통점 찾기(p. 111 참조)

도입 및 워밍업

- 모두 [보기]–[갤러리]를 선택한 후, 집단원 모두가 한 번씩 돌아가며 출제자가 되어 '비밀코드(공통점)를 맞혀라' 게임을 진행한다. 비밀코드의 주제는 문제를 내는 사람의 특징, 좋아

하는 것 등에서 집단원에 대해 이해할 수 있는 것을 출제하여 서로에 대한 이해를 높이는 것이 좋다.

'비밀코드를 맞혀라' 게임 방법

문제를 내는 집단원이 마음속으로 주제를 정하고 비밀코드(공통점) 중 한 가지를 이야기한다. 예를 들어, BTS를 좋아하는 학생이 BTS라는 주제를 정하고 "나는 여행에 갈 때 슈가(비밀코드)를 가지고 갈 거야." 라고 말했을 때, 다른 집단원이 "나는 여행을 갈 때 솔트(비밀코드)를 가지고 갈 거야."라고 했다면 "가지고 갈 수 없어."라고 하고, 다른 집단원에게 순서가 돌아간다. 만약 또 다른 집단원이 "나는 여행을 갈 때 RM(비밀코드)을 가지고 갈 거야."라고 하면 "가지고 갈 수 있어."라고 말한다. 솔트는 BTS의 멤버가 아닌 조미료이고, RM은 BTS의 멤버이기 때문이다.

비밀코드를 맞힌 집단원 중 한 명을 선정하여 새롭게 놀이를 시작한다. 자신의 성, 좋아하는 색, 음식 등 다양한 것을 표현할 수 있는 것을 알려 주면 도움이 된다. '비밀코드를 맞혀라' 게임을 통해 타인에 대한 관심을 높일 수 있다.

놀이치료과정

① 참여한 집단원이 배를 함께 타고 여행을 간다고 가정하고, 내가 타고 떠나고 싶은 배를 A4 용지에 채색도구를 사용하여 그림으로 표현한다. 완성된 배를 화면에 보여 주고, 한 명씩 돌아가며 자신의 배를 소개해 준다(사진 1).

"이 배는 어떤 배인가요?"

"어디로 여행을 가고 싶나요?"

② A4용지에 그린 배가 준비되었다면 여행을 가는 데 필요하다고 생각되는 것 여덟 가지를 포스트잇에 적어 붙여 본다. 인물, 사물, 동물 등 모두 다 가능하다고 설명해 준다(사진 2).

③ 놀이치료자는 첫 번째로 "함께 배를 타고 여행을 하는 도중 배가 암초에 부딪혀서 바닷속으로 가라앉고 있습니다. 지금부터 여덟 가지 준비물 중 세 가지를 버려 주세요."라고 제시한다. 집단원은 배에 붙인 포스트잇 중 세 개를 떼어 낸다.

④ 두 번째로 "다행히 다시 목적지를 향해 배가 움직이고 있습니다. 그런데 아까 부딪힌 탓인지 배의 무게가 맞지 않아 한쪽으로 기울려고 합니다. 남은 다섯 가지의 준비물 중 세 가지를 버려 무게를 맞춰 주세요."라고 제시한다. 집단원은 또다시 배에 붙인 포스트잇 중 세 개를 떼어 낸다.

⑤ "이제 목적지에 거의 다 도착해 갑니다. 그러나 목적지에는 한 가지 준비물만을 가지고 갈 수 있습니다. 남아

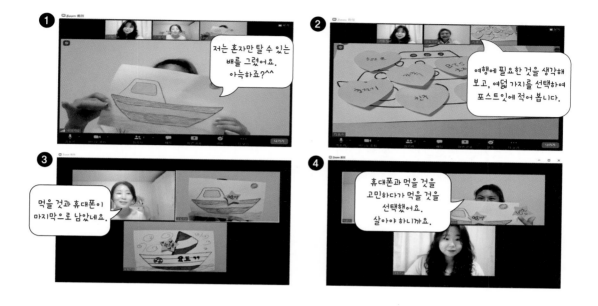

있는 두 가지 중 한 가지를 선택하여 버려 주세요."라고 제시한다. 둘 중 한 가지 포스트잇을 떼어 낸다. 마지막 순간까지 남아 있는 것이 무엇인지 확인해 본다(사진 3).

⑥ 마지막 포스트잇에 적혀 있는 것을 채색도구를 활용하여 배 위에 이미지로 표현해 본다.

마무리

• 자신의 순서가 되면 [음소거 해제]가 되었는지 확인하고, 작품을 화면에 비추며 마지막에 남긴 준비물에 대해 소개하고, 활동에 대한 느낀 점을 나눈다(사진 4).

"배가 암초에 부딪혀 난파되었을 때의 느낌은 어떠했나요?"

"처음 준비물을 버릴 때와 두 번째, 세 번째에 준비물을 버릴 때 느낌은 어떠했나요?"

"이 준비물을 버린 이유는 무엇인가요?"

"마지막까지 이 준비물을 남긴 이유는 무엇인가요?"

"다른 사람이 남긴 최후의 한 가지를 보고 어떤 생각이 들었나요?"

"나와 같은 준비물을 가진 집단원을 만났을 때 기분이 어땠나요?"

"나와 같은 것을 최후에 남긴 집단원을 만났을 때 느낌이 어땠나요?"

나가기

16. 얼굴 스트레칭(p. 135 참조)

5) 치료과정에서의 활용 Tip

- 배 그리는 것을 어려워하는 집단원에게는 '함께 가는 배' 워크시트지를 제공한다.
- 놀이치료자는 프로그램을 통해 나에게 가장 소중한 가치가 무엇인지 인식하고, 타인을 이해하며 서로의 가치관을 존중하는 태도를 가질 수 있도록 촉진한다.
- 암초에 부딪히는 상황 설명 시, 긴장감 있는 음악을 깔아 줄 수 있다.

6) '함께 가는 배' 워크시트지

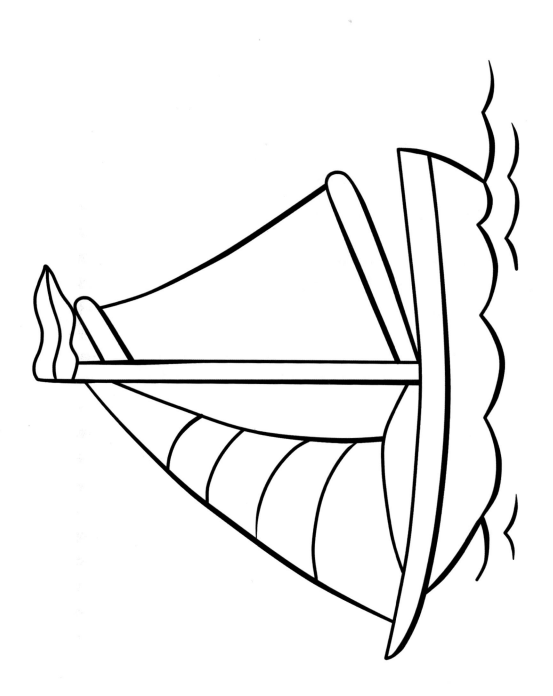

따로 또 같이

1) 놀이키트와 사용 예시

• 도화지, 매직, 색연필, 사인펜, 꾸미기 재료

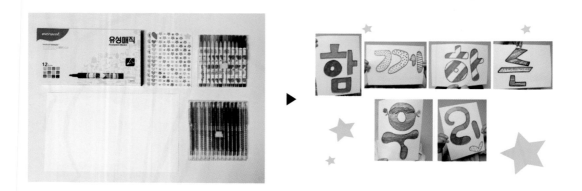

2) 치료목표

• 함께하는 작업을 통하여 상호작용의 중요성을 인식하고 소통하기

3) 치료개요

• 집단원이 함께 응원 구호를 만들고 집단 그림을 그리며, 상호작용의 중요성을 인식하고 소통한다.

4) 치료과정

들어가기

6. 이어 그리기(p. 105 참조)

도입 및 워밍업

• [화이트보드]를 공유하고 생각한 메시지, 구호, 이름 등을 [주석작성]–[텍스트]를 활용하여 약 3분 동안 적는다. 그 후, 집단원은 마음에 드는 문장을 선택하여 스탬프를 찍어 본다. 이때 가장 많은 스탬프를 받은 문장을 선택한다(사진 1).

- 놀이치료자는 포털 사이트에서 '사다리 게임'을 검색하여 [화면 공유]로 공유한다. 사다리 게임은 인터넷 주소창에 www.를 지우고 m.naver.com을 검색하여 모바일 버전으로 전환 후, 검색창에 '네이버 간단게임'을 검색하여 진행한다.
- 정해진 글자를 입력하여 사다리 타기를 진행하고, 집단원은 각각 한 글자씩 나누어 갖는다 (사진 2).

놀이치료과정

① 자신이 맡은 글자를 꾸밀 수 있도록 종이 가득 적당한 두께로 그려 준다. 그 후, 글자를 자유롭게 꾸며 준다. 완성된 그림의 아래에 유명한 작가처럼 사인을 넣어 나의 작품의 존재를 부각시킨다.

② 놀이치료자는 모두 [보기]-[갤러리]로 설정하고, 글자 순서대로 화면 위치를 조정한다. 마우스 왼쪽 클릭 후 옮기려는 화면을 드래그하면 위치가 이동된다. 그 후, [호스트 비디오 순서 따르기]를 선택하여 모든 집단원이 같은 화면을 볼 수 있도록 한다(사진 3).

③ 집단원 전체가 자신이 그린 작품을 화면에 비추며 하나의 메시지를 완성한다(사진 4).

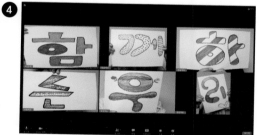

마무리

- 놀이치료자는 집단원의 동의하에 함께 만든 작품을 캡처한다. 그 후, [화면 공유]로 함께 완성한 집단 그림을 감상할 수 있도록 한다. 집단원은 글씨를 배정받은 순서대로 한 명씩 돌아가며 활동에 대한 소감을 나눈다.

  "함께 만든 메시지에 대해 어떤 느낌이 드나요?"

  "나의 작품과 타인의 작품이 합쳐져서 하나의 작품이 되었을 때 어떤 기분이었나요?"

나가기

13. 뒤죽박죽 인사말 찾기(p. 132 참조)

5) 치료과정에서의 활용 Tip

- 메시지를 정할 때, 의견이 모아지지 않아 결정을 못할 경우 놀이치료자가 예시를 들어 줄 수 있다. 놀이치료자는 미리 인원수에 맞는 몇 개의 문구를 생각해 두는 것이 좋다.

12 너에게 주는 선물

1) 놀이키트와 사용 예시
- A4용지, 필기도구

 ▶

2) 치료목표
- 타인에 대해 이해하고 수용하기
- 타인을 격려하고 지지하며, 감사의 마음 표현하기

3) 치료개요
- 타인을 위한 선물을 만들며 타인에 대한 관심과 이해를 높이고, 마음을 표현한다.

4) 치료과정
들어가기
18. 물건으로 이야기하기(p. 117 참조)

도입 및 워밍업
- 집단원의 수가 많을 때, 놀이치료자는 미리 사다리 타기를 한 후, 마니토가 될 집단원을 무작위로 배정한다. 사다리 타기는 인터넷 주소창에 www.를 지우고, m.naver.com을 검색하여 모바일 버전으로 전환 후, 검색창에 '네이버 간단게임'을 검색하여 진행한다.

• 놀이치료자는 각각의 집단원에게 비공개 채팅으로 마니토가 누구인지 알려 준다. 비공개 채팅은 [채팅]-[받는 사람]에서 보내려는 대상을 선택하면 된다. 모든 집단원에게 지정된 마니토에 대해서는 절대 말해서는 안 되는 것을 강조한다(사진 1).

놀이치료과정

① 놀이치료자는 집단원에게 미리 준비한 질문을 하고, 집단원은 돌아가며 주어진 질문에 대한 이야기를 나눈다. 먼저 이야기하는 것을 어려워한다면 놀이치료자가 순서를 정해 줄수 있다(사진 2).

---
1. 오늘 기분은 어떠한가요? / 2. 무엇이 당신을 그렇게 느끼게 하나요? / 3. 최근 가장 기분 좋았던 일은 무엇인가요? / 4. 최근 가장 속상했던 일은 무엇인가요? / 5. 현재 당신에게 필요한 것이 있나요? 등
---

② 집단원은 자신의 마니토가 대답한 이야기를 토대로 선물해 주고 싶은 것들에 대해 생각해 본다.

③ 놀이치료자는 미리 구글 프레젠테이션에 각각의 집단원이 꾸밀 수 있는 공간을 만들어 놓는다(제2장 4. 비대면 놀이치료에 효과적인 협업 툴 참조).

④ 집단원은 자신의 마니토에게 필요하다고 생각되는 것의 이미지를 포털 사이트에서 찾아 콜라주로 꾸며 준다(사진 3).

마무리

- 집단원은 자신의 이야기 순서가 되면 구글 프레젠테이션에 꾸민 선물을 보여 주고, 이 선물을 만든 이유에 대해 설명한다.
- 나머지 집단원은 이 선물이 누구의 것인지 추측하여 채팅창에 올린다.
- 놀이치료자의 구호에 맞추어 지정된 마니토를 밝히고, 선물을 전달한다. 이때 나머지 집단원은 모두 박수를 치며 함께한다(사진 4).

"○○를 선물한 이유는 무엇인가요?"

"타인을 위해 선물을 만들 때의 감정은 어땠나요?"

"선물을 받은 후, 나의 기분은 어땠나요?"

"뜻밖에 받은 선물은 어떤 느낌을 주나요?"

"나에게 선물을 준 집단원에게 주고 싶은 선물이 있다면 무엇인가요? 주고 싶은 이유는 무엇인가요?"

나가기

17. 내가 엔딩 요정(p. 136 참조)

5) 치료과정에서의 활용 Tip

- 픽사베이(https://pixabay.com/ko/) 사이트에서 무료 이미지를 사용할 수 있으며, 리무브비지(https://remove.bg/ko) 사이트를 활용하여 이미지 배경 지우는 법을 소개해 줄 수 있다. 놀이치료자가 미리 사용 방법을 숙지하는 것이 중요하다(제2장 4. 비대면 놀이치료에 효과적인 협업 툴 참조).
- 참여한 모든 집단원이 수용과 공감, 지지 경험을 할 수 있도록 놀이치료자는 집단의 역동을 잘 살펴야 한다.

13 꿈을 모아서

1) 놀이키트와 사용 예시

- 담을 용기, 둥근 캡슐(뽑기통), 스타핑, 리본, 메모지, 네임펜, 매직, 꾸미기 재료

 ▶

2) 치료목표

- 잠재되어 있는 나의 능력 찾기
- 미래에 대한 긍정적인 자아상 형성
- 공동체 안에서의 나 인식하기

3) 치료개요

- 미래의 긍정적인 씨앗을 만들고, 나의 잠재력에 대해 생각하며, 공동체 안에서의 나의 중요성을 인식한다.

4) 치료과정

들어가기

16. 우리 나무 만들기(p. 115 참조)

도입 및 워밍업

- 놀이치료자는 유튜브에서 '프로듀스 101, 100일 후 나에게 쓰는 편지' 영상을 찾아 공유하

고 집단원에게 보여 준다(제2장 2. ZOOM 온라인 놀이치료실 세팅하기 참조)(사진 1).

- '나의 잠재력 씨앗 성장기' 워크시트지를 작성하며, 긍정적인 미래와 나의 잠재력에 대해 생각해 본다.

  "미래의 나에게 편지를 쓰며 어떤 느낌이 들었나요?"

  "나의 잠재된 능력으로는 무엇이 있나요?"

  "현재 내가 가진 잠재력은 앞으로 어떻게 발전할까요?"

놀이치료과정

① 도입 및 워밍업에서 생각한 나의 미래와 잠재력 씨앗을 메모지에 그림이나 글씨로 표현해 보고, 화면에 비추어 공유한다(사진 2).

② 둥근 캡슐 안에 나의 미래와 잠재력 씨앗이 잘 보관될 수 있도록 메모지를 접어 넣고 자유롭게 꾸며 준다.

③ 나의 미래와 잠재력 씨앗이 잘 성장할 수 있도록 준비된 병에 담는다.

④ 그 후, 둥근 캡슐을 열어 볼 날짜를 정하여 병에 기록한다(사진 3).

마무리

- 완성된 이미지에 제목을 붙이고, 돌아가며 자신의 작품에 대해 소개한다. 한 명씩 소개가 끝나면 채팅창에 응원 메시지를 보내거나, [음소거 해제] 후 응원의 말을 전한다(사진 4).

  "둥근 캡슐에는 어떤 씨앗을 넣어 주었나요? 그 이유는 무엇인가요?"

  "미래의 씨앗을 심으며 기분이 어땠나요?"

  "이 씨앗은 앞으로 어떻게 변화할까요?"

  "미래의 나에게 하고 싶은 이야기는 무엇인가요?"

  "스스로에게 할 수 있는 긍정적인 말들은 무엇인가요?"

나가기

12. Air Hug(p. 131 참조)

5) 치료과정에서의 활용 Tip

- 누구에게나 잠재되어 있는 능력이 있는 것을 인식하고, 개인의 가치를 발견하여 긍정적인 에너지를 발휘할 수 있도록 하는 것이 중요하므로 놀이치료자의 적극적인 격려가 필요하다.

6) '나의 잠재력 씨앗 성장기' 워크시트지

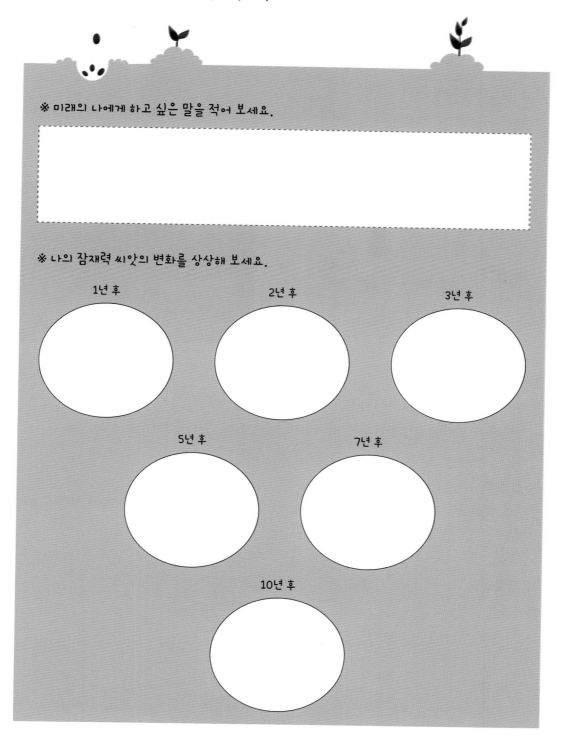

※ 미래의 나에게 하고 싶은 말을 적어 보세요.

※ 나의 잠재력 씨앗의 변화를 상상해 보세요.

1년 후

2년 후

3년 후

5년 후

7년 후

10년 후

14 이렇게 멋진 우리

1) 놀이키트와 사용 예시

- 네온사인 와이어, 아크릴판, 아크릴판 사이즈 종이, 어댑터, 건전지, 받침대, 매직, 네임펜, 테이프, 간식

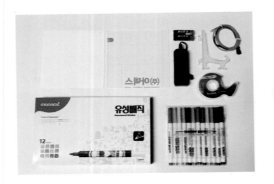 ▶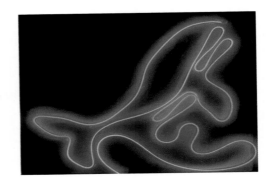

2) 치료목표

- 자아존중감 유지 및 성취감 향상
- 공동체 안에서의 나의 중요성 인식

3) 치료개요

- 네온사인 와이어를 사용하여 미래의 나를 이미지로 표현하고, 집단원과 함께 희망의 빛을 밝힌다.

4) 치료과정

들어가기

13. 다 함께 찍는 먹방(p. 112 참조)

도입 및 워밍업

- 놀이치료자는 포춘쿠키 사이트를 미리 검색하여 열어 놓고, 집단원에게 [화면 공유]를 한다. 포춘쿠키는 인터넷 주소창에 www.를 지우고 m.naver.com을 검색하여 모바일 버전

으로 전환한 후, 검색창에 '네이버 간단게임'을 검색하여 진행한다. 놀이치료자의 화면 전체가 모든 집단원에게 공유되므로 수업에 필요한 사이트만 열어 놓는 것을 권장한다.

• 집단원의 순서를 정하여 포춘쿠키를 열고, 받은 메시지를 소리 내어 읽으며 공유한다(사진 1).

포춘쿠키

운세가 쓰인 종이가 들어 있는 쿠키이다. 메시지를 통해 감사를 전하거나, 삶을 응원하는 등 긍정적인 에너지를 준다.

놀이치료과정

① 나를 상징하는 그림이나 글씨를 떠올려 보고 네온사인 와이어의 길이에 맞추어 이미지가 한 선으로 그려지도록 구상해 본다.

② 떠올린 도안을 도화지에 그린다. 도안 그리는 것을 어려워하는 집단원에게는 미리 제공한 도안으로 작업할 수 있도록 격려한다.

③ 그린 도안은 아크릴판 아래에 놓고 시작점에 네온사인 와이어를 투명테이프로 고정시킨다. 이때, 네온 빛이 가려져야 하는 곳은 검정 매직으로 칠해 준다(사진 2).

④ 모든 집단원이 함께 어댑터를 연결하여 빛을 밝혀 본다. 이때 공간의 불을 끄고 진행하면 완성된 작품이 더 밝게 보여 집단원의 성취감을 높일 수 있다. 집단원의 결과물 공유 시 작품을 화면 가까이 비추도록 유도한다. 놀이치료자는 집단원의 동의하에 화면을 캡처하여 [화면 공유]로 집단 전체의 결과물을 나눈다(사진 3).

마무리

• 집단원은 완성된 이미지에 제목을 붙이고, 자신의 작품에 대해 소개한다. 작품 소개는 자발적으로 하도록 유도하며, 어려울 경우 놀이치료자가 지목한다. 다른 집단원은 [음소거 해제] 후 큰 박수를 보내 준다(사진 4).

"나를 상징하는 이미지는 무엇인가요? 이 이미지를 선택한 이유는 무엇인가요?"

"작품의 제목은 무엇인가요? 이러한 제목을 붙인 이유는 무엇인가요?"

"나는 무엇을 할 때 나는 가장 빛난다고 생각하나요?"

"반짝반짝 빛나는 나를 위해 앞으로 나는 어떤 시도를 할 수 있을까요?"

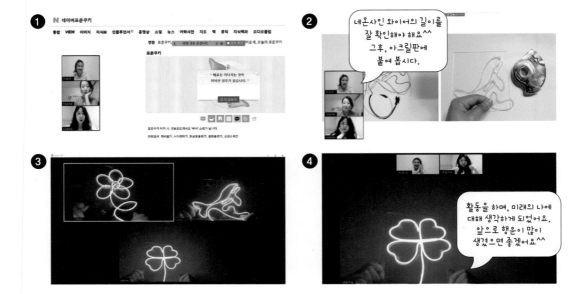

- 이 프로그램을 종결회기에 진행한다면 다음과 같은 이야기를 나누어 볼 수 있다.

  "이 프로그램에서 성취한 것은 무엇이 있나요?"

  "가장 좋아했던 활동이나 기억나는 것은 무엇인가요? 그 이유는 무엇인가요?"

  "함께하는 동안 어떠한 변화가 있었나요? 그 변화는 나의 삶에 어떤 영향을 주었나요?"

  "활동을 통해 나와 타인에 대해 새롭게 알게 된 것은 무엇인가요?"

나가기

5. 칭찬 샤워(p. 124 참조)

5) 치료과정에서의 활용 Tip

- 놀이키트에 이미지 도안을 충분히 넣어 주는 것이 좋다.
- 작업을 능숙하게 하는 집단원에게는 스카치테이프 대신 강력접착제를 제공하여 와이어를 좀 더 깨끗하게 붙이도록 할 수 있다.
- 집단원이 긍정적인 자기인식을 할 수 있도록 놀이치료자는 격려와 지지를 아끼지 않는다.

성인의 자기성찰과
사회적 역할 프로그램

발달적으로 성인기는 직업 및 가족 영역에서 선택에 따른 어려움과 위기를 경험하는 시기가 된다. 다양한 사회적 역할 적응을 통해서 '나는 누구인가?', '나는 어떤 사람이며, 살아오는 동안 어떤 것들을 해 놓았는가?' 등 자신의 존재, 능력 및 역할을 통해 자아정체감을 재확립하게 된다(Erikson, 1980). 이때 자아정체감이 긍정적으로 재정립되는 경우, 자신에 대해 긍정적인 개념을 형성하게 되어 좋은 영향을 미치지만, 자아정체감에 혼란이 오거나 명확하지 않은 경우, 심리적 위기감으로 이어진다.

심리적 위기감은 기존에 수행하던 자신의 역할에 대한 한계와 미래에 대한 불확실성, 현실의 경험 및 개인 욕구의 차이로 인해 겪게 된다. 성인기는 이러한 심리정서적 혼란을 겪으면서 지금까지 살아온 자신의 삶을 재평가하고, 자신의 존재 목적과 삶의 의미를 찾아가는 내적 성찰의 시간이 필요하게 된다. 이때 자기성찰이 높은 사람은 어려운 상황에서도 위기를 또 다른 기회로 삼고 개인의 삶을 한 층 더 성장시킬 수 있는 계기로 만든다(Whitbourne, 1986).

자기성찰은 성인기의 심리적 위기감으로 인한 사회적 역할상실감과 심리적 공허감을 극복하도록 돕는다. 또 자기성찰은 성인 자신이 갖고 있는 긍정적인 생각과 복합적인 자기관을 발견하여 다양한 관점으로 인식하고 삶의 의미를 발견하는 과정으로 설명된다. 성인놀이치료는 성인을 놀이의 세계로 다시금 안내하는 치료적 과정을 통해 성인기에 역할상실로 경험할 수 있는 크고 작은 어려움을 해결하며 자기성찰을 할 수 있도록 돕는다.

1. 성인기의 자기성찰

자기성찰(self-reflection)은 '자기의 마음을 반성하고 살핀다'라는 사전적 의미뿐만 아니라 마음의 상태나 움직임을 진지하게 들여다보는 것으로 자기의 내면을 바라보며 검토하는 태도이다(Mahoney, 1997). 자기의 내면을 바라보며 검토해 본다는 것은 문제와 사건을 객관적으로 보게 하고 모든 가능한 관점을 고려하여 부정적 정서에 압도되지 않도록 한다(Ardelt, 2004). 즉, 자기성찰은 부정적인 감정인 화, 죄책감, 슬픔, 좌절, 분노 등이 생기거나 불편하고 혼란스러운 상황, 자기와 불일치되는 상황, 딜레마 등 주로 자신에게 불편감이나 변화를 안겨다 주는 상황에서 일어난다(Dewey, 1933). 이때 자기의 경험이나 감정, 사고, 행동, 성격 등에 호기심을 가지고 적극적으로 탐색하거나 분석하여 더욱 나은 방향으로 발전하는 과정이라 할 수 있다. 이 과정은 자아뿐만 아니라 타인, 세계, 자연에 대한 더 큰 직관과 공감적 이해로 이끈다. 또한 인격적 자기완성, 마음의 안정성, 타인과의 사회적 책임감 등을 갖춘 성숙을 가져오기도 한다(조긍호, 2007).

그러나 자기성찰이라는 것은 말처럼 쉽게 이루어지지 않는다. 많은 이는 스스로가 진정 원하는 것이 무엇인지 알 수 없는 혼란 때문에 괴로워하고 타인과의 관계에서 오는 소외감으로 삶을 힘들게 여긴다. 특히 성인들은 삶에서 다양한 위기를 겪고 아픔을 경험하는데, 정도에 따라 스트레스로 인한 신체 질환이 생기거나 우울증, 화병 같은 심리적 문제가 일어나기도 한다.

심리적 문제의 원인은 학업과 취업, 결혼 등의 외적인 환경 변화와 건강과 갱년기의 다양한 신체 변화 등 다양하다. 최근 들어 전 세계적으로 높은 전염력과 유병률을 보이고 있는 COVID-19 팬데믹 상황에서 겪는 심리적 고통 또한 영향력이 크다. 세계보건기구(WHO)에서도 팬데믹 국면에서 재택근무, 일시적인 실업, 홈스쿨링, 사람들과의 물리적 접촉 제한 등은 성인의 정신건강에 악영향을 미칠 수 있으며, 적극적인 대처가 필요하다고 밝히고 있다.

그중 재택근무로의 전환이 가져다주는 영향은 업무 영역과 사적 영역의 구분이 사라진다는 점이다. 이는 통근 시간을 절약하고 일과 삶의 균형을 맞출 수 있다는 장점이 있지만, 동시에 사적 영역이 언제든 침범받을 수 있다는 한계도 지닌다. 특히 실업률이 증가한 현 노동시장 상황을 고려해 볼 때 해고의 위협은 재택근무자들로 하여금 더 많은 시간을 업무에 쏟게 한 것으로 나타났다. 또한 재택근무는 가사와 돌봄 노동의 증가로 연결된다. 업무 이외에도 부모, 교사, 배우자 등의 역할을 동시다발적으로 같은 공간에서 하게 되면서 정신건강에 악영향을 받게 될 가능성이 높다. 성인들에게 물리적 고립이 정신적 고립으로 이어지지 않게끔 자신의 내면을 들여다보며 성장하는 자기성찰의 과정이 그 어느 때보다 필요하다.

그러나 앞서 언급한 바와 같이 자신을 제대로 들여다본다는 것은 쉬운 일이 아니다. 특히 청년층이 더욱 취약한데 이는 성인기 진입 시기에 덮친 COVID-19로 인한 단절감을 강도 높게 경험하면서 상황에 대한 위험 회피와 기성세대에 대한 불신감이 높아지는 결과로 나타날 가능성이 있다. 중장년층 역시 자신이 지금까지 살아온 방식에 따른 고정관념의 잣대로 자신과 타인의 말과 행동을 평가하고 판단하며, 서로에게 상처를 주기도 하고 입기도 한다. 이에 보다 자기주도적이고 실천적으로 자기이해와 성찰을 할 수 있도록 돕는 전문적인 개입이 필요하다.

놀이는 자존감을 높여 주며, 즐거움뿐만 아니라 행복과 평온의 상태에 접근할 수 있게 한다. 놀이를 통해 긴장이 풀리면 종종 공감과 친밀감에 대한 능력이 향상하는 것을 느낄 수 있다. 성인에게 놀이치료과정은 언어로 내면을 탐색하는 것보다 안전하게 탐구할 수 있는 자연스럽고 온화한 환경을 마련해 줄 수 있다(Schaefer, 2003).

2. 성인기의 사회적 역할

사회적 역할은 특정 연령대의 사람이 어떠한 일을 할 수 있거나 해야만 한다는 사회적 기대와 믿음이라 할 수 있다. 사람들은 역할 수행을 하면서 자신을 사회적 존재로 파악하게 되고 자신의 정체성을 확립해 나간다. 학자마다 발달과업을 다양하게 설명하는데, 공통적으로 성인전기는 결혼 · 출산 · 자녀 양육, 취업 및 직업선택의 과업에 이르기까지 사회와의 친밀도를 높이고자 끊임없이 노력하는 시기라고 본다. 성인 후기의 발달은 배우자 역할, 부모 역할, 직업 역할을 동시에 수행하면서 사회적 존재로서의 정체감을 확립하게 된다(Schaie & Willis, 1996). 이러한 성인기 사회적 역할의 미발달은 성인 전기의 고립감이나 중년기의 부정적인 정체감으로 연결되기 쉽다.

성인전기에 해당하는 대학생들은 COVID-19 전염병으로 인해 캠퍼스 폐쇄, 온라인 수업 확대 등 전례 없는 급진적인 변화를 경험하고 있다. 대학생들은 'ZOOM 대학'에 다니고 있고, 취업 가능성은 점점 더 줄어들고 있으며, 사회적 고립과 캠퍼스에서의 사회적 상호작용 부족을 경험하고 있다. 중장년층 역시 바이러스 앞에 무력한 인간을 보며 상실감을 느끼고, 사회적 거리두기 때문에 생계가 막막한 사람들은 힘겨운 시간을 보내고 있다. 또 재택근무나 해고로 인해 집에 있는 시간이 길어질수록 또 다른 가족 문제가 드러나고 있다. COVID-19 상황 속에서 젊은이들이 경험하는 사회적 고립감과 중장년층 정체감의 부정적인 심리요인은 '사회적 역할상실감'이다.

기존의 사회적 역할상실감은 노인들에게서 주로 나타나는 현상이지만 현대사회에서는 노년기라는 생애주기의 국면에 특화된 현상이 아니다. 청년들의 성인 초기 발달과업 성취가 어려워지고, 중년기의 해고나 명예퇴직으로 인한 빠른 은퇴와 소득 감소 및 중년기의 이혼율 증가 등으로 인해 사회적 역할상실감이 빠르게 나타나고 있다. 성인기의 사회적 역할상실감이 중요하게 다루어져야 할 발달과제인 이유는 이것이 사회 활동의 폭을 위축시킬 뿐 아니라 이로 인해 자칫 우울로 확대될 수 있는 가능성이 매우 높아 정신 및 심리적 건강을 위협하는 요인으로 보고되고 있기 때문이다(Stravynski & Boyor, 2001). 나이가 들어 가면서 많은 것을 잃는다는 허전함이 생기는 것은 당연할지 모르나 이를 해결하지 못한 채 심리적 부적응을 지속적으로 경험하게 되면 삶의 질에 전반적인 부정적 영향을 미치게 된다는 것이다. 그러므로 사회적 역할상실감으로 인한 허전함을 잘 극복해 나가는 과정이 필요하다.

현재 임상 현장에서는 COVID-19 이후 30~40대 성인 상담이 늘어나고 있고 상담 내용에서도 상실감, 감정조절, 가족 문제 등이 주요 키워드로 등장하고 있다. 이와 더불어 비대면 상담에 대한 요구가 많아지고 있다. 과거 비대면 상담이라고 하면 자살예방센터 등의 응급 전화 상담인 위기 상담이 많았다. 하지만 지금은 안전상의 이유로 비대면 상담을 요청하는 경우가 늘어났고, 안전상의 이유가 아니더라도 지역, 시간상의 제약을 극복하기 위한 방법으로 이용하는 경우가 많아지고 있다. 그만큼 비대면 상담이 대면 상담에 부담감이 있는 성인에게 더 유용하게 쓰이게 된 것이다.

3. 성인기 비대면 자기성찰과 사회적 역할 프로그램

비대면 성인놀이치료의 이해를 돕기 위한 실제 기법을 소개하고 있다. 주요 프로그램은 COVID-19의 급변하는 상황 속에서 심리적 고통을 호소하는 30~40대 성인들의 재적응을 위해 놀이치료자가 어떤 노력을 해야 하는지에 중점을 두고 구성되었다.

단계	회차	치료목표	치료개요
라포 형성 단계	1. 아이엠 그라운드	긴장 완화와 흥미 유발	나를 나타내는 색 이미지와 단어로 자기소개하기
잊고 있던 나 : 자기 탐색단계	2. 가족 안에 나	가족 안에서의 자기 위치 고찰	구글 프레젠테이션을 활용한 가족 콜라주 하기
	3. 나의 행복 바구니	자신의 욕구와 바람 탐색	워크시트지에 자신의 기본 욕구와 바람을 색칠해서 표현하기
	4. 발견하는 나	어린 시절 탐색을 통해 지금의 나 이해	색, 선을 이용해 초기 기억 그리기
	5. 나의 오아시스	자기 탐색을 통해 진정한 나를 찾기	휴대폰 동영상 앱을 이용하여 어린 시절 추억 영상 만들기
	6. 나를 닮은 인형	자기 자신을 상징화하여 객관적인 위치에서 바라보기	모루로 나를 상징하는 인형을 만들고, 멀리 떨어져 전지적 작가의 시점으로 나를 바라보기
억눌렸던 나 : 자기 표현단계	7. 나의 심리적 화산	자유로운 욕구 표출 및 정서 인식	나의 억제된 감정이나 갈등을 화산으로 표현하기
	8. 위로의 풍경	자신의 내면을 탐색하고 정서적 안정감 경험	나를 위로해 주고 공감해 주는 것을 이미지로 표현하고, ZOOM 가상 배경으로 만들기
	9. 그림자의 위로	내면의 모습을 통한 자기이해	내가 좋아하는 내 모습과 싫어하는 내 모습 점토로 표현하기
있는 그대로 나 : 자기 수용단계	10. 나의 라임 오렌지 나무	과거를 회상하고 기억과 연결된 현재 감정과 관점의 변화	철사와 비즈를 이용하여 부정적인 기억, 긍정적인 기억이 담길 나무 만들기
	11. 있는 그대로 사랑하기(만다라)	심리안정 및 내적 통합	색모래로 만다라 만들기

더 나은 나 : 자기성찰 및 변화단계	12. 나에게 주는 사 랑의 선물	긍정적인 자기인식 및 희망 고취	컬러 클레이를 이용하여 힘과 공간, 돈에 대한 제약 없이 나에게 주고 싶 은 선물 만들기
	13. 꽃이 핀다	강화된 자기표현과 긍정적 사고형성	자신의 긍정적인 점을 찾아 아크릴화 로 표현하기
	14. 나에게 보내는 편지	긍정적 헤어짐의 경험을 통해 안정적 종결하기	각자 자신에게 주는 편지와 음식을 준 비해 종결을 위한 온라인 파티로 의미 있는 이별의 시간을 보내기

1

아이엠 그라운드

1) 놀이키트와 사용 예시

- 천사점토, 사인펜, 하드보드지(15cm×15cm), 워크시트지

 ▶

2) 치료목표

- 긴장 완화와 흥미 유발
- 표현의 자유 및 자기인식

3) 치료개요

- 천사점토, 사인펜, 물감을 이용하여 나를 표현하는 색을 만들어 하드보드지 위에 얇게 붙여서 시각화한 후 나를 가장 잘 드러내 주는 단어를 찾아 자기소개를 한다.

4) 치료과정

들어가기

1. 나를 따라 해 봐요(p. 100 참조)

도입 및 워밍업

- 비밀보장에 관련된 동의서를 읽고 동의 후 진행한다.
- 놀이키트 및 환경을 점검한다.

- 놀이치료자는 오늘 활동에 관해 설명한 후, 천사점토를 준비하도록 안내한다.
- 편안한 자세에서 천사점토를 손으로 조물조물하면서 재료의 질감을 느끼며 이완한다. 이때 음악을 사용하여 분위기를 편안하게 만든다. 음악은 [화면 공유]–[고급]–[컴퓨터 소리만 공유]를 선택하여 공유한다.

놀이치료과정

① 집단원은 나를 나타내는 사인펜 색을 선택한 후, 천사점토에 사인펜을 콕콕 찍어 색을 입혀 오므려서 반죽한다.

② 하드보드지 위에 ①의 천사점토를 눌러서 얇게 펼친다. 놀이치료자는 ①, ②의 과정을 집단원이 익힐 수 있도록 시연한다(사진 1).

③ 작업을 마친 집단원은 워크시트지를 참고해 '나'를 가장 잘 드러내 주는 단어를 떠올려 보도록 안내한다.

④ 활동이 끝나면 [모두에게 추천] 기능을 사용하여 소개하는 시간을 갖는다(사진 2).

"지금부터 자신의 얼굴이 화면에 크게 나오면 작업한 것을 보여 주며, 자신을 소개하는 시간을 갖겠습니다."

"나를 소개할 때는 나를 나타내는 색과 나를 잘 드러내 주는 단어를 중심으로 소개해 주세요."

⑤ 자기소개가 끝나면 집단원은 왼쪽 마우스를 클릭하여 [내 이름 바꾸기]로 자신의 이름을 '나'를 잘 드러내 주는 단어로 수정한다(예: 홍길동 → 강철멘탈).

⑥ 자기소개가 모두 끝나면 변경된 이름으로 '아이엠 그라운드' 게임을 한다(사진 3).

놀이방법

1. "아이엠그라운드 지금부터 시~작!" 하고 전체가 외친다.

2. 게임은 계속 손을 움직이며 진행한다. '무릎치기–손뼉치기–오른손 엄지척–왼손 엄지척'을 전원이 계속 반복하며 게임을 한다.

3. 첫 번째 순서인 사람이 지목할 사람의 이름을 이야기한다. "아싸~ 무한긍정"

4. 지목받은 사람이 자신의 이름을 외치고 다음 사람을 지목한다. "아싸~ 무한긍정, 아싸~ 까칠해"

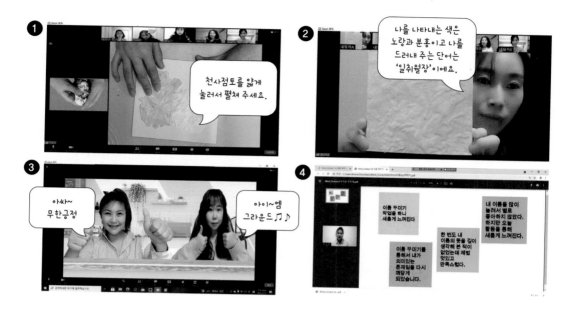

마무리

- 모든 집단원의 자기소개가 끝나면 놀이치료자는 '아이엠 그라운드'라는 주제로 미리 만들어 놓은 잼보드 링크 주소를 공유한다(제2장 4. 비대면 놀이치료에 효과적인 협업 툴 참조).
- 집단원은 프로그램을 마치고 느낀 점을 잼보드 [스티커 메모]에 적어서 붙인다(사진 4).
- 놀이치료자는 다 작성된 잼보드 프레임을 PDF로 저장 후 ZOOM 화면으로 공유한다.

나가기

1. 가위바위보 ○○를 이겨라!(p. 120 참조)

5) 치료과정에서의 활용 Tip

- 집단치료의 경우 초기 회기에는 [모두에게 추천] 기능으로 발표자를 지목할 때 가능한 적극적이고 열정적으로 참여하는 집단원을 선택한다. 이는 첫 집단원의 발표가 다른 집단원에게 영향을 미치기 때문이다.
- 아직 자신의 이야기를 할 준비가 되어 있지 않은 집단원의 경우 [모두에게 추천]을 통한 지목이 압력이 될 수 있다. 이때, 놀이치료자는 서둘러 진행하려고 성급하게 굴지 말아야 한다. 기다리는 마음으로 지켜본 후 천천히 나눌 수 있도록 한다.
- 안정감이 적은 초기 집단의 경우 언어로 피드백을 주고받는 것이 부담스러울 수 있다. 잼보드와 같은 익명성이 보장되는 협업 툴을 활용하면 좋다.

6) 워크시트지

일희일비	남과비교	까칠해	무한긍정	대자대비
안하무인	의지박약	귀차니즘	다정다감	수용해
경솔해	불평불만	예민해	꾸준해	항상초심
소탐대실	관심종자	유리멘탈	이타주의	겸손해
시기질투	애정결핍	적반하장	건강해	생기발랄
내로남불	우울해	분노폭발	일취월장	행복해
지랄발광	번뇌망상	감정기복	넓은 마음	뒤끝 없음
옹졸해	이기주의	따라쟁이	차분해	강철멘탈
뒤끝작렬	대인배	감사해	사랑해	나다워
결정장애	불도저	물음표	용수철	거북이

2 가족 안에 나

1) 놀이키트와 사용 예시

- 구글 프레젠테이션

구글 프레젠테이션

2) 치료목표

- 가족을 동물에 투사하여 탐색하고 가족 관계 패턴 파악하기
- 가족 안에서의 자기 위치 고찰

3) 치료개요

- 가족을 상징하는 동물 이미지를 찾아 프레젠테이션을 활용하여 동물 가족 콜라주를 한다.

4) 치료과정

들어가기

2. 릴레이 하나, 둘, 셋(p. 101 참조)

도입 및 워밍업

- 놀이치료자는 지난 회기에 대한 회고와 한 주 동안의 감정을 나눈 후 오늘 활동에 대해 소개한다.
- [비디오 필터 선택]에서 재미있는 필터를 사용하여 토끼, 사슴, 돼지 등 나와 닮은 동물로

변신해 본다(제2장 2. ZOOM 온라인 놀이치료실 세팅하기 참조)(사진 1).

치료과정

① 놀이치료자는 미리 준비한 구글 프레젠테이션 링크를 채팅창에 올린다(제2장 4. 비대면 놀이치료에 효과적인 협업 툴 참조)(사진 2).

② 집단원은 링크를 클릭해 구글 프레젠테이션으로 이동한다. 자신의 이름이 적힌 시트를 찾아 동물 가족 콜라주를 한다. 이때 가족 구성원과 닮은 동물 이미지는 구글 이미지를 활용한다.

"가족을 한 사람씩 생각해 봅니다. 만약 우리 가족을 동물에 비유한다면 어떤 동물이 떠오르세요? 떠올린 그 동물을 찬찬히 살펴본다는 느낌으로 떠올리세요."

"자신을 포함한 가족을 동물에 비유한다면 어떤 동물과 가장 가까울지 생각해 보세요."

"구글 이미지에서 가장 비슷한 동물 이미지를 찾아 다운로드하여 콜라주 작업을 진행해 보세요."

③ ② 작업이 끝나면 떠올린 동물에 관한 생각과 느낌을 [텍스트기능]을 활용하여 간단한 문장으로 적어 보도록 한다(사진 3).

④ 작업이 끝나면 집단원은 다시 ZOOM으로 돌아오고, 놀이치료자가 작업한 내용을 PDF 파일로 저장하여 ZOOM에서 [화면 공유]로 공유한다(사진 4).

⑤ [화면 공유]에 보이는 순서대로 이야기 나누기를 진행한다. 놀이치료자는 발표 순서인 집단원을 [모두에게 추천]으로 지목해 준다.

"지금부터 작업을 통해 느낀 점을 나누도록 할까요?"

"어떤 의미에서 그 동물을 붙였는지, 이야기를 나눠 주세요."(이때, 놀이치료자는 가족이 동물의 어떤 특징에 투사가 많이 이루어졌는지 살펴본다. 예를 들어, 긍정적인지, 부정적인지, 공격적인지, 순종적인지 등)

⑥ ⑤와 같은 방식으로 돌아가며 발표한다. 이때 놀이치료자가 다음 발표자를 [모두에게 추천]하려면 발표가 끝난 집단원의 [모두에게 추천]을 취소해야 해당 기능을 적용할 수 있다.

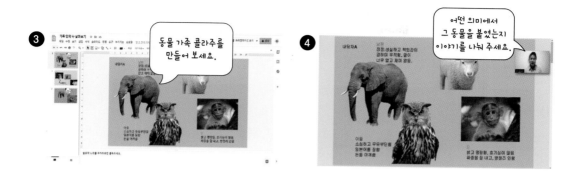

마무리

- 놀이치료자가 오늘 활동한 내용에 대해 전체적으로 한번 정리해 준다.
- 나가기 활동인 '다섯 글자로 말해요'와 연결 지어 마무리한다.
- 집단원이 채팅창을 활용하여 다섯 글자로 마무리 소감을 올린다.
- 놀이치료자가 채팅창의 내용을 읽어 주고 마무리한다.

나가기

9. 다섯 글자로 말해요(p. 128 참조)

5) 치료과정에서의 활용 Tip

- ZOOM 업데이트 여부에 따라 ZOOM 기능이 달라질 수 있다. 도입 및 워밍업에서 [비디오 필터 선택] 기능을 활용 전에 업데이트 동기화가 완료되었는지 확인이 필요하다.
- 집단원이 가족을 동물에 비유하는 것을 어려워하면 놀이치료자가 먼저 자기 노출을 통해 구체적인 예를 들어 주는 것이 필요하다.
- 표현된 가족의 이미지가 부정적이라도 수용해 주는 것이 필요하다. 단, 회기 중기 이후에 이 프로그램을 진행한다면 바라는 동물 모습으로 다시 표현해 보도록 할 수 있다.
- 구글 이미지에서 찾은 이미지가 배경이 있는 동물 사진일 때, 배경 없이 동물 이미지만 사용하고 싶다면 리무브비지(remove.bg)를 이용하면 아주 간단히 배경 삭제를 할 수 있다(제2장 4. 비대면 놀이치료에 효과적인 협업 툴 참조).

3 나의 행복 바구니

1) 놀이키트와 사용 예시

• 도화지, 그리기 도구(색연필, 사인펜, 크레파스 등), 행복 바구니 워크시트지

2) 치료목표

• 자신의 욕구와 바람 탐색을 통해 현재를 구체적으로 계획

3) 치료개요

• 행복 바구니 워크시트지를 활용하여 다섯 가지 기본 욕구와 바람을 색칠하는 활동을 통해 자신의 욕구와 바람을 인식한다.

4) 치료과정

들어가기

11. 소리 듣고 맞히기(p. 110 참조)

도입 및 워밍업

• 놀이치료자는 화면을 [보기]-[갤러리]로 설정하여 순서를 정하고, 정한 순서대로 서로 반갑게 인사한다.

• 들어가기를 활용해 소리에 집중하면서 편안한 마음으로 몸이 어떤 소리에 반응하는지 관

찰한다.

놀이치료과정

① 활동 전 집단원과 행복한 삶에 대해 간단하게 이야기를 나눈다.

② 집단원은 눈을 감고 자신이 행복해지는 데 꼭 필요하다고 생각되는 것을 떠올려 본다. 집단원에 따라 컴퓨터 앞에서 눈을 감고 있는 것이 쉽지 않을 수 있다. 놀이치료자는 불안감 완화를 위해 음악을 틀어 주고 명상 시간은 2분 이내로 한다.

③ 워크시트지를 활용하여 자신이 행복해지는 데 필요한 것을 적는다(사진 1).

   "각자 바구니에 자신이 행복해지는 데 꼭 필요하다고 생각되는 것을 빈 곳에 적어 보세요."

   "빈 곳이 부족할 경우 바구니에 빈 곳을 더 그려 넣고 적어 주세요."

④ 다 작성한 집단원은 각자 자신의 바구니에 들어 있는 것을 지시사항에 맞춰 색칠한다(사진 2).

   "작성한 것이 생존과 관련되었다면 초록색, 소속과 사랑은 분홍색, 힘과 성취는 하늘색, 자유는 보라색, 즐거움이면 연두색으로 칠해 주세요."

⑤ 집단이 작업하는 동안 놀이치료자는 회의실당 집단원 두 명이 배정되도록 소회의실을 만든다(제2장 2. ZOOM 온라인 놀이치료실 세팅하기 참조).

⑥ 완성되면 집단원은 자신의 행복 바구니가 만족스러운지 소회의실로 이동하여 자유롭게 이야기를 나누는 시간을 갖는다(사진 3).

⑦ 이야기를 나눌 때 더 채우고 싶은 욕구가 있다면 무엇인지, 구체적으로 무엇을 하면 채울 수 있을지 생각해 나누어 본다.

   "바구니에 어떤 색들이 많나요(어떤 욕구가 많나요)? 혹시 빠진 색깔이 있나요?"

   "더 채우고 싶은 색이 있거나 부족한 색이 있다면 그 색을 채우기 위해 구체적으로 무엇을 하면 채울 수 있을까요?"

⑧ 다른 집단원은 발표하는 집단원의 부족한 색이 무엇인지 그 색을 채우기 위해 구체적으로 무엇을 하면 채울 수 있을지 피드백을 해 준다.

⑨ 이야기 나누기가 끝나면 전체 회의실로 돌아와 소회의실에서 나눈 이야기를 공유한다.

마무리

- 작업에 대하여 충분히 나누는 시간을 가진 후 놀이치료자는 미리 생성한 패들렛 링크 주소를 집단원에게 공유한다. 이때 패들렛은 집단원이 다른 집단원의 게시물에 '좋아요'와 댓글을 달 수 있게 설정한다(제2장 4. 비대면 놀이치료에 효과적인 협업 툴 참조).
- 집단원은 프로그램을 마치고 느낀 점을 게시글로 올린다(사진 4).
- 집단원은 다른 집단원의 게시글에 댓글을 달거나 '좋아요'를 눌러 서로 지지와 격려를 할 수 있도록 한다.
- 놀이치료자는 집단원이 작성한 게시물을 [게시물 내보내기]에서 이미지 혹은 PDF 등의 형식으로 저장하고 ZOOM 화면으로 공유한다.
- 놀이치료자가 전체적으로 댓글을 읽으며 정리해 준다.

나가기

3. 접어 게임(p. 122 참조)

5) 치료과정에서의 활용 Tip

- 다섯 가지 욕구에 대해 안내하고, 예시를 통해 워크시트지에 그리는 방법을 이해하도록 돕는다.

다섯 가지 욕구란, 인간은 선천적으로 가지고 태어난 사랑과 소속, 힘, 자유, 즐거움 그리고 생존의 다섯 가지 기본 욕구에 의해 행동한다는 것이다(Wubbolding, 1990).

- 욕구를 채우기 위한 계획을 세울 때는 단순하고 실현 가능한 것, 즉시 할 수 있는 것, 통제할 수 있는 것, 확실하게 약속할 수 있는 계획으로 선택하도록 돕는다.
- 개인상담 시 ZOOM에서 워크시트지를 [화면 공유] 후 화이트보드의 주석기능을 활용하여 다음 사진처럼 작업할 수 있다.

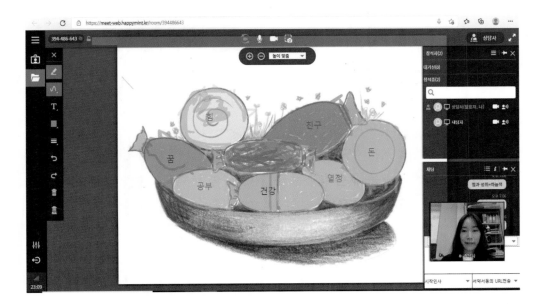

6) 워크시트지

행복의 조건과 나의 욕구 색칠하기

"각자 바구니에 자신이 행복해지는 데 꼭 필요하다고 생각되는 것을 빈 곳에 적어 보세요."

"각자 자신의 바구니에 들어 있는 것에 색칠을 해 보세요."

생존=초록색
소속과 사랑=분홍색
힘과 성취=하늘색
자유=보라색
즐거움=연두색

4 발견하는 나

1) 놀이키트와 사용 예시

• 도화지, 그리기 도구(색연필, 사인펜, 크레파스 등)

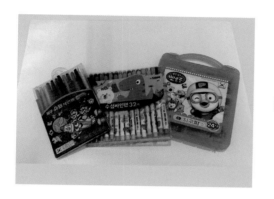 ▶

2) 치료목표

• 자신의 어린 시절 탐색을 통해 지금의 나를 이해하기

3) 치료개요

• 이제까지 살아온 삶에서 중요한 사건을 색, 선으로 표현하고, 글로 옮기는 활동을 통해 나를 알게 한다.

4) 치료과정

들어가기

6. 이어 그리기(p. 105 참조)

도입 및 워밍업

• 놀이치료자는 지난 회기에 대한 회고와 한 주 동안의 감정을 나눈 후 오늘 활동을 안내한다.

• 들어가기의 '이어 그리기'를 활용하여 워밍업을 진행한다. 이때 자유롭게 주석기능으로 난화를 그려 선을 자유롭게 표현해 보는 연습을 충분히 진행한다(사진 1).

놀이치료과정

① 잠시 명상을 통해 이제까지 살아온 자신의 삶을 떠올리는 시간을 갖는다. 이때 놀이치료 자는 [화면 공유]를 통해 불멍 영상을 공유한다(사진 2).

② 집단원이 명상에 집중하도록 각자 비디오를 끈 상태에서 공유된 화면만 바라볼 수 있도록 한다.

※ 유튜브에서 '불멍'을 검색하여 영상을 보여 준다. 이때 컴퓨터 소리 공유가 체크되어 있어 야 집단원에게 소리가 들린다.

> "편안하게 호흡을 하기 바랍니다. 숨을 들이마시고, 내쉬고, 마음을 이완해 보세요……. 각자 화면을 끄고 공유된 화면의 불을 보며 명상해 보겠습니다. 이제 마음에 집중하고 이제까지 살아왔던 지난 시간을 떠올려 보세요. 좋았던 경험도 있었고 아쉬웠던 순간도 있었을 거예요. 지금부터 시간은 흘러갑니다. 한 살, 두 살, 세 살…… 점점 나이가 먹습니다. 지금까지 살아왔던 날들을 되돌아보면서 슬펐던 일, 기뻤던 일, 행복했던 일, 아팠던 일 등 매우 중요했던 사건들을 떠올려 봅니다. 이제 다시 현재로 돌아올 시간이 되었습니다. 지금 우리는 지금까지 자신에게 가장 중요한 사건들을 찾아보았습니다. 지금까지 잘 살아온 여러분, 모두 수고하 셨습니다. 잠시 후에는 이 사건들을 상징적인 그림으로 그릴 것입니다."

③ 중요한 사건들을 한 장의 도화지에 그리게 한다. 이때 그림의 색, 선, 형태, 크기 등을 그 사건의 의미를 내포하는 형태로 그린다(사진 3).

④ 각 사건의 그림을 그렸으면, 각 사건과 관련된 감정이나 내용을 도화지에 적어 본다.

⑤ 소회의실로 이동하여 나누는 시간을 갖는다(사진 4).

⑥ 중요한 사건을 그림으로 표현하는 과정에서 자신에 대해 인식하게 된 것을 서로 나누도록 한다.

⑦ 놀이치료자가 소회의실 타임을 설정하여 시간이 다 되면 전체 회의실로 돌아와 소회의실 에서 나눈 이야기를 공유한다.

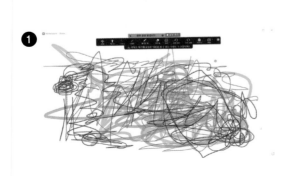

마무리

- 놀이치료자가 오늘 활동한 내용에 대해 전체적으로 한번 정리해 준다.
- 나가기 활동인 Air Hug와 연결 지어 마무리한다.
- 집단원은 Air Hug를 통해 수용적이고 신뢰로운 집단을 경험할 수 있게 된다.

나가기

12. Air Hug(p. 131 참조)

5) 치료과정에서의 활용 Tip

- 놀이치료자는 화면을 [보기]—[갤러리]로 설정하고 작업과정에서 나타나는 집단원의 행동 패턴이나 표정, 태도 등을 읽어 주고 반응한다. 이러한 과정은 놀이치료자가 집단원의 내면을 깊이 있게 이해하고 분석할 수 있게 도울 뿐만 아니라 집단원의 진행 상황을 파악하는 데도 도움이 된다.
- 이 활동은 회상보다 해석이 더 중요하다. 해석 시 '어떻게 기억하는지, 무엇을 기억하는지, 왜 기억하는지' 세 가지를 유의해서 살펴보아야 한다.

5	나의 오아시스

1) 놀이키트와 사용 예시

• 8절 도화지, 색연필, 사인펜, 크레파스

 ▶

2) 치료목표

• 자기 탐색을 통한 진정한 나를 찾기

3) 치료개요

• 휴대전화 동영상 앱을 이용하여 어린 시절 추억 영상을 만듦으로써 과거와 현재의 관계에 대해 통찰한다.

4) 치료과정

들어가기

9. 초성 게임(p. 108 참조)

- 오늘의 주제를 초성 게임으로 만들어 시작한다.

도입 및 워밍업

• 놀이치료자는 지난 회기에 대한 회고와 한 주 동안의 감정을 나눈 후 오늘 활동을 안내한다.

• 놀이치료자가 소회의실을 열고 무작위로 두 명씩 배정한다. 집단원은 소회의실에서 워크 시트지를 활용하여 서로의 짝을 인터뷰한다.

• 소회의실 종료 시간을 설정해 놓으면 집단원이 시간을 보면서 활동할 수 있다(제2장 2. ZOOM 온라인 놀이치료실 세팅하기 참조).

놀이치료과정

① 소회의실에서 이야기 나누기 시간이 종료되면 전체 회의실로 돌아와 소회의실에서 나눈 이야기를 공유한다.

② 놀이치료자는 다시 소회의실을 열고 무작위로 서너 명씩 배정한다. 집단원은 소회의실에서 팀원의 이야기를 영상으로 만들기 위한 아이디어 회의를 한다(사진 1).

③ 영상 이미지는 각자 인터뷰의 주요한 내용을 그림으로 그리거나 휴대전화로 검색해서 원하는 이미지를 찾는다.

④ 그리거나 찾은 이미지는 오픈 채팅방에 올려 공유한다(사진 2).

※ 카카오톡 오픈 채팅방을 활용하면 놀이치료자가 익명으로 집단원이 대화하도록 할 수 있다.

⑤ 오픈 채팅방에 올라온 이미지를 모아 휴대폰의 앱을 활용하여 동영상을 만든다.

⑥ 각 팀별로 동영상 만들기 작업이 끝나면 놀이치료자에게 전송한다.

⑦ 놀이치료자는 팀별 동영상을 [화면 공유]로 공유하여 다 함께 감상할 수 있도록 한다(사진 3).

마무리

- 작업에 대하여 충분히 나누는 시간을 갖는다.

  "활동 중 감정의 변화가 있었나요?"

  "완성된 영상을 보며 어떤 느낌이 들었나요?"

- 집단원은 패들렛에 영상 한 줄 감상평을 올린다(사진 4).
- 놀이치료자가 전체적으로 한 줄 감상평을 읽어 주고 마무리한다.

나가기

2. 오늘의 MVP(p. 121 참조)

5) 치료과정에서의 활용 Tip

- 놀이치료자는 집단원이 인터뷰부터 영상을 만드는 과정을 경험하며 과거와 현재의 관계에 대해 통찰 반응을 보이는지 관찰한다.
- 개인상담 시 휴대폰 앱보다 파워포인트를 활용하면, 놀이치료자가 집단원과 함께 초간단 동영상을 만들 수 있다.

파워포인트로 초간단 동영상 만들기

1. 먼저, PPT를 실행한 뒤, 사진 슬라이드에 차례로 붙여 넣는다. 필요하다면 각 슬라이드에 적절한 문구를 넣어 주면 된다.

2. 파일을 동영상 파일로 저장한다. [파일]–[저장/보내기]–[비디오 만들기]를 차례로 클릭한다.

3. 각 슬라이드의 재생 시간을 설정한다(기본적으로 5초가 설정되어 있는데, 1분으로 설정을 맞춘다).

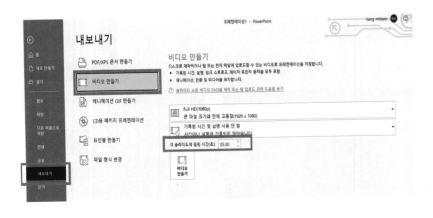

6) 워크시트지

인터뷰지

◆ 어릴 적 가장 좋아했던 놀이는 무엇이었습니까? 이유와 함께 답해 주세요.

◆ 현재 온전히 나를 위해 하는 활동이 있나요?

6 나를 닮은 인형

1) 놀이키트와 사용 예시

• 모루, 워크시트지

 ▶

2) 치료목표

• 자기 자신을 상징화하여 객관적인 위치에서 바라보기

3) 치료개요

• 모루로 나를 상징하는 인형을 만들고, 멀리 떨어져 전지적 작가의 시점으로 나를 바라본다.

4) 치료과정

들어가기

12. 공통점 찾기(p. 111 참조)

도입 및 워밍업

• 놀이치료자는 지난 회기에 대한 회고와 한 주 동안의 감정을 나눈 후 오늘 활동에 대해 안내한다.
• 집단원이 미리 받은 키트를 작업하기 편안하게 배치하여 충분한 작업 공간을 확보할 수 있도록 안내한다.

놀이치료과정

① 모루로 자기 자신을 상징할 수 있는 인형을 만든다.

② 놀이치료자는 두 개의 카메라 중 시연 카메라로 화면을 전환하고 인형 만들기를 시연한다
(사진 1).

"모루를 이용해 나를 상징하는 인형을 만들어 보겠습니다. 모루를 이용해 인형을 만들면 자신이 원하는 대
로 자세를 만들 수 있어서 좋습니다."

"제 화면을 보고 참고해 보세요."

③ 놀이치료자는 [보기]-[갤러리]를 사용하여 전체 집단원의 인형 만들기 진행 상황을 파악
한다.

"자, 머리 모양 완성되었는지 모두 화면에 보여 주세요. 다 되었다면 이제 몸통 부분을 만들어 보세요."

"혹시 만들다가 잘 안 된다면 손을 들어 알려 주세요. 그러면 제가 돕도록 하겠습니다."

④ 완성된 인형을 워크시트지의 그림 위에 놓아 본다. 이때 자신의 마음 상태에 집중하여 놓
고 싶은 위치에 놓아 본다(사진 2).

⑤ 작업이 끝나면 [모두에게 추천] 기능을 사용하여 한 명씩 돌아가며 나누는 시간을 갖는다.
발표하지 않는 나머지 집단원은 발표자의 인형에게 해 주고 싶은 것, 지지, 격려의 말 등을
채팅창에 올린다(사진 3).

"지금 그 배경에 있는 인형에게 무엇을 해 주고 싶으세요?"

⑥ 놀이치료자는 채팅창이 활기를 띨 수 있도록 집단원이 피드백을 올리면 즉각적으로 반응
해 준다.

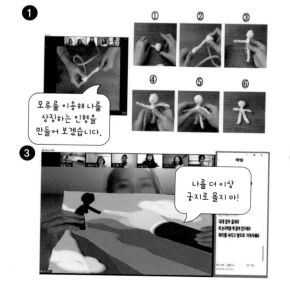

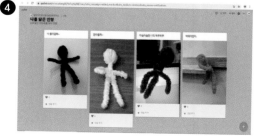

마무리

- '나를 닮은 인형' 주제로 미리 만들어 놓은 패들렛 링크 주소를 공유한다.
- 집단원은 생성된 패들렛에 자신이 만든 인형을 사진으로 찍어 게시한다(사진 4).
- 집단원은 다른 집단원의 게시글에 댓글을 달거나 '좋아요'를 눌러 서로 지지와 격려를 할 수 있도록 한다.

나가기

6. 텔레파시 게임(p. 125 참조)

5) 치료과정에서의 활용 Tip

- 자기 자신을 인형으로 만드는 작업은 자신을 더 객관적인 위치에서 바라볼 수 있게 하는 효과가 있다.
- 도움을 요청하는 집단원이 있을 때, 요청한 집단원 화면을 마우스 오른쪽을 클릭 후, [핀 고정]을 누르면 그 집단원만 크게 볼 수 있어 도움을 주기 편리하다.
- 집단의 안전이 보장되면 패들렛 게시글의 댓글은 놀이치료를 마친 후 작성하도록 하여 하루를 회고하며 마무리할 수 있게 한다.

6) 워크시트지

7 나의 심리적 화산

1) 놀이키트와 사용 예시

- 도화지, 그리기 도구(색연필, 사인펜, 크레파스 등)

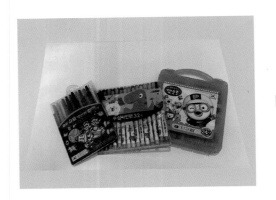 ▶

2) 치료목표

- 자유로운 욕구표출 및 정서인식

3) 치료개요

- 나의 억제된 감정이나 갈등을 화산으로 표현하고, 분출하는 경험을 통해 자기수용을 돕는다.

4) 치료과정

들어가기

5. 감정 단어 빙고 게임(p. 104 참조)

도입 및 워밍업

- 놀이치료자는 지난 회기에 대한 회고와 한 주 동안의 감정을 나눈 후 오늘 활동을 안내한다.
- 본활동 전에 '이완훈련'으로 일상 중 신경 쓰던 모든 것을 내려놓고 내 마음에만 집중할 수 있도록 한다. 다음에 제시된 복식호흡으로 온몸을 편안한 상태로 만든다(사진 1).

1. 한 손은 가슴에 두고, 다른 한 손은 배 위에 올려놓습니다.
2. 숨을 들이마실 때 배가 팽창하는지 수축하는지 살펴보세요. 만약 숨을 들이마실 때 배가 수축한다면, 이는 가슴으로 숨을 쉬는 경향이 있는 것입니다. 따라서 가슴이 아닌 배로 숨을 깊게 쉬도록 해 봅시다.
3. 숨을 들이마실 때 배를 부풀리고, 숨을 내쉴 때 배를 수축시키면서 깊게 내쉽니다.
4. 호흡의 속도를 늦추고 더 깊이 숨을 쉴수록 몸과 마음은 점점 더 편안해질 것입니다. 눈을 감고 자신이 좋아하거나 편안함을 느끼는 장면을 떠올려 보며 배에 올린 손의 감각에 집중해 보세요.

- 복식호흡과 같은 신체 이완을 통해 나를 불편하게 만드는 감정이 올라올 때 '내 마음 신호'를 지각할 수 있음을 설명해 준다.

"지금 한 복식호흡은 기본적인 방법이고 나만의 이완법을 만들어 보세요. 바쁜 일상 속, 잠시라도 편안하게 긴장을 이완시키면서 오로지 나만을 위한 시간을 만들다 보면 내 몸이 이완되고 편안한 몸의 상태를 기억하게 됩니다. 그러다 보면 나를 불편하게 만드는 감정이 올라올 때 느껴지는 신체적인 반응을 통하여 좀 더 빠르게 내 마음의 신호를 자각할 수 있습니다."

놀이치료과정

① 놀이치료자는 활화산과 휴화산 이미지 화면을 공유한다. 활화산과 휴화산을 보여 주며, 감정을 시기적절하게 표현하는 것이 얼마나 중요한지 설명한다(사진 2).
② 집단원은 자신의 심리적 활화산, 휴화산을 들여다보며 그러한 상황, 원인, 관련된 일 혹은 사람을 떠올릴 수 있도록 한다.
③ 놀이치료자는 집단원이 억제된 갈등이나 상처 등이 표출되거나 마음을 편치 않게 하는 것 등을 떠올리도록 안내한다.

"분노를 폭발한 적이 있나요? 그 파장은 어떠했나요?"
"자신 안의 열정을 분출한 상황이 있나요? 자신의 삶에 혹은 타인에게 어떤 영향을 끼쳤나요?"
"화산을 규칙적으로 관리하였다면 어떤 결과를 얻게 될까요?"

④ 집단원에게 자신의 심리적 화산에 대한 이미지를 그림으로 표현하도록 안내한다.
⑤ 집단원에게 완성된 화산을 보면서 연상되는 것을 단어나 글로 적을 수 있도록 안내한다.
⑥ 작업이 끝나면 한 명씩 돌아가며 [모두에게 추천] 기능을 통해 나누는 시간을 갖는다(사진 3).

"지금부터 자신의 얼굴이 화면에 크게 나오면 작업한 것을 보여 주며, 작업을 통해 느낀 점을 나누도록 하겠습니다."

마무리

- 놀이치료자는 작업에 대하여 충분히 나눈 후 오늘 집단원의 피드백을 정리해서 말해 준다.

  "감정은 좋은 감정과 나쁜 감정으로 나눌 수 없으며 우리가 느껴서는 안 될 감정도 없습니다. 내 순간순간을 채워 주는 다양한 감정, 그런 감정을 알아주고 품어 주고 보듬는 것은 결국 나 스스로만이 할 수 있는 일입니다."

- 놀이치료자는 워크시트지에 있는 화산 이미지를 활용해 PPT로 만들어 두고 화면에 공유한다.

- 집단원이 함께 [화면 공유]–[주석기능]을 사용해 '심리적 화산 폭발시키기' 퍼포먼스로 마무리한다.

  "오늘 활동을 통해 감정과 익숙해지는 시간을 가져 보았습니다."

  "자신의 심리적 화산이 휴화산인 분도 있고, 활화산인 분들도 있는데 다 함께 [주석기능]을 활용해서 화산을 시원하게 폭발시키는 퍼포먼스로 마무리하겠습니다."

나가기

11. 기합 장풍 쏘기(p. 130 참조)

5) 치료과정에서의 활용 Tip

- 집단원이 내면에서의 감정 폭발에 대한 두려움과 감정 폭발 후의 자책 및 죄책감 같은 상반된 감정을 풀 수 있는 기회를 제공한다.
- 오랫동안 감정을 억제하다 보면 자신 안의 에너지가 열정인지 혹은 화와 분노인지 구별하기 어렵다. 놀이치료자는 이러한 감정을 안전하게 표현할 수 있도록 돕는다.
- 집단 인원이 많을 시 모둠끼리 화면 공유 후 화산을 폭발시키는 퍼포먼스를 할 수 있다.

6) 워크시트지

위로의 풍경

1) 놀이키트와 사용 예시

- 캔버스 2F호(25.8×17.9cm), 아크릴물감, 붓, 4B연필, 지우개

 ▶

2) 치료목표

- 자신의 내면을 탐색하고 정서적 안정감 경험

3) 치료개요

- 나를 위로해 주고 공감해 주는 것을 이미지로 표현하는 프로그램으로 자신이 가장 편안하고 안전하다고 생각하는 공간을 실제 ZOOM 가상 배경으로 만들어 머무는 시간을 가진다.

4) 치료과정

들어가기

13. 다 함께 찍는 먹방(p. 112 참조)

도입 및 워밍업

- 놀이치료자는 지난 회기에 대한 회고와 한 주 동안의 감정을 나눈 후 오늘 활동에 대해 안내한다.
- 집단원은 눈을 감고 그동안 살아가면서 불안하거나 힘들 때, 우울할 때, 슬플 때, 언제든 안

전하게 갈 수 있는 공간을 구체적으로 떠올린다. 이때 음악을 틀어 주면 감각자극을 구체적으로 느끼게끔 하는 효과가 있다. 음악은 집단원에게 '위로가 되는 노래'를 댓글 창에 올리도록 하고, 선착순으로 신청받아 틀어 준다(사진 1).

"슬플 때 어떻게 하나요? 자신의 슬픔을 위로해 주고 공감해 주는 것은 무엇인가요 혹은 누구인가요?"

"내가 발견한 나만의 위로, 쓸쓸함과 슬픔을 위로할 수 있는 것은 어떤 것인가요? 사람? 동물? 식물? 자연 풍경? 그것을 이미지로 떠올려 보세요."

"슬플 때 내가 찾아가는 곳, 찾고 싶은 곳을 이미지로 떠올려도 좋습니다."

놀이치료과정

① 집단원은 떠오른 위로받을 수 있는 이미지를 캔버스에 그린다(사진 2).

"지금까지 살아오면서 안전함과 편안함을 느낄 수 있었던 것을 그림으로 표현해 보세요."

"현실에 존재하는 장소가 될 수도 있고 상상 속의 장소가 될 수도 있습니다. 내 방, 집, 배, 우주공간, 숲, 바다 등 어디라도 가능합니다. 혹은 동물이나 사람이어도 좋습니다."

② 작업이 끝나면 한 명씩 돌아가며 [모두에게 추천] 기능을 사용하여 위로의 풍경에 관해 이야기를 나눈다(사진 3).

③ 위로의 풍경에 대해 나누기가 끝나면 집단원에게 그림을 사진 찍어 [가상 배경] 바꾸기를 할 수 있도록 안내한다(제2장 2. ZOOM 온라인 놀이치료실 세팅하기 참조).

④ [가상 배경]을 활용해 집단원이 위로의 풍경 안에 있는 자신을 상상하게 한다(사진 4).

"불안하거나 힘들 때, 우울하거나 슬플 때 언제든 위로의 풍경으로 들어갈 수 있어요."

⑤ 놀이치료자는 집단원이 위로의 풍경 안에 있는 자신을 자주 볼 수 있도록 화면을 캡처해 준다.

❶ 위로가 되는 노래를 댓글창에 올려 주세요.

❷ 안전함과 편안함을 느낄 수 있었던 것을 그림으로 표현해 보세요.

마무리

- 안전한 공간에 있는 자신의 모습에 관해 소감을 나눈다.
- 집단원이 소감을 발표할 때 다른 집단원은 채팅창에 지지와 격려의 메시지를 올린다.
- 놀이치료자가 채팅창의 메시지를 읽어 준다. 읽을 때 메시지를 전부 읽고, 다시 한번 메시지의 다양한 내용을 요약하고 자신의 생각을 덧붙여 반응해 준다. 이러한 과정은 집단원을 새로운 깨달음으로 인도하는 시도이다.
- 다른 집단원의 안전한 공간에 머물고 싶다면 집단원 간에 서로 선물을 교환한다.

나가기

15. Up & Down(p. 134 참조)

5) 치료과정에서의 활용 Tip

- 집단원이 주제 잡기를 어려워할 수 있다. 그럴 때는 집단원이 자연스럽게 말하는 최근의 감정이나 기억에 대한 내용을 놀이치료자가 주제로 연결시켜 줄 수 있다.
- 음악은 사람의 마음을 움직이는 자극제 역할을 할 수 있다. 처음에는 놀이치료자가 음악을 고르고 이후에는 집단원이 듣고 싶은 음악을 선택해도 좋다. 이때 음악은 클래식이든 가요든 상관없다. 단, 집단원이 호소하는 문제 혹은 상태 등과 치료공간 사이에 심리적 접촉을 촉진할 수 있는 연결 끈을 발견하는 것이 중요하다.

- 개인상담 시 ZOOM에서 위로의 풍경 그림이나 사진을 [화면 공유] 후 화이트보드의 주석 기능을 활용하여 말풍선을 달아 내면의 소리를 표현하는 작업으로 변형할 수 있다.

9 그림자의 위로

1) 놀이키트와 사용 예시

• 천사점토, 물감, 8절 도화지, 조용한 음악

▶

2) 치료목표

• 내면의 모습을 통한 자기 이해

3) 치료개요

• 내가 좋아하는 내 모습과 싫어하는 내 모습을 두 개의 각각 다른 색의 점토로 반죽한 뒤, 두 개의 점토를 통합하여 자신을 상징하는 새로운 형태로 만든다.

4) 치료과정

들어가기

20. 추억 소환(p. 119 참조)

도입 및 워밍업

• 놀이치료자는 지난 회기에 대한 회고와 한 주 동안의 감정을 나눈 후 오늘 활동에 대해 안내한다.

• 집단원에게 눈을 감고 자신의 내면에 집중하도록 안내한다. 조용한 음악을 틀어 주면 더

효과적으로 작업할 수 있다.

• 명상음악은 [화면 공유]−[고급]−[컴퓨터 소리만 공유]를 선택하여 공유한다.

놀이치료과정

① 천사점토를 두 개의 덩어리로 나눈다. 한 덩어리는 '내가 좋아하는 내 모습'을, 다른 한 덩어리는 '내가 싫어하는 내 모습'을 상징한다(사진 1).

② 내가 좋아하는 내 모습을 상징하는 컬러와 내가 싫어하는 내 모습을 상징하는 컬러를 선택한 후 ①의 두 덩어리로 분리해 둔 천사점토에 각각 컬러를 섞어 반죽한다(사진 2).

③ 소회의실로 이동하여 나누는 시간을 갖는다. 이때 놀이치료자는 각자 파트너에게 '내가 싫어하는 모습'을 다른 각도로 볼 수 있도록 도와주는 피드백을 하도록 안내한다.

④ 이야기 나누기가 끝나면 전체 회의실로 돌아와 두 개의 점토로 자신을 상징하는 형태로 만들어 도화지에 놓는다(사진 3).

⑤ 작업이 끝나면 한 명씩 돌아가며 [모두에게 추천] 기능을 사용하여 나누는 시간을 갖는다.

⑥ 미리 만들어 놓은 패들렛 링크 주소를 공유한다.

⑦ 집단원은 천사점토로 작업한 것을 찍어 패들렛에 게시한다(사진 4).

⑧ 집단원은 다른 집단원의 작품을 감상하고, 전달하고 싶은 메시지를 게시글에 작성하도록 한다.

마무리

- 놀이치료자는 집단원이 작성한 게시물을 [게시물 내보내기]에서 이미지 혹은 PDF 등의 형식으로 저장하고 ZOOM 화면으로 공유한다.
- 전체 화면으로 돌아와 집단원에게 받은 메시지를 각자 읽어 보는 기간을 가진다. 집단원이 나에게 전하고자 하는 마음을 느끼며 마무리한다.

나가기

17. 내가 엔딩 요정(p. 136 참조)

5) 치료과정에서의 활용 Tip

- 이 활동의 핵심은 내가 좋아하는 모습도, 싫어하는 모습도 모두 나의 모습이라는 것을 볼 수 있도록 해 주는 것이다.
- 자신을 상징하는 형태로 만들기를 할 때 조용한 음악을 활용하면 좀 더 깊은 공감과 감정 표현에 도움을 준다.

10 나의 라임 오렌지 나무

1) 놀이키트와 사용 예시

• 여러 가지 색의 공예철사, 비즈 구슬

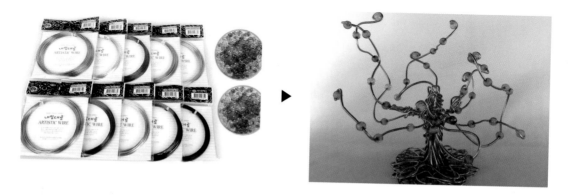

2) 치료목표

• 과거를 회상하고 기억과 연결된 현재의 감정과 관점의 변화

3) 치료개요

• 철사와 비즈를 이용하여 부정적인 기억, 긍정적인 기억을 담을 수 있는 나무를 만들고, 부정적인 기억은 발전적 의미를 담아 조화롭고 균형 잡힌 감정과 관점을 변화시킨다.

4) 치료과정

들어가기

14. 사진으로 나를 소개해요(p. 113 참조)

도입 및 워밍업

• 지난 회기에 대한 회고와 한 주 동안의 감정을 나눈 후 오늘 활동에 대해 안내한다.

놀이치료과정

① 마음대로 움직이는 철사를 이용하여 자신을 상징하는 나무를 만든다. 이때 놀이치료자는 철사로 나무 만드는 방법을 시연한다. 단계를 나누어 보여 주고, 주의해야 할 점을 함께 설명한다(사진 1).

② 작업하는 동안 조용한 음악을 틀어 주어 더 효과적으로 작업할 수 있도록 돕는다. 명상음악은 [화면 공유]-[고급]-[컴퓨터 소리만 공유]를 선택하여 공유한다.

③ 작업이 끝나면 화면을 [보기]-[갤러리]로 하고 순서대로 한 사람씩 자신이 불편해하는 것을 이야기한다. 이야기가 끝나면 비즈 하나를 골라 나무에 달면서 자기 삶의 좋은 면을 떠올리며 "~라서 그래도 괜찮아."라고 이야기한다.

> 예) "오늘도 퇴근하고 집에 들어오니 거실이 장난감으로 난장판이었어요" (나무에 비즈를 달며) "동생이랑 잘 놀아서 그래도 괜찮아."(사진 2)

④ 모두 발표가 끝나면 ③에서 한 것을 개별적으로 반복하며 감사의 마음을 연습한다(사진 3).

⑤ 작업이 끝나면 한 명씩 돌아가며 [모두에게 추천] 기능을 사용하여 나누는 시간을 갖는다.

마무리

- 작업에 대해 충분히 나눈 후 놀이치료자는 패들렛을 설정하여 링크를 공유한다.
- 집단원은 자신의 나무를 사진으로 찍어 패들렛에 게시한다(사진 4).
- 집단원은 다른 집단원의 게시글에 댓글을 달거나 '좋아요'를 눌러 서로 지지와 격려를 할 수 있도록 한다.

나가기

14. 미션 클리어(p. 133 참조)

5) 치료과정에서의 활용 Tip

- 놀이치료과정을 통해 나쁘게 자란 나뭇가지를 잘라 내고 집단원의 소망, 꿈, 희망 등 열매를 맺는 한 그루의 나무로 성장할 수 있도록 돕는 것이 핵심이다.
- 개인상담의 경우 놀이치료자는 집단원의 생각 하나하나에 관심과 지지, 격려를 잊지 않고 자신을 돌아볼 수 있는 성찰의 시간을 갖게 한다.
- 집단상담의 경우 집단원 간 상호작용을 통해 다양한 관점을 탐색하도록 한다.

11 있는 그대로 사랑하기(만다라)

1) 놀이키트와 사용 예시

• 잼보드 프로그램, 원이 그려진 도화지, 색모래

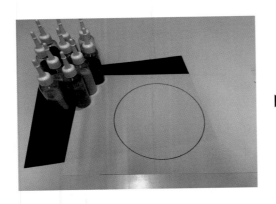 ▶

2) 치료목표

• 자기 내면 파악 및 자기수용
• 심리안정 및 내적 통합

3) 치료개요

• 색모래로 만다라를 만들고, 완성된 만다라를 해체하는 소멸 작업을 통해 나를 내려놓고 있는 그대로 수용한다.

4) 치료과정

들어가기

2. 릴레이 하나, 둘, 셋(p. 101 참조)

도입 및 워밍업

• 놀이치료자는 지난 회기에 대한 회고와 한 주 동안의 감정을 나눈 후 오늘 활동에 대해 안내한다.

- 색모래를 탐색한 후, 몸과 마음이 이완될 수 있도록 호흡을 길게 하고 마음에 집중할 수 있는 시간을 가진다.
- 명상 시 조용한 음악을 들으면서 안정을 취하면 더 효과적으로 작업할 수 있다.
- 명상음악은 [화면 공유]-[고급]-[컴퓨터 소리만 공유]를 선택하여 공유한다.

놀이치료과정

① 도화지의 원 안에 색모래를 활용하여 자유롭게 표현한다(사진 1).

"자신의 감정과 연관된 색을 찾아 자유롭게 표현해 보세요."

"마음에 드는 색모래로 원 안을 자유롭게 채워 보세요."

"마음에 들지 않는 곳이 있다면, 고쳐 보세요. 더 꾸미고 싶은 곳이 있다면 꾸며 주세요. 내가 선택할 수 있습니다."

② 만다라를 완성하면 작품에 제목을 붙이고, 조용히 작품을 바라보면서 드는 감정을 느껴 본다(사진 2).

"어떤 색을 중점적으로 사용하였나요?"

"완성된 자신의 작품을 보고 어떤 느낌이 드나요?"

③ 완성된 색모래 만다라를 다시 해체하여 소멸작업을 진행한다(사진 3).

"내 것이라고 붙잡고 있던 것을 내려놓아야 그다음 단계로 나아갑니다."

"집착이든 고통이든 흘려보내는 작업을 진행합니다."

④ 놀이치료자는 ③의 활동을 통해 내가 붙잡고 있던 모든 것을 기꺼이 흘려보낼 수 있도록 촉진한다.

⑤ 놀이치료자가 소회의실을 열고 무작위로 팀을 배정한다.

⑥ 놀이치료자는 소회의실에서 해야 할 것을 안내한다(사진 4).

"활동 과정을 통해 느낀 감정에 대하여 서로 나누는 시간을 갖도록 하겠습니다."

"활동 과정 중 감정의 변화가 있었나요? 완성된 만다라를 보고 어떠한 느낌이 드나요? 만다라를 해체하는 소멸작업에서 어떠한 느낌이 드나요?"

"두 분이 번갈아 진행하시면 됩니다. 순서를 정해서 시작해 주세요."

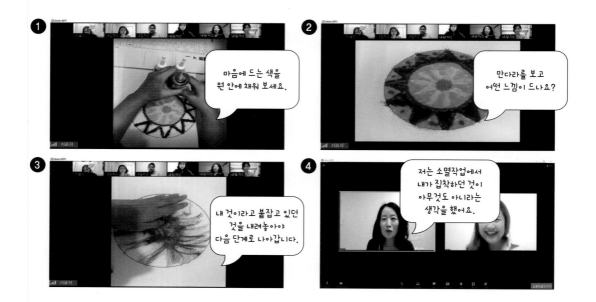

마무리

• 활동이 끝나면 전체 회의실로 다시 모여 활동 내용을 공유한다.

나가기

7. 디비디비딥 모션 가위바위보(p. 126 참조)

5) 치료과정에서의 활용 Tip

• 만다라가 주는 메시지를 더 많이 이해하기 위해서는 제목을 붙이고, 제목과 연관되어 전해 주는 메시지를 파악하는 것이 중요하다.

• 집단원이 충분히 몰입해서 진행할 때는 놀이치료자도 침묵으로 바라보며 몰입을 돕는다.

• 완성된 색모래 만다라를 다시 해체하여 소멸하는 작업은 우리가 무엇이 되지 않아도, 무언 가가 되기 위해 노력하지 않아도 있는 그대로의 우리 자신으로 있게 하며, 있는 그대로 머 무는 것이 자아실현임을 인식하게 돕는다.

12 나에게 주는 사랑의 선물

1) 놀이키트와 사용 예시

• 도화지, 그리기 도구(색연필, 사인펜, 크레파스 등), 컬러 클레이

 ▶

2) 치료목표

• 긍정적인 자기인식 및 희망 고취

3) 치료개요

• 컬러 클레이를 이용하여 힘과 공간, 돈에 대한 제약 없이 나에게 주고 싶은 선물을 만든다.

4) 치료과정

들어가기

3. 돼지 다리, 새 다리(p. 102 참조)

도입 및 워밍업

• 놀이치료자는 지난 회기에 대한 회고와 한 주 동안의 감정을 나눈 후 오늘 활동에 대해 안내한다.

• 집단원에게 나와 가족 혹은 내 주변의 모든 것에 대해 생각하고, 아주 작은 것이라도 힘과 사랑을 받은 경험을 떠올려 보도록 안내한다.

놀이치료과정

① 한 명씩 돌아가며 주변 사람에게 사랑받은 경험을 [모두에게 추천] 기능을 사용하여 나누는 시간을 갖는다. 발표자와 비슷한 경험이 있거나 공감하는 사람은 채팅창에 피드백을 올리도록 한다.

② 이번에는 자신이 스스로에게 줄 수 있는 힘과 사랑을 찾아보는 시간을 갖는다.

> "앞서 내 가족 혹은 주변 사람들에게 사랑받은 경험을 떠올려 보았습니다. 이번에는 스스로에게 주고 싶은 힘과 사랑은 무엇이 있을까요? 한번 떠올려 보세요."

③ 떠올린 이미지와 감정을 그림으로 표현하거나, 점토로 만든다(사진 1).

> "시간이나 공간, 돈에 대한 제약 없이 나에게 해 줄 수 있는 것을 떠올려 보세요. 나에게 어떤 사랑의 선물을 주고 싶으세요?"
>
> 예) 책과 함께하는 섬 생활을 선물

④ 완성된 작품을 보면서 나에게 그 선물을 주고 싶은 이유를 적는다.

> 예) 인적도 거의 없고 나를 아는 사람이 없는 지중해의 아름다운 외딴섬에서 아무 걱정 없이 자고 싶을 때 자고, 먹고 싶을 때 먹고, 마시고 싶을 때 마시면서 시간 나는 대로 소설책을 가능한 한 많이 읽어 보고 싶다.

⑤ 작업이 끝나면 집단원에게 화면을 [보기]-[갤러리]로 설정 후, 전체가 동시에 활동 결과물을 화면에 비추도록 한다. 활동 결과물을 집단원끼리 살펴보고 제일 궁금한 결과물을 지목하도록 한다. 채팅창을 활용해도 좋고 스피커를 켠 상태에서 말을 해도 좋다(사진 2).

> "시간이 모두 되었습니다. 각자 오른쪽 위 바둑판 모양의 표시를 클릭하여 [보기]-[갤러리]로 화면을 설정하세요. 그리고 자신이 작업한 것을 화면에 보여 주세요."

⑥ 가장 많이 추천받은 집단원을 [모두에게 추천]으로 지목한다(사진 3).

⑦ 놀이치료자는 발표가 끝난 집단원의 [모두에게 추천]을 취소한 후 같은 방법으로 다음 집단원을 [모두에게 추천]으로 지목하여 발표를 이어 간다.

마무리

- 작업에 대하여 충분히 나누는 시간을 가진 후 놀이치료자는 미리 생성한 패들렛 링크 주소를 집단원에게 공유한다.
- 집단원은 생성된 패들렛에 '자신에게 주고 싶은 선물'을 사진으로 찍어 게시한다(사진 4).
- 집단원은 다른 집단원의 게시글에 댓글을 달거나 '좋아요'를 눌러 서로 지지와 격려를 할 수 있도록 한다. 이 작업을 통해 집단원은 타인에 대한 공감을 표현하며 타인으로부터의 지지와 배려를 경험하게 된다.

   "오늘 작업한 작품을 패들렛에 올려 주세요. 다른 사람들의 작품 중 표현이 잘되었다고 생각되는 사람의 게시물에 '좋아요' 표시를 눌러 주세요. 그리고 댓글도 간단하게 작성해 주세요."

- 놀이치료자는 집단원이 작성한 게시물을 [게시물 내보내기]에서 이미지 혹은 PDF 형식으로 저장하고 ZOOM 화면으로 공유한다.
- 소감을 나누고 마무리한다.

나가기

18. 두근두근 모션하기(p. 137 참조)

5) 치료과정에서의 활용 Tip

- 타인과의 관계에서 소외감이나 단절감을 느끼고 위축되어 있을 때, 누군가로부터 사랑받는 경험을 기억하거나 나에게 힘과 사랑을 줄 것을 찾아보는 활동은 큰 힘이 되어 준다.
- 개인상담 시 집단원이 자신에게 주고 싶은 선물 이미지 세 컷을 웹에서 찾아 [화면 공유] 후 놀이치료를 진행할 수 있다.

13 꽃이 핀다

1) 놀이키트와 사용 예시
- 캔버스(15cm×15cm), 아크릴물감, 먹지, 붓, 다양한 꽃 일러스트 도안

 ▶

2) 치료목표
- 강화된 자기표현과 긍정적인 사고형성
- 원만한 사회생활과 미래비전 설계

3) 치료개요
- 자신의 긍정적인 점을 찾아 아크릴화로 표현하는 활동을 통해 더 깊이 있게 성찰하고 희망찬 미래를 설계한다.

4) 치료과정
들어가기

10. 입 모양 보고 단어 맞히기(p. 109 참조)

도입 및 워밍업
- 놀이치료자는 지난 회기에 대한 회고와 한 주 동안의 감정을 나눈 후 오늘 활동에 대해 안내한다.
- 눈을 감고 명상을 통하여 이완 작업을 한다.

놀이치료과정

① 집단원이 자신을 가장 아름답고 우아한 꽃으로 그리거나 만들도록 안내한다.

"자신의 강점, 고유한 힘, 잠재력, 아름다운 마음 등을 생각하여 가장 아름다운 꽃으로 이미지화해 보세요."

② 키트에 있는 꽃 도안 중 자신과 닮은 꽃을 찾아 캔버스에 스케치한다. 그리기 어려워하는 집단원을 위해 검정 먹지를 이용해 스케치하는 방법도 있음을 알려 준다(사진 1).

"키트에 있는 꽃 도안 중 나와 닮은 꽃을 찾아보세요. 찾았다면 캔버스에 먹지를 대고 도안을 올려 볼펜으로 형태를 따라 그려 주세요. 먹지는 검정 면이 밑으로 가게 해야 합니다. 그럼 쉽게 형태를 그릴 수 있습니다."

"키트에 나와 닮은 꽃 도안이 없다면 휴대전화로 지금 검색해서 닮은 꽃을 찾아 그려도 됩니다."

② 작업이 끝나면 한 명씩 돌아가며 [모두에게 추천] 기능을 사용하여 나누는 시간을 갖는다. 집단원은 자신의 작품을 보여 주며 자신이 얼마나 아름다운지 자랑을 한다(사진 2).

"각자 자신의 작품을 보여 주며, 자신이 얼마나 아름다운지 자랑해 주세요."

③ 발표자 이야기가 끝나면 다른 집단원은 오디오를 잠시 켜고 그 꽃에 대해 감탄과 칭찬의 말을 해 준다(사진 3).

예를 들어, "너는 참으로 아름답구나!", "너의 빛깔은 우아하고 경이롭다!" 등

④ 발표자는 집단원 각자의 감탄과 칭찬의 말을 듣고 수긍하며 반응한다.

예를 들어, "고마워.", "나의 아름다움을 알아봐 주어서 고마워."

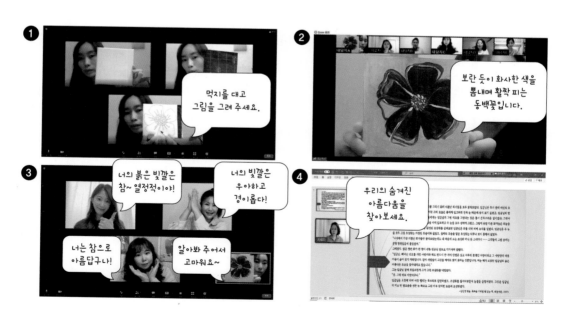

마무리

• 놀이치료자는 화면을 [보기]–[갤러리]로 하고 칭찬할 때 느낌과 칭찬을 받을 때 소감을 간단하게 나눈다.

"가까운 사람 혹은 사랑하는 사람에게 칭찬이나 사랑한다는 말을 듣기를 원하면서도 그런 말에 익숙하지 않아 숨긴 적은 없나요?"

"아니면 주변의 칭찬이 과도하여 불편한 적은 없나요? 칭찬에 진정성이 없어서, 아니면 성취를 위한 채찍처럼 느껴져서 힘들었던 적은 없나요?"

"허세로 볼까 봐 칭찬에 너무 겸손한 적은 없나요?"

• 놀이치료자는 미리 만들어 둔 파워포인트 슬라이드를 열고 화면을 공유한다(사진 4).
  (슬라이드 내용은 워크시트지에 있는 '숨겨진 아름다움' 글귀를 활용)

• 놀이치료자는 집단원과 함께 '숨겨진 아름다움'을 감상하고 마무리한다.

나가기

5. 칭찬 샤워(p. 124 참조)

5) 치료과정에서의 활용 Tip

• 꽃을 이미지화하는 작업에서 그 꽃이 상징하는 꽃말을 찾아보아도 좋다.

• 놀이키트에서 캔버스는 작은 사이즈로 준비하는 것이 짧은 시간에 완성도를 높일 수 있다.

• 놀이치료자는 집단원이 성인일 경우 간단한 글을 권해 주는 것도 좋다. 때로는 짧은 글이 자신을 돌아보게끔 하는 데 효과적일 수 있다.

6) 워크시트지

숨겨진 아름다움

외눈을 가진 임금님이 자신의 초상화를 그리기 위해 이름난 화가들을 모두 불러모았다. 임금님은 죽기 전에 자신의 모습을 초상화로 남기기를 원했다. 하지만 그의 모습은 흉하게 일그러진 한쪽 눈 때문에 몹시 보기 싫었고, 임금님의 면전에서 초상화를 그려야 하는 화가들에게는 임금님의 그런 외모를 그린다는 것은 몹시 곤욕스러운 일이었다. 그래서 어떤 영악한 화가는 임금님의 노여움을 사지 않으려고 두 눈을 모두 성하게 그렸고, 그렇지 못한 다른 화가들은 외눈을 있는 그대로 그렸다. 그런데 막상 완성된 초상화를 살펴보면 임금님은 화를 내며 버럭 소리를 질렀다. 임금님은 두 눈을 모두 그린 초상화는 거짓된 모습이라 싫었고, 실제의 모습을 담은 초상화는 너무나 보기 흉해서 싫었다.

"나라에서 가장 이름난 화가들만 불러모았는데도 내 마음에 드는 초상화 하나 못 그리다니……. 그대들의 그림 솜씨는 분명 형편없음에 틀림없어."

그때였다. 젊은 청년 화가 한 명이 선뜻 임금님 앞으로 다가서며 말했다.

"임금님, 빼어난 외모를 가진 사람이라 해도 반드시 한 가지 단점은 있고 아무리 못생긴 사람이라고 그 사람만의 아름다움이 숨어 있기 마련입니다. 단지 사람들이 그것을 제대로 찾지 못하는 것뿐입니다. 저는 제가 보았던 임금님의 숨은 아름다운 모습을 찾아내려고 했습니다."

그는 임금님 앞에 조심스럽게 그가 그린 초상화를 내밀었다.

"음, 그래 바로 이것이구나."

임금님은 흐뭇해하며 사뭇 떨리는 목소리로 감탄하였고, 초상화를 들여다보면서 눈물을 글썽거렸다. 그것은 임금님의 미소 띤 옆모습을 성한 눈 쪽으로 그린 아주 진지한 모습의 초상화였다.

〈김인영 엮음, 축복을 기다릴 때 읽는 책, 혜문서관, 1997〉

14 나에게 보내는 편지

1) 놀이키트와 사용 예시
• 워크시트지, 볼펜

 ▶

2) 치료목표
• 긍정적 헤어짐의 경험을 통해 안정적 종결하기

3) 치료개요
• 각자 자신에게 주는 편지와 음식을 준비해 종결을 위한 온라인 파티로 의미 있는 이별의 시간을 보낸다.

4) 치료과정
들어가기
20. 추억 소환(p. 119 참조)

도입 및 워밍업
• 놀이치료자는 지난 회기에 대한 회고와 한 주 동안의 감정을 나눈 후 오늘 활동에 대해 안내한다.
• 놀이치료자는 파티 배경화면을 준비해 두고 채팅창에 이미지 파일을 올린다.

- 놀이치료자는 집단원 모두 공유된 배경화면 이미지를 컴퓨터에 저장 후 [가상 배경]을 설정한다(제2장 2. ZOOM 온라인 놀이치료실 세팅하기 참조).
- 배경화면 설정이 끝났다면 [비디오 필터] 기능을 활용해 파티 분장을 한다. [비디오 필터]에 있는 효과 중 마음에 드는 것을 선택해 각자 개성 있는 파티 분장을 연출한다(사진 1).

놀이치료과정

① 자신에게 사랑의 감사 편지를 쓴다.

"나 자신의 있는 그대로의 모습을 감사하고 사랑할 줄 알아야 남과의 관계에서도 서로 사랑하고 감사할 수 있지요. 내가 가지고 있는 것, 노력해서 이룬 것을 생각하면서 자신에게 감사하기를 해 보겠습니다."

② 자신에게 편지 쓰기를 하는 동안 조용한 음악을 틀어 주어 더 효과적으로 작업을 할 수 있도록 돕는다.

③ 작업이 끝나면 자신에게 쓴 편지를 나눈다. 한 명씩 돌아가며 [모두에게 추천] 기능을 사용하여 편지를 읽는 시간을 갖는다(사진 2).

마무리

- 잠시 쉬는 시간을 갖고 각자 간단하게 준비한 파티 음식을 가지고 ZOOM으로 다시 모여 파티를 한다(티, 음료, 간단한 핑거푸드 등).

"그동안 함께해 온 시간을 기념하는 파티를 하려고 합니다."

- 종결을 맞이하는 느낌에 대해 특별한 방식으로 소감을 나누는 시간을 가진다.
- 놀이치료자는 집단원에게 토킹스틱으로 쓸 물건을 가져오게 한다. 주변에 있는 볼펜, 마우스, 인형 등 한 손으로 들 수 있는 크기의 물건이면 모두 가능하다.
- 놀이치료자가 먼저 시범을 보인다. 놀이치료자가 토킹스틱으로 볼펜을 들고 있다면 볼펜을 입 아래에 대고 종결을 맞이하는 느낌에 관해 이야기한다(사진 3).
  "저는 그동안 이 시간이 저에게 위로가 되고 안식처가 되었습니다."
- 놀이치료자는 말을 끝내고 집단원을 지목한다. 지목된 집단원은 동시에 토킹스틱을 건네듯이 카메라에 토킹스틱을 가까이 들이댄다(사진 4).
  "다음은 ○○○님에게 토킹스틱을 넘겨 보겠습니다."
  "○○○님은 자신에게 혹은 다른 참여자들에게 해 주고 싶은 말이 있나요?"
- 소감 발표가 끝난 집단원은 다음 집단원을 지목한다. 지목된 집단원은 토킹스틱을 건네받는 행동을 취하고 같은 방식으로 소감 나누기를 이어 간다.

나가기
3. 접어 게임(p. 122 참조)

5) 치료과정에서의 활용 Tip
- 종결하며 다양한 감정을 수용하고 긍정적인 헤어짐 경험을 제공함으로써 심리안정과 내적 통합을 돕는다.
- 나에게 감사 편지 쓰기는 종결 전주에 미리 준비할 수 있도록 과제로 제시할 수 있다.
- 놀이치료자가 그동안 집단원이 활동한 내용을 영상으로 만들어 다 함께 관람하는 시간을 가져 보는 것도 좋다.

2020년 online art show 마음치유展 풀다(https://www.youtube.com/watch?v=Dn0b_kfacjU)

6) 워크시트지

참고
문헌

권석만(2017). 성격심리학. 서울: 학지사.

김도연, 조민기, 신희천(2020). 상담 및 심리치료에서 인공지능 기술의 활용: 국외사례를 중심으로. 한국심리학회지, 32(2), 821-847.

김소연(2014). 초등학생이 지각한 부모−자녀의사소통과 또래관계의 관계에서 자기표현의 매개효과. 경인교육대학교 대학원 석사학위논문.

김인영(1997). 축복을 기다릴 때 읽는 책. 서울: 혜문서관.

김진숙, 유동수, 전종국, 한기백, 이동훈, 권경인(2016). 집단상담 과정과 실제. 서울: 센게이지러닝 코리아.

김청송(2019). 현대청소년 심리 및 상담. 서울: 싸이앤북스.

류시화(2002). 그대가 곁에 있어도 나는 그대가 그립다. 서울: 푸른숲.

문혁준, 서소정, 김정희, 김혜연, 김태은, 이종신, 성미영(2015). 아동학개론. 서울: 창지사.

박아청(1993). 청소년 상담이론 모형으로서의 자아정체성 이론. 한양대학교 학생생활연구소, 제11권, 53-70.

반신환(2020). 비대면 상담에서 촉진 환경의 조성 방법: 정신분석적 프레임(Frame)에 근거해서. 대학과 선교, 46, 239-262.

배지석(2022). 메타버스를 활용한 예술치료. 서울: 한국표현예술심리상담협회.

양대일(2018). 정보보안 개론. 서울: 한빛아카데미.

양모란, 변혜진, 김서현(2021). 미술치료사의 비대면 미술치료 진행 과정에 대한 근거이론적 접근. 한국예술치료학회지, 21(1), 19-43.

양미진, 유혜란, 서선아, 박성륜, 김경화, 유준호(2015). 사이버상담 성과에 대한 개념도 연구. 청소년상담연구, 23(1), 121-138.

오윤선, 황인숙(2020). 청소년 문화론. 경기: 양서원.

이동훈, 김주연, 김진주(2015). 온라인 심리치료의 가능성과 한계에 대한 탐색적 연구. 한국심리학회지: 상담 및 심리치료, 27(3), 543-582.

이상희, 김계현(2007). 직장인의 스트레스관리능력 향상을 위한 웹기반 상담프로그램의 효과분석. 상담학연구, 8(1), 131-146.

이영균(2001). 가상공간에서의 자아정체성 형성에 관한 연구. 연세대학교 대학원 석사학위논문.

이희정(2001). 품행장애 청소년의 도덕적 정서와 자아정체성. 연세대학교 대학원 박사학위논문.

임성진, 이정은, 한신(2017). 화상통화를 이용한 심리치료에 대한 인식 및 필요성 연구. *Stress, 25*(1), 57-67.

임영식, 한상철(2004). 청소년 심리의 이해. 서울: 학문사.

정미경, 문은식, 박선환, 박숙희, 이주희, 최순희(2009). 심리학개론. 경기: 양서원.

정여주(2014). 미술치료의 이해 이론과 실제(제2판). 서울: 학지사.

조긍호(2007). 동아시아 집단주의의 유학 사상적 배경:심리학적 접근. 서울: 지식산업사.

하문선(2017). 여자 대학생의 사이버상담 경험에 대한 포커스 그룹 인터뷰(FGI) 분석: 채팅상담을 중심으로. 인간이해, 38(1), 117-150.

홍민숙(2007). 집단미술치료를 통한 저소득층 아동의 정서표현 및 또래관계 변화에 관한 연구. 동국대학교 문화예술대학원 석사학위논문.

Ardelt, M. (2004). Wisdom as expert knowledge system: A critical review of a contemporary operationalization of an ancient concept. *Human Development, 47*(5), 257-285.

Bowlby, J. (1973). *Attachment and loss: Vol. 2. Separation.* New York: Basic Books.

Childress, C. A. (2000). Ethical issues in providing online psychotherapeutic interventions. *Journal of Medical Internet Research, 2*(1), e5.

Dewey, J. (1933). *How we think.* Boston: DC Heath.

Dowling, M., & Rickwood, D. (2013). Online counseling and therapy for mental health problems: A systematic review of individual synchronous interventions using chat. *Journal of Technology in Human, 31*(1), 1-21.

Erikson, E. H. (1980). *Identity and the life cycle.* New York: Norton and Company.

Greenland, S. R. (2019). 마음챙김 놀이(이재석 역). 서울: 불광출판사.

Landerth, G. R. (2015). 놀이치료: 치료관계의 기술(유미숙 역). 서울: 학지사.

Leong, F. T. L., & Lau, A. S. L. (2001). Barriers to providing effective mental health services to Asian Americans. *Mental Health Services Research, 3*, 201-214.

Mahoney, M. J. (1997). Psychotherapists' personal psychology. *Research and Practice, 28*, 14–16.

O'Connor, K. (1991). *The play therapy primer*. New York: John Wiley & Sons.

Ryan, R. M., & Deci, E. L. (2000). Self-determination theory and the facilitation of intrinsic motivation, social development, and well-being. *American Psychologist, 55*(1), 68–78.

Schaefer, C. E. (Ed.). (2003). *Play therapy with adults*. New York: John Wiley & Sons.

Schaie, K. W., & Willis, S. L. (1996). *Adult development and aging* (4th ed.). New York: HarperCollins College Publishers.

Stravynski, A., & Boyor, R. (2001). Loneliness in relation to suicide ideation and parasuicide: A population-wide study. *Suicide Life Threat Behavior, 31*(1), 32–40.

Swartz, S. H., Cowan, T. M., Klayman, J. E., Welton, M. T., & Leonard, B. A. (2005). Use and effectiveness of tobacco telephone counseling and nicotine therapy in Maine. *American Journal of Preventive Medicine, 29*, 288–294.

Whitbourne, S. K. (1986). *Adult development* (2nd ed.). New York: Praeger Publishers.

Wubbolding, E. R. (2004). 자신을 행복하게 만드는 비결(김은진 역). 서울: 사람과 사람.

법제처 국가법령정보센터. www.law.go.kr

428

찾아
보기

저자 소개

명지지역사회아동문화연구소는

명지대학교 아동학과 내 교책 연구소로, 아동과 가족의 통합적 접근을 모색하기 위한 이론적 과제와 실천적 과제를 활발하게 연구하는 기관입니다. 아동과 가족의 심리적 건강증진과 질을 높이고, 아동친화적 지역사회 통합 및 심리치료 분야의 지역사회 실천을 도모하고자 설립되었습니다. 본 저서는 2020년 문화체육관광부가 주관한 치유 프로그램 사업을 비대면으로 진행하면서 경험한 것을 담았습니다. 전공 교수 및 연구원들이 임상대상과 현장에 맞게 여러 차례 수정·보완하면서 치료사들이 비대면 놀이치료 프로그램을 체계적으로 구현할 수 있도록 제작한 책입니다.

한유진(Han Eugene)
명지대학교 아동학과 교수
명지지역사회아동문화연구소 소장

하서인(Ha Seoin)
전) 피움심리발달센터 미술, 놀이심리상담사
고려제일정신의학과 부설 해피언스 미술치료사
명지지역사회아동문화연구소 책임연구원

강민수(Kang Minsoo)
봄아동청소년심리발달센터 소장
명지지역사회아동문화연구소 수석연구원

강소희(Kang Sohee)
마인드브릿지 심리발달센터 소장
피움심리발달센터 미술·놀이치료사
명지지역사회아동문화연구소 선임연구원

원용희(Won Yonghee)
나무심리발달센터 부소장
명지지역사회아동문화연구소 책임연구원

김루아(Kim Rua)
전) 한국아동발달지원연구소 미술치료사
헬로스마일평택점 미술·놀이치료사
명지지역사회아동문화연구소 선임연구원

최희진(Choi Heejin)
전) 양주시청소년상담복지센터 미술·놀이치료사
서울 정신과의원 부설 서울발달심리센터 놀이치료사
명지지역사회아동문화연구소 책임연구원

미술매체를 활용한
마인드 커넥트 비대면 놀이치료
Mind Connect Untact Play Therapy

2022년 6월 20일 1판 1쇄 인쇄
2022년 6월 30일 1판 1쇄 발행

지은이 • 한유진 · 강민수 · 원용희 · 최희진 · 하서인 · 강소희 · 김루아
펴낸이 • 김진환
펴낸곳 • ㈜**학지사**
　　　　　04031 서울특별시 마포구 양화로 15길 20 마인드월드빌딩
대표전화 • 02-330-5114　　팩스 • 02-324-2345
등록번호 • 제313-2006-000265호

홈페이지 • http://www.hakjisa.co.kr
페이스북 • https://www.facebook.com/hakjisabook

ISBN 978-89-997-2697-2 93180

정가 25,000원

출판미디어기업 **학지사**

간호보건의학출판 **학지사메디컬** www.hakjisamd.co.kr
심리검사연구소 **인싸이트** www.inpsyt.co.kr
학술논문서비스 **뉴논문** www.newnonmun.com
교육연수원 **카운피아** www.counpia.com